Boris Cyrulnik

Las almas heridas

Colección
Psicología

Otros títulos de Boris Cyrulnik
publicados en Gedisa:

Los patitos feos
La resiliencia: una infancia infeliz no determina la vida

De cuerpo y alma
Neuronas y afectos: la conquista del bienestar

Bajo el signo del vínculo
Una historia natural del apego

Del gesto a la palabra
La etología de la comunicación en los seres vivos

Me acuerdo...
El exilio de la infancia

El murmullo de los fantasmas
Volver a la vida después de un trauma

Autobiografía de un espantapájaros
Testimonios de resiliencia: el retorno a la vida

Las almas heridas

*Las huellas de la infancia, la necesidad del relato
y los mecanismos de la memoria*

Boris Cyrulnik

gedisa
editorial

Titulo original en francés:
Les âmes Blessées
© 2014 Éditions Odile Jacob, París

© De la traducción: Alfonso Diez, 2015
Corrección: Marta Beltrán Bahón

De la imagen de cubierta: Equipo Gedisa, 2015
Del montaje de cubierta: David Gutti

Primera edición: noviembre de 2015, Barcelona
Reimpresión: 2021, Barcelona

Derechos reservados para todas las ediciones en castellano

© Editorial Gedisa, S.A.
www.gedisa.com

Preimpresión:
Editor Service S.L.
www.editorservice.net

ISBN: 978-84-9784-960-9
Depósito legal: B.24952-2015

Impreso por Ulzama

Impreso en España
Printed in Spain

Esta obra se benefició del apoyo de los programas de ayuda
a la publicación del Institut Français.

Índice

Prólogo

Al fondo del desván, una extraña cartera de colegial. La reconocí gracias al asa de cuerda que yo mismo había fabricado cuando la original se rompió. Es curioso experimentar placer al encontrar un objeto viejo. Había vivido siete años con esa cartera gastada. Aquel compañero de infancia evocaba un no sé qué: algo de tristeza y belleza.

Yo acababa de asumir la responsabilidad de un centro psiquiátrico de poscura[1] en Revest, cerca de Toulon. Un único médico para setenta camas, así se hablaba en 1970. Había pasado por Sannois para saludar a Dora, la hermana de mi madre que me acogió después de la guerra. Fue entonces cuando me encontré vagando por el desván, ya ni recuerdo por qué.

Desempolvé la vieja cartera con mucha ternura y al abrirla descubrí un estuche de lápices, de plumas estilográficas y un compás. Un tesoro de memoria. También había dos o tres redacciones de esas que nos hacían hacer en aquella época, en 1948. Una de ellas preguntaba: «¿Qué quieres ser de mayor?» Me divertía pensar en la respuesta que estaba a punto de leer, esperando las palabras «bombero», «explorador» o «doctor», cuando vi, estupefacto, que quería ser psiquiatra. Tenía once años. Lo había olvidado por completo.

¿Cómo es esto posible? ¿Cómo podía yo preocuparme por la locura y desear curarla, en una época en la que yo estaba entrando dolorosamente en la existencia? ¿Dónde había oído esta palabra,

---

1. N. del T.: En el sistema psiquiátrico francés existen centros «poscura» destinados a facilitar una transición entre la hospitalización y el retorno progresivo a una vida normalizada, teniendo en cuenta el objetivo de una reinserción social y la recuperación de la autonomía.

pronunciada en aquel entorno que, desesperadamente, buscaba recuperar un poco la alegría de vivir?

De muy joven yo ya era como un viejecito. La guerra me había obligado a preguntarme cosas que normalmente no interesan a los niños: «¿Por qué han hecho desaparecer a mis padres? ¿Por qué han querido matarme? Quizás haya cometido un crimen, pero no sé cuál». En mi lenguaje interior, no cesaba de contarme a mí mismo un relato lancinante que no podía expresar. Repasaba la escena de mi arresto, una noche, cuando hombres armados rodearon mi cama, linterna en una mano, revolver en la otra y gafas de sol en la oscuridad, para arramblar con un niño de seis años. En el corredor, algunos soldados alemanes casi firmes. En la calle, camiones abarrotados de gente junto a la acera, dos Citroën esperaban para llevarnos. Id a contar eso y veréis que cara pone la gente.

¿Cómo explicar que no tuve miedo, que me pareció interesante mi arresto y que, más adelante, estuve orgulloso de haberme podido escapar? Me desconcertaban los adultos que me protegían explicándome que yo era un niño peligroso. Me sentía desorientado ante los soldados que debían matarme y que me hablaban amablemente mientras me mostraban la foto de su hijo pequeño.

¿Cómo entender esto? Era apasionante, era terrible. No veía a mi alrededor más que un mundo de adultos confusos, amables y peligrosos. En una situación así, debía callar para no morir. Sentía en mí un enigma dramático y cautivador por algo que le condenaba a uno a muerte debido a la palabra «judío», cuyo significado yo no conocía. Quizás era esto a lo que se le llamaba «locura»: un mundo increíble donde los adultos incoherentes me protegían, me insultaban, me querían y me mataban. Era, en la mente de los otros, algo que yo mismo no sabía, y este enigma me perturbaba, delicioso e inquietante. Para dominar ese mundo y no morir, era preciso comprender. Esa era mi única libertad. Niño en esas condiciones, creí que la psiquiatría, ciencia del alma, podía explicar la locura del nazismo y la incoherencia de la gente que me quería sufriendo. La necesidad de volver coherente ese caos afectivo, social e intelectual, me hizo psiquiatra desde mi infancia.

A mi alrededor, se explicaba la guerra y el inmenso crimen de los nazis afirmando que Hitler era sifilítico. Esta enfermedad lo había vuelto loco y como él era el «Führer», tenía el poder de dirigir los ejércitos e inducir pensamientos locos en la mente de la gente que debía matarnos para obedecerle. Esta explicación tenía la ventaja de despreciar a aquél que nos había despreciado, como si se pensara: «Tiene una vergonzosa enfermedad que le roe el cerebro y eso explica las locuras que ha ordenado». Los progresos médicos de los años 1950 estructuraban los relatos culturales, dando argumentos fáciles para explicar la locura social del nazismo. Un poco más tarde, durante los años 1960, cuando el psicoanálisis empezó a participar en los debates culturales, se afirmó que Hitler era histérico, y cuando la psiquiatría aportó su grano de arena, se dijo que era paranoico. Después, en el año 1970, el descubrimiento de la alteración de las neuronas motrices de la base del cerebro en la enfermedad de Parkinson explicó el temblor de la mano izquierda que Hitler escondía detrás de su espalda, y eso fue suficiente para explicar las decisiones de un hombre cuya demencia había provocado la Guerra Mundial.

Estas explicaciones no explicaban nada, pero aportaban una forma verbal en una sociedad cartesiana que, al constatar un fenómeno de locura, como la guerra o el racismo, debía encontrarle una causa loca, tomada de los estereotipos que recitaba la cultura ambiente. Nos creíamos esas palabras y eso nos convenía, ya que así podíamos explicar lo incomprensible gracias a una idea simple y, por lo tanto, abusiva. Hoy en día, en un contexto científico en el que la neuroimagen descubre las alteraciones cerebrales y psicológicas provocadas por todas las formas de maltrato (psíquico, sexual, verbal y afectivo), aún encontramos a autores que explican que el nazismo existió porqué el pequeño Adolf recibió unas zurras.

Las ideas simples son claras, lástima que sean falsas. Las causalidades lineales no existen casi nunca. Son un conjunto de fuerzas heterogéneas las que convergen para provocar un efecto o atenuarlo. Algunos se sienten cómodos en un pensamiento sistémico que da la palabra a disciplinas distintas y asociadas. A otros les irrita, pues prefieren explicaciones lineales que aportan certidumbre: «El nazismo se explica por la sífilis de Hitler», dicen quienes sobrevaloran la medicina. «De ninguna manera —responden los amantes de las teorías económicas—, es el capitalismo el que ha provocado el nazismo». «Por supuesto que no —replican algunas feministas—, el nazismo es la culminación del machismo». Todos le sacan partido a su antojo, pero la realidad cambiante no puede reducirse a una fórmula simple.

El fracaso de mi infancia me enseñó que el Diablo y Dios no están en conflicto el uno con el otro. Yo llegué a creer que eran amigos cuando un soldado alemán en uniforme negro, en la sinagoga de Burdeos transformada en prisión, vino amablemente a mostrarme las fotos de su hijo pequeño o cuando la monja se negó a abrir la puerta del convento mientras un coche militar alemán me perseguía. Recuerdo su toca en el resquicio del portón entreabierto, recuerdo que gritaba: «¡No quiero a este niño aquí, es peligroso!». Al mismo tiempo, otros sacerdotes arriesgaban sus vidas para salvar a niños a quienes no conocían. Hace unos meses, me encontré con un médico que había trabajado con el doctor Menguele, en Auschwitz, mientras éste realizaba sus experimentos médicos terroríficos e inútiles. Hacía constar la educación, la corrección y la gran humanidad del verdugo. Los azares de la vida me han permitido establecer relaciones afectuosas con funcionarios que trabajaron con Maurice Papon. Ellos hablaban de su excelente educación, de su gran cultura y del placer que sentían por haber podido colaborar con aquel hombre cuya firma condenó a muerte a más de 1.600 personas a sabiendas de que eran inocentes. Es demasiado fácil pensar que sólo los monstruos son capaces de cometer actos monstruosos.

Me decía que, al fin y al cabo, el Diablo había sido un ángel y que Dios había permitido Auschwitz. La historia de mi vida me daba modelos que me impedían el extremismo, la explicación por una sola causa, blanco o negro, el bien o el mal, el Diablo o Dios. Estas herramientas del pensamiento me parecían abusivas, casi una caricatura. Yo prefería los matices que había conocido en mi infancia, aunque parecieran ilógicos. Y como necesitaba comprender para salvarme, tenía que llegar a ser psiquiatra para recuperar un poco de libertad.

La historia de mi infancia me había orientado hacia la elección de la psiquiatría, o más bien hacia la idea que yo me hacía de ella. Creo que pasa algo parecido con toda elección teórica. Las abstracciones no surgen de lo real sino que dan forma verbal a nuestros deseos sobre el mundo. La coherencia teórica nos tranquiliza dándonos una visión clara y una conducta a seguir. Pero otra historia de vida habría dado coherencia a otra teoría. Ninguna teoría puede ser totalmente explicativa, salvo las que tienen pretensiones totalitarias. Un joven psiquiatra elige una teoría biológica del psiquismo, antes de toda experiencia de la existencia, porque su historia lo ha hecho sensible a esa representación. Otra experiencia habría despertado su curiosidad por los efectos psíquicos de la relación y un tercero preferirá las explicaciones sociales o espirituales. En cada caso, la teoría aporta una verdad parcialmente verdadera y totalmente falsa. El drama empieza cuando uno, convencido de ser el único poseedor de la verdad, toma las armas para imponérsela a los otros.

Setenta años más tarde, entendí que la psiquiatría jamás podría explicar el nazismo. En mi viaje para explorar el continente de una utopía criminal, descubrí las islas de la serendipidad, para mi propia alegría. Empecé mi navegación en los años 1960, cuando los relatos sociales justificaban la lobotomía, el encierro entre muros y las camas de paja en los hospitales. Cincuenta años más tarde, nuestra cultura ha dado a luz una psiquiatría más humana, con la ayuda de la tecnología, que nos invita a repensarlo todo. Los jóvenes que empiezan la carrera de esta disciplina, cuyo nacimiento fue difícil, conocerán una aventura apasionante y útil.

Me hice psiquiatra para explicar el nazismo, dominarlo y liberarme de él. Las persecuciones de mi infancia no me permitieron tener una escolarización normal, cosa que podría explicar mi trayectoria de formación marginal (aunque no opuesta a la cultura). Un día, en su seminario en la Universidad Paris-Diderot, Vincent de Gauléjac me dijo: «Si hubieras ido al colegio habrías seguido la trayectoria clásica. Tu marginalidad aporta ideas inesperadas».[2]

El nazismo es un accidente delirante de la bella cultura germánica. Creí que el Diablo era un ángel enloquecido a quién había que curar para restablecer la paz. Esta idea infantil me empujó a un apasionante viaje de cincuenta años, lógico y loco al mismo tiempo.

Este libro es un diario de a bordo.

---

2. Gauléjac, V. de, *Histoires de vie et choix théoriques*, seminario en la Universidad Paris-Diderot, 2014. Vincent de Gauléjac es quien mejor trabaja esta particular conexión entre la vivencia íntima y la formulación teórica.

1
Psicoterapia del Diablo

Comprender o cuidar

Hacía buen tiempo en París, en mayo de 1968. El aire era ligero, todo el mundo hablaba con todo el mundo, en las aceras, en medio de las calles, en las terrazas de los cafés. Se formaban corrillos, la gente discutía, reía, amenazaba, argumentaba vigorosamente sobre problemas sobre los que no tenían la más mínima idea. ¡Era una fiesta! En el gran anfiteatro de la Sorbona un orador enfervorecido galvanizaba a la audiencia. Yo sabía que era esquizofrénico porque lo había oído delirar, unos días atrás, en un servicio de psiquiatría del hospital Sainte-Anne. Pero ahí estaba aquel paciente explicando en voz alta su concepción de la existencia. El público, entusiasmado, aplaudía y gritaba al final de cada frase. Entonces él sonreía y esperaba al final de las aclamaciones para pronunciar otra frase que provocaba un nuevo estallido de júbilo, y así sucesivamente.

En el vestíbulo de la facultad de medicina, un caballero menudo, con un bastón elegante, explicaba cómo un mismo hecho podía ser interpretado de maneras radicalmente opuestas. Nos contaba que Cook, el navegante inglés, al descubrir la libertad sexual de los polinesios, habló de «inmoralidad», mientras que Français Bougainville veía en ello la prueba de un «idilio natural».

Aplaudíamos, discutíamos sobre cada una de sus frases, y nadie sabía que aquel señor se llamaba Georges Devereux, profesor de etnopsiquiatría en el Collège de France. Nos sentíamos felices cuando nos decía que los ofendidos misioneros habían impuesto a las polinesias ropas ultrapuritanas que excitaron la curiosidad de los hombres hasta el punto de provocar una explosión de libertad sexual.[1]

En el gran anfiteatro de la Sorbona, mi esquizofrénico provocaba, también él, el entusiasmo de las multitudes al afirmar que «destrucción no es demolición», precisando que la televisión le robaba sus ideas para implantarlas en el alma de los inocentes, que la neurosis era consecuencia de la moral sexual y animando a todo el mundo a huir a la estratosfera, donde mil vidas eran posibles, en medio del horror del Paraíso del que él acababa de regresar.

Cada una de sus frases, inteligentes o sorprendentes, provocaba una explosión de vítores. Yo estaba con Roland Topor, quien por una vez no se reía. Incluso me pareció ver algo de ironía en su gesto, que contrastaba con el fervor de los que tomaban notas.

Mi esquizofrénico tenía un público que reaccionaba con la misma devoción que nosotros cuando escuchábamos al profesor del Collège de France. Habiendo visto a ese paciente algunos días antes en un servicio de psiquiatría, concluí precipitadamente que su audiencia estaba compuesta por ingenuos, encantados de dejarse llevar más por sus emociones que por sus ideas. Me consideraba iniciado, puesto que sabía de dónde venían aquellas ideas delirantes que los no iniciados adoptaban con entusiasmo. Me equivocaba. Hoy diría que las utopías científicas tienen sobre el público el mismo efecto separador entre «el que cree en el cielo y el que no cree».[2] Antes de cualquier forma de razón, experimentábamos una sensación de verdad que habla más de nuestros deseos sobre el mundo que de su realidad.

El objeto del cirujano es más fácil de entender. Es un pedazo de cuerpo roto, un tubo atascado o una masa deteriorada que conviene reparar con el fin de que vuelva a funcionar el conjunto. En las sepulturas antiguas, hay muchos esqueletos de niños y de mujeres muy jóvenes. Los esqueletos de hombres de más edad (de 40 a 50

---

1. Devereux, G., *De l'angoisse à la méthode dans les sciences du comportement*, Flammarion, París, 1980, pág. 198.

2. Aragon, L., *La Rose et le Réséda*, Seghers, París, 1944.

años) presentan casi todos polifracturas, lo que demuestra que la violencia del trabajo, la caza y las peleas son una forma arcaica de fabricar lo social. Las calcificaciones óseas soldadas en buena posición demuestran que los paleocirujanos conocían el arte del entablillado. ¿Pero trepanaciones? ¿Qué indicación hay para una trepanación? Mucho antes del neolítico, los «neurocirujanos» sabían cortar los huesos del cráneo con sílex tallado. La placa ósea extraída proviene siempre de un lado del cráneo, pues una trepanación en su centro habría desgarrado el seno venoso situado debajo y habría provocado la muerte del operado.

En Sabbioneta, cerca de Mantua, vi el cráneo del noble Vespasiano Gonzaga (1531-1591), trepanado por sus cefaleas y por lo que hoy llamaríamos una paranoia. El jefe guerrero, constructor de ciudades y teatros, creía ser un emperador romano. En el informe de su operación[3] podemos leer que padecía delirios de grandeza y manía persecutoria. El agujero de la trepanación es enorme y el resalte óseo demuestra que vivió más de veinte años después de la operación. Probablemente fuese un estereotipo cultural, un pensamiento establecido, el que llevó a indicar la apertura del cráneo. Un eslogan de la época repetía que, probablemente, un demonio habita en el cráneo de los que sufren cefaleas y delirios de grandeza. La indicación de neurocirugía era lógica: basta con abrir una ventana en el hueso del cráneo para que el demonio escape, aliviando así al noble, que volverá a ser normal.

Es una creencia la que da a una queja su significación mórbida. Es una representación cultural la que conduce a decisiones terapéuticas diferentes.[4] No es sólo la enfermedad la que provoca debates técnicos, sino también conflictos de discurso que acaban por imponer una visión de la enfermedad en un contexto social y no en otro.

3. Maffezzoli, U., Paolucci, A., *Sabbioneta. Il Teatro all'Antica*, Il Bulino, Módena (Italia), 1991.

4. Severi, C., *Les ratés de la coutume. Folies chrétiennes et rituels de guérison*, *L'Homme*, Éditions de l'EHESS, n° 150, abril-junio 1999, págs. 235-242.

Todo innovador es un transgresor

En el siglo XIX, la fiebre puerperal mataba al 20% de las jóvenes parturientas. Esta catástrofe se explicaba diciendo que la lactancia, al producirse en un momento en que el aire estaba viciado, provocaba la debilidad mortal de las jóvenes. Ignace Semmelweis descubrió que los médicos que intervenían en partos al salir de las salas de disección tenían una tasa de mortalidad bastante superior a la de quienes no practicaban autopsias.[5] Este descubrimiento, que cuestionaba la praxis médica, indignó a los universitarios, que se defendieron denunciando los problemas psiquiátricos que Semmelweis empezaba a padecer. Semmelweis murió semanas después de ser internado en un asilo, pero gracias a él, la esperanza de vida de las mujeres se duplicó en unos años.

El objeto de la cirugía, que teóricamente está situado fuera del observador, debería convertirse en un objeto de la ciencia. Ahora bien, ello no excluye ni el mundo mental del cirujano, ni el contexto social, ni la guerra entre relatos. Entonces, ¿cómo queréis que la locura, objeto confuso de la psiquiatría, sea una cosa palpable, mensurable y manipulable como si el contexto técnico y los estereotipos culturales prefabricados no existieran?

Hoy en día, la ciencia forma parte a su vez de esos pensamientos preestablecidos, porque la actitud científica produce una sensación de verdad: «El libro de la naturaleza está escrito en lenguaje matemático», afirma Galileo. Sin esta formulación no hay acceso a los fenómenos denominados «leyes» de la naturaleza. Los matemáticos poseen, en efecto, esta forma excepcional de inteligencia que les permite, gracias a un procedimiento del lenguaje, sin observación ni experimentación, dar una forma verdadera a un segmento de lo real. ¡Qué proeza! Pero un campesino os dirá que conocer la formula química de un tomate no lo hace crecer y un psiquiatra confirmará que definir la formula química de un neurotransmisor no alivia la

---

5. Semmelweis, I., *Die Aetiologie, der Begriff und die Prophylaxis des Kindbettfiebers*, Leipzig, Wiem Hartleeben's Verlags-Expedition, 1861.

esquizofrenia. Se puede incidir en la realidad gracias a otros modelos de conocimiento. ¡No sospecháis siquiera la cantidad de hombres que han sabido hacerle un hijo a sus mujeres sin tener ni idea de ginecología!

En la vida normal, el simple hecho de usar la palabra «ciencia» sugiere implícitamente que se ha comprendido una ley que nos permite dominar lo real. ¿No es ésta una fantasía de omnipotencia? De niños, el pensamiento mágico nos satisface. Basta con evitar los pequeños espacios que separan las baldosas de la acera para obtener buenas notas en la escuela. Un pequeño brazalete de lana regalado por un adulto nos hace sentir que gracias a este objeto ganaremos el partido de futbol. Eso no incide en la realidad, pero controla nuestra manera de sentirla y, por lo tanto, de abordarla.

En este sentido, vivir en una cultura donde los datos de la ciencia estructuran los relatos es alimentar «la gran utopía del poder humano, la fuerza de la razón y el establecimiento de un futuro de felicidad universal».[6] Nos sentimos superhombres porque nadamos en relatos que cuentan las prodigiosas victorias de la ciencia y nos hacen creer que podemos dominarlo todo. Contemplar un fenómeno psiquiátrico es intervenir en la producción de una observación con nuestro propio temperamento e historia. Los informes sobre acontecimientos, las fábulas familiares y los mitos científicos nos llevan a tener prejuicios sobre los hechos.

Hace dos mil cuatrocientos años, en Grecia, Hipócrates observó un fenómeno extraño. Un hombre, de repente, suelta un grito, cae al suelo, convulsiona, se muerde la lengua, se orina encima y, después de algunas sacudidas, recupera la conciencia y reanuda su vida sin problema aparente. El médico afirma: «Esto proviene del cerebro». Un sacerdote se indigna: «Es una posesión demoníaca». Y un cortesano de César exclama: «Es el Gran Mal, es la visita de un espíritu superior».

---

6. Omnès, R., «Les utopies des savants», *Le Monde des débats*, marzo 2000, pág. 23; y *Philosophie de la science contemporaine*, Flammarion, París, 1994.

¿Cómo explicar estas divergencias sinceras? Hipócrates, siendo cirujano, sabía que debajo de la piel hay un cableado de nervios, vasos sanguíneos y tendones enroscados alrededor de una estructura ósea. Su experiencia personal le había enseñado a buscar una causa natural a los fenómenos observados. Por su parte, el sacerdote dedicaba su vida a socializar las almas, obligándolas a concebir un mundo de esta misma clase. Vio claramente que aquel hombre, al gritar, orinar y debatirse por el suelo, no había respetado los códigos del decoro. El sacerdote piensa que el hombre ha perdido la razón y que Dios todopoderoso lo ha castigado por ese pecado. En cuanto al cortesano admirador de César, de quien probablemente esperaba una promoción, tenía interés en pensar que el hecho de que un emperador pierda el conocimiento y tiemble por los suelos era la prueba de una iniciación sagrada. Creyendo describir el mismo fenómeno, los tres testigos no hablaban más que de su propio modo de ver el mundo.

Todos tienen razón. Las neurociencias confirman la concepción naturalista de Hipócrates. Pero cuando una desgracia golpea a una persona, esta no puede evitar pensar: «¿Qué he hecho yo para merecer tal sufrimiento? ¿Por qué yo?» El herido en el alma valida la interpretación del sacerdote: «Dios me ha enviado esta prueba para castigarme por una falta que he debido cometer». Ante tal desgracia, el sacerdote propone una posibilidad de redención. Hay que hacer un sacrificio para pagar ese extravío. En un mundo de la falta, el melancólico que se castiga afligiéndose un sufrimiento suplementario se ofrece, de hecho, un momento de esperanza: «He cometido un pecado, es normal que sea castigado, pero sé que tras la expiación vendrá la redención». Para un melancólico, castigarse es un remedio.[7]

En cuando al cortesano de César, que ve el extravío de la razón como un mal sagrado, aún hoy sigue recibiendo la aprobación de gran número de filósofos y psiquiatras. Después de Mayo del 68

---

7. Pewzner, E., *L'Homme coupable. La folie et la faute en Occident*, Privat, Toulouse, 1992, págs. 69-89.

hubo una avalancha de publicaciones que glorificaban la psicosis. Todo el mundo citaba a Erasmo y su *Elogio de la locura*. A mí me gustaba pensar que había humanidad en la alienación y que se podía salir de la locura engrandecido. Pero este amable deseo no fue confirmado ni por la lectura de Erasmo ni por las visitas a los hospitales psiquiátricos. De hecho, la locura de la que habla Erasmo es la de la gente normal: los teólogos, los monjes y los supersticiosos. Su «elogio» es una crítica de las costumbres del siglo XVI y no una celebración de la enfermedad mental. Este enorme contrasentido no parecía molestar a mis colegas que, como yo, estaban empezando psiquiatría, felices de dar la impresión de que corríamos a la salvación de «nuestros» enfermos, dándoles nuestro afecto y agradeciéndoles lo que tenían para enseñarnos.

Un monstruo de dos cabezas: la neuropsiquiatría

En 1966 fui a ver a Jean Ayme, quien entonces era jefe de servicio en el hospital de Clermont-de-l'Oise, en las afueras de París. Este médico militaba para establecer la «política del sector», que permitió abrir los asilos y tratar a los enfermos a domicilio. Al reivindicar su pasión por Marx y Lacan, se inscribía perfectamente en las ideas innovadoras de la época.

Visitando este asilo, con la generosidad de Erasmo y la intelectualidad de Lacan en mente, me encontré frente a una realidad terrorífica. Jean Ayme me acogió calurosamente: «¿Quiere pasar visita conmigo?» Salimos acompañados de dos enfermeros, uno de ellos, con muchas ojeras, llevaba un enorme manojo de llaves. Había que ir probando en cada puerta para abrirla, ahora una sala, luego un patio. Estábamos siendo observados por enfermos hostiles y silenciosos. Algunos de ellos deambulaban mascullando. En un momento dado, llegamos a los dormitorios: tres grandes habitaciones paralelas que daban a un mismo pasadizo. Los enfermeros sacaron a los enfermos de la primera sala y, mientras permanecían en el pasadizo, quitaron con una horca la paja que hacía de colchón en las literas de aquellos hombres. Lavaron el suelo con un chorro de agua y luego pusieron una capa de paja fresca. Hicieron entrar de nuevo a los enfermos y pasaron a la sala siguiente.

Estábamos muy lejos de la ironía de Erasmo y de las soflamas lacanianas. Jean Ayme me explicó: «Somos médicos de los hospitales psiquiátricos pero no somos psiquiatras. No es obligatorio para ser jefe de servicio. Además, la especialidad no existe. Los candidatos aprenden un poco de neurología y, si son admitidos, pueden tomar a esquizofrénicos en psicoterapia». Yo no sabía lo que era un esquizofrénico ni cómo se hacía para «tomarlo» en psicoterapia. «Estamos aquí para curar la neumonía de los locos, añadió, pero la sociedad no nos pide que curemos la locura. Lucien Bonnafé y yo queremos que esto cambie, pero somos demasiado pocos para hacernos oír. Nos pagan menos que a nuestros enfermeros y dependemos del Ministerio del Interior, como los directores de prisiones. ¿Es ésta realmente la profesión que usted quiere hacer?»

Volví a casa, aturdido por la paja de los dormitorios, por las puertas cerradas, los manojos de llaves, las ojeras del enfermero, el silencio estupidizado de los enfermos y, a menudo, los gritos de uno de ellos, un fortachón que se había desnudado y a quien tuvieron que agarrar para aislarlo en una celda acolchada. La realidad del asilo estaba lejos de mi deseo de comprender y de ayudar.

Escogí la neurología. Fue una buena elección. Tenía la posibilidad de hacerme con un puesto como interno de psiquiatría en un servicio de neurocirugía, con el profesor David, en el hospital de la Pitié. En 1967, pocos internos se interesaban por esta disciplina en la que había mucho estropicio, como decían. Era la época de los dogmas: «cerebro tocado, cerebro acabado… perdemos varios centenares de miles de neuronas cada día… hacemos diagnósticos brillantes que no sirven para nada porque una lesión cerebral es incurable».

Las salas eran inmensas, de sesenta camas, creo. Las relaciones entre el personal sanitario eran alegres y cálidas. Puesto que la disciplina estaba naciendo, aprendíamos sin cesar. La tecnología comenzaba a desmentir el dogma «cerebro tocado, cerebro acabado».

Gracias a la ecografía, que en aquella época sólo se aplicaba al cerebro, se podía determinar que si un hemisferio estaba desplazado hacia un lado, eso significaba que al otro lado había un tumor o una bolsa de sangre que lo empujaba. Inyectando sustancias en las carótidas se podía ver en la radiografía el desplazamiento de las arterias o la hemorragia que dibujaba una masa opaca en plena materia cerebral. Quitando el líquido cefalorraquídeo mediante una punción lumbar se veía aparecer, entre los huesos del cráneo y el córtex cerebral, deformaciones, malformaciones y... atrofias cerebrales. La mayor parte de médicos se reían, de tan impensable que les resultaba la idea de la atrofia. Es un hecho que esa imagen nos intrigaba. Me acuerdo del presidente de una gran empresa que llevaba bien su negocio con un cerebro casi fundido. Me desorientaba aquel muchacho superdotado para las matemáticas, que había pasado el concurso de entrada en una de grandes escuelas teniendo el cerebro muy atrofiado. «¿Para qué sirve un cerebro?», nos decíamos riendo. «Ciertamente, no para pensar». Esta especialidad naciente se volvió apasionante. Cada día traía un montón de nuevos conocimientos, de sorpresas estimulantes y descubrimientos tecnológicos. Los enfermos salían cada vez más curados, a menudo incluso ignorando lo que les había pasado. Me acuerdo de un guardia que recibimos con un hematoma extradural. El hombre se había caído de un andamio y una arteria rota sangraba dentro de su cabeza. Había que operar rápido para impedir que la sangre aplastara el cerebro. Todos los anestesistas estaban ocupados. Entonces el cirujano encontró la solución lógica: «Duérmelo tú». Yo estaba aterrorizado. Como el enfermo estaba en coma, introduje en sus venas el mínimo de sustancia posible, pero se despertó durante la intervención en cuando la bolsa de sangre había sido evacuada. Estábamos debajo de las sábanas los dos, mientras el cirujano operaba por encima. El enfermo, consciente, con el cerebro palpitando al aire libre, me miró estupefacto. Enseguida lo tranquilicé: «Señor, sobre todo, usted no se mueva», y metí otro chorro de sustancias anestésicas. Algunos días más tarde, con camisa blanca y corbata roja, se iba de allí sonriente, sin acabar de creerse lo que le contábamos.

Tratamiento violento para cultura violenta

Curiosamente, fue la lobotomía lo que combatió más eficazmente el dogma «cerebro tocado, cerebro acabado». En 1935, el neurólogo portugués Egas Moniz descubrió que cortando la zona prefrontal del cerebro se podían tratar ciertos tipos de psicosis. ¿Cómo se da con una idea parecida? Aquel tipo era excepcional. Nombrado profesor de neurología en 1911, fue ministro en 1917, presidió la conferencia de la Paz en 1919 y, en 1921, descubrió que bastaba con inyectar una sustancia opacante en una arteria del cuello para hacer visibles en las radiografías todas las arterias cerebrales, cosa que merecidamente le valió el premio Nobel en 1949. Este inteligente y audaz hombre de mundo se alimentaba de los indiscutibles progresos de la neurología y estaba sumergido en una cultura donde la violencia gobernaba la vida en sociedad. Violencia de la Primera Guerra Mundial, pero también violencia de la industrialización, de la fábrica y de la mina, donde los hombres se convertían en héroes, es decir que eran sacrificados con admiración porque tenían la valentía de dejarse destruir trabajando quince horas al día a oscuras para mantener a sus familias. Violencia contra las mujeres, adoradas por su abnegación en la maternidad y el apoyo que aportaban a sus maridos. Violencia educativa, para la que era normal azotar a los chicos, corregirlos de manera que no fueran bestias salvajes. Violencia contra las chicas, a quienes se debía reprimir para impedir que se prostituyeran. La violencia de los cuidados respondía a esta lógica cuando se entablillaban las piernas rotas, cuando se arrancaban por sorpresa las amígdalas de los niños, pidiéndoles que cerraran los ojos y abrieran la boca para recibir un caramelo, cuando se amputaba a los heridos sin anestesia y cuando se preparaba a las mujeres para el parto con dolor diciéndoles que éste era necesario para que amaran a sus hijos. En un contexto cultural así era fácil verse empujado a curar la locura con violencia. La policía internaba de oficio en los hospitales psiquiátricos y les quitaba sus hijos a las madres tuberculosas o demasiado pobres para alimentar a sus familias. Se curaba a los locos con choques: choques cardiazólicos, choques eléctricos, camisas de fuerza, comas insulínicos e incluso choques catárticos para ayudarlos psíquicamente a descargar sus afectos.

En este contexto de violencia moral, cortar un pedazo de cerebro no se consideraba un crimen, ya que permitía a los locos estar mejor. La cirugía de la locura,[8] concebida por un hombre brillante, militante de la paz, se realizaba a veces lo más humanamente posible en bellos quirófanos de grandes hospitales, pero más a menudo en habitaciones sórdidas de hospitales psiquiátricos.[9]

El fundamento neurológico de esta operación era también lógico. Egas Moniz, que había estudiado en París, en la Salpêtrière, templo mundial de la neurología, había aprendido que las neuronas prefrontales, base neurológica de la anticipación, estaban conectadas con el tálamo, una especie de racimo de uvas en la base del cerebro. En las neurosis obsesivas, las neuronas prefrontales, pensaba Moniz, enviaban impulsos que incitan a repetir mil veces el gesto de lavarse las manos, de afeitarse hasta sangrar o limpiar el pomo de la puerta de microbios imaginarios. Bastaba pues con cortar las conexiones del tálamo con el lóbulo prefrontal para suprimir la repetición de los gestos en los pacientes obsesivos. La operación fue realizada con éxito. La intervención era fácil e indolora, los accidentes operatorios eran raros y, en efecto, las obsesiones mentales y la conducta de limpieza obsesiva desaparecían al instante al ser cortadas las neuronas. ¡Una maravilla!

Asistí a varias lobotomías. Un ingeniero que había sido brillante y un feliz padre de familia se había hundido en unos años. Tardaba al menos tres horas, cada mañana, para afeitarse cerciorándose de que ningún pelo era más largo que el otro. Limpiaba el pomo de la puerta del baño, pensando que, a pesar de los repetidos lavados, aún debía estar algo contaminado. Luego tardaba dos horas en cruzar el pasillo, empeñándose cada día en poner los pies

---

8. Thuillier, J., *La Folie. Histoire et dictionnaire*, Robert Laffont, «Bouquins», París, 1996, pág. 149.

9. Testimonios de mi maestro Roger Messimy y de mi amigo Gérard Blès.

donde los había puesto el día anterior. Había perdido toda vida mental, toda su vida familiar y, por supuesto, toda vida social. Fue él mismo quien pidió una lobotomía, creyendo que no tenía nada que perder.

La intervención no supuso ningún problema. El neurocirujano charlaba amablemente con el paciente mientras hundía despacio una varilla de acero por el agujero que uno puede notar encima del arco supraciliar, cerca de la raíz de la nariz. Presionó ligeramente para franquear, en la base del cráneo, la lámina del etmoides y así alcanzar la cara inferior del lóbulo prefrontal, inyectó agua destilada para dilacerar las neuronas. Entonces el obsesivo sonrió exhalando un largo suspiro y dijo: «De repente me siento bien, aliviado... aliviado». ¡Su neurosis obsesiva había desaparecido! La compulsión de repetición también. ¡Libre, se sentía libre! Fue a reconfortar a todos los enfermos del servicio, incluso a los que estaban en coma. Se marchó a casa hablando alegremente con su alucinada familia.

Tres semanas más tarde, volvió al hospital. La neurosis obsesiva se había apoderado de nuevo de su alma. Pero las verificaciones duraban menos, cada vez menos tiempo. El enfermo se desplazaba poco, luego se sentó en una silla y ya no se movió más. Incapaz de anticipar nada, no podía planificar, ni para lavarse cuando quería hacerlo ni para pronunciar las palabras que quería decir. Callaba porque, neurológicamente, ya no podía tener la intención de contarnos una historia. No era afásico, sabía hablar, ya que respondía a nuestras preguntas con una frase breve, pero era incapaz de programar un relato largo. Las obsesiones habían desaparecido, la angustia también, porque el lobotomizado era incapaz de imaginar lo que le esperaba: imposible prever el trabajo que haría mañana, preocuparse por las deudas que tenía que devolver, pensar en los hijos que debía criar y en la muerte que le esperaba. Libre. Sin angustia y sin vida psíquica. La muerte mental, tal era el precio de la breve libertad que le había proporcionado la lobotomía.

He tenido ocasión, varias veces, de ver a enfermos lobotomizados. Durante unos años hasta se puso un poco de moda esta operación, que ciertos psiquiatras realizaban en unos minutos, en el domicilio de sus pacientes. En los Estados Unidos, Walter Freeman practicó a domicilio más de 3.000, provocando de esta manera un 14% de muertes, miles de destrucciones mentales y algunas curaciones asombrosas. A partir de 1950, los neurolépticos descalificaron esta amputación cerebral, hicieron posible la apertura de los hospitales psiquiátricos y, paradójicamente, dieron la palabra a los psicoterapeutas. Rose, la hermana de John Kennedy, lobotomizada por retraso mental, sobrevivió hasta los 86 años en instituciones psiquiátricas. Los esquizofrénicos dejaban de agitarse, ya no podían delirar porque, al haber perdido la posibilidad neurológica de representarse el tiempo, eran incapaces de elaborar un relato. Entonces callaban o pronunciaban algunas asociaciones de palabras. Se había sustituido la psicosis por la muerte psíquica. ¿Valía la pena?

Hoy en día, la lobotomía es considerada un crimen. Nadie tiene derecho a destruir el cerebro de otro. Pero este crimen no se juzga igual en las diversas culturas. Tuve la oportunidad de hablar con una psicoterapeuta de renombre internacional que, hace unos años, sufrió repentinamente intensas perturbaciones del equilibrio y ya no podía controlar sus movimientos. En cuanto quería moverse, sus brazos, piernas y cuerpo se movían descontroladamente en todas direcciones, como en una ridícula danza javanesa. En Francia, un escáner descubrió un pequeño entrelazamiento de vasos que estimulaban un lóbulo del cerebelo. Como estaba prohibido cortar su cerebelo en Francia, no se la podía tratar. Se fue a los Estados Unidos, donde un cirujano le seccionó las neuronas que conectaban los hemisferios del cerebelo. Curada instantáneamente, volvió a Francia para retomar su excelente trabajo.

Toda experiencia personal orienta hacia teorizaciones distintas. Todos aquellos que, como yo, han amado la neurología, han podido ver el modo en que la estructura de un cerebro y su funcionamiento llevan a percibir mundos diferentes y, por lo tanto, a tener representaciones diversas. Una abeja percibe los rayos ultravioleta, una serpiente los infrarrojos, un elefante los infrasonidos, un perro los olores, un simio las mímicas faciales y un niño los sonidos, que transforma en signos con el fin de acceder a la palabra. Cuando el aparato de percepción del mundo se rompe debido a la ceguera, la sordera u otra alteración sensorial, el mundo percibido cambia de forma y se manifiesta de una nueva forma. Y cuando el aparato de representación del mundo es violentamente modificado por un trauma o una experiencia insoportable, es el mundo pensado el que cambia de forma.

Hoy en día, las lobotomías son provocadas principalmente por accidentes de moto. Vemos a menudo secciones del haz tálamo-frontal, como quería Egas Moniz. Pero cuando el choque es lateral, es la amígdala rinencefálica, debajo y al fondo del cerebro, la que sangra y deja un agujero en cuanto el hematoma es absorbido. Ese núcleo de neuronas constituye normalmente la base de las emociones del miedo. Estos lobotomizados se vuelven totalmente indiferentes y padecen la visión monótona de un mundo sin interés. «Echo de menos la época en que sufría. Al menos entonces me sentía vivo», dicen. La lucha contra el sufrimiento da sentido a nuestra existencia. La lobotomía prefrontal, que suprime la angustia, mata la vida psíquica. La lobotomía amigdaliana, al impedir el dolor, anestesia el sabor del mundo, que se vuelve insípido. Ahora bien, destinamos gran parte de nuestros esfuerzos afectivos, intelectuales y sociales a combatir la angustia y el sufrimiento. Pero la estrategia existencial es diferente: ésta no suprime los efectos, sino que los metamorfosea. Transforma la angustia en obra de arte y lucha contra el sufrimiento organizando un tejido social. La lobotomía, ya sea quirúrgica o accidental, permite entender que el aparato que percibe el mundo presenta mundos diferentes sobre los que pensar. Pero cuando las neurociencias descubren que un empobrecimiento del nicho sensorial que rodea a un bebé provoca una débil estimulación de las neuronas prefrontales, se comprende que esta desaceleración equivale, de hecho, a una lobotomía. La amputación del entorno afectivo del lactante es casi siempre debida a una desgracia, una adversidad parental, una precariedad social o una anemia cultural. Entonces es posible inculcar a los pequeños una visión del mundo amarga y desencantada alterando el entorno que les rodea.[10]

Sainte-Anne: célula madre en psiquiatría

Durante el mes de fiesta de Mayo del 68, los servicios de cirugía estaban increíblemente vacíos. La falta de gasolina y las largas huelgas habían hecho desaparecer los accidentes de tráfico y laborales. Sólo algunas camas estaban ocupadas para las intervenciones previstas desde hacía tiempo. Yo me llevaba muy bien con Philippon, joven jefe de la clínica que más tarde conseguiría la cátedra de neurocirugía. Una monótona noche de guardia me dijo: «Estoy desbordado, no consigo enviar los informes de neurología a la *Encyclopédie médico-chirurgicale*. ¿Quieres ocupar mi lugar?» Acepté enseguida esta forma agradable de seguir aprendiendo. Al presentarme al redactor, le pregunté si podía hacer también algunos análisis de trabajos etológicos. «¿Etología?», preguntó.

Le expliqué que se trataba de una biología del comportamiento, un método de observación de los animales que podía ser validado mediante un procedimiento experimental en el laboratorio o en un medio natural.[11] Los datos científicos así recogidos planteaban problemas humanos. Vi que su mirada se extraviaba: «¿En calidad de qué haría usted estos informes?» Le respondí que en 1962 me había presentado al concurso del Instituto de Psicología. Aquel año la cuestión planteada se refería a la médula espinal, y como ésta tenía un papel bastante común en las reflexiones sobre psicología y yo acababa de terminar mi segundo año de medicina, fui admitido. Quería aprender la «psicología animal» con Rémy Chauvin, pero la directora, Juliette Favez-Boutonnier, me inscribió de oficio en un

---

10. Cyrulnik, B., «Emotion and trauma», *Medicographia*, «Emotions and depression», vol. 35, n° 3, 2013, págs. 265-270.

11. Baudoin, C., *Le Comportement, pour comprendre mieux et davantage*, LeSquare, París, 2014.

curso de estadística. Viendo mi frustración, una secretaria me explicó que la responsable académica militaba en favor del psicoanálisis y consideraba ridícula la psicología animal. Así que mi carrera en dicho instituto fue breve, pero suficiente para descubrir el entorno de la investigación en etología. El redactor aceptó.

Es una bella experiencia participar en el nacimiento de un movimiento de ideas. En los años 1960, el ambiente hervía, muchas cosas estaban empezando. Ninguna formulación era convincente, pero todas eran apasionantes. Hoy en día se dice que una célula madre posee todo el potencial que le permitirá adoptar formas distintas, adaptadas a la presión del entorno. Lo mismo se dice del ADN, cuyas características genéticas se expresan de forma diferente en ambientes diversos. Se trata de un dato reciente que descalifica el razonamiento que opone lo innato a lo adquirido. Esta cantinela intelectual es ahora un reflejo que impide pensar.

También se podría hablar de «teorías madre» a partir de las cuales mil direcciones son posibles, pero que, adaptándose al contexto social, adquieren formas diferentes, una de las cuales se hace con el poder intelectual.

El primer congreso mundial de psiquiatría tuvo lugar en París, en 1950, presidido por Jean Delay. Los principales temas eran relativos a:[12]

- la psiquiatría clínica, en la que dominaban los delirios;
- las lobotomías, más glorificadas que criticadas;
- los choques, sobre todo eléctricos, cargados de esperanzas terapéuticas;
- las psicoterapias, entre las cuales el psicoanálisis empezaba a hacerse oír;
- la psiquiatría social, marcada todavía por la eugenesia nazi;
- la psiquiatría pediátrica, que balbuceaba muy bien.

----

12. Pichot, P., *Un siècle de psychiatrie*, Les Empêcheurs de penser en rond / Synthélabo (colección dirigida por Philippe Pignarre), París, 1996.

Nada de psicofarmacología, ni de neurobiología, puesto que no existían aún los medios técnicos que luego permitieron pensar de otro modo el mundo psíquico. Tampoco nada de epidemiología, ya que la clínica, todavía vaga, no empleaba las estadísticas. Nada de conductismo, porque la reflexología de Pavlov no tenía quien la defendiera, estando la URSS ausente. La psiquiatría alemana se adormecía entre pesadas descripciones. Los norteamericanos tuvieron poco éxito, a pesar de la presencia del quebequés Ellenberger. En Francia, el debate hervía desde que dos hombres habían prendido fuego a las ideas: Jean-Paul Sartre y Henri Ey.

El concepto de angustia nació en la filosofía: Kierkegaard, Sartre y Heidegger hicieron de ella un elemento constitutivo de la condición humana, no una patología. La palabra se instaló rápidamente en las publicaciones psiquiátricas, donde fue definida como un «estado afectivo dominado por el sentimiento de inminencia de un peligro indeterminado».[13] El psicoanálisis se alimentó mucho de esta noción e hizo de la angustia un trastorno central que podía adoptar muchas formas distintas, histéricas, fóbicas u obsesivas. Desde que esta palabra entró en el lenguaje cotidiano, se usa para designar fenómenos diversos. En conjunto, se refiere a un malestar difuso que envenena el alma y el cuerpo mediante la espera de un peligro, oculto no se sabe dónde.

Fue John Bowlby quien propuso la más clara representación del concepto, asociando al psicoanálisis con los modelos animales:[14]

- el miedo a lo no familiar;
- los conflictos indecidibles;
- la frustración de los deseos rotos.

Éstos son los principales proveedores de ese malestar existencial que llamamos «angustia». En los años 1960, la palabra «angustia»

---

13. Bourguignon, O., «Angoisse», en D. Houzel, M. Emmanuelli, F. Moggio, *Dictionnaire psychopathologique de l'enfant et de l'adolescent*, PUF, París, 2000, págs. 45-47.

14. Bowlby, J., *Attachement et perte*, PUF, París, 1978-1984, 3 tomos.

sólo era empleada por los profesionales. Hoy en día no es raro que niños pequeños la usen para expresar un malestar difuso cuya fuente no comprenden.

El otro sembrador de ideas se llamaba Henri Ey. Se trataba de un hogareño audaz cuyo pensamiento educó a la mayoría de psiquiatras franceses. Nacido en Banyuls en el año 1900, muerto en Banyuls en 1977, pasó toda su carrera como jefe de servicio del hospital psiquiátrico de Bonneval, a un centenar de quilómetros de París. Hiperactivo, amante de la conversación, la argumentación y la risa, al principio se ocupó de los delirios y alucinaciones, que antes de la guerra constituían el grueso de los trabajos psiquiátricos. A partir de 1936, fue desarrollando sin cesar una nueva concepción de la psiquiatría. Antes de Ey, se consideraba que había una armazón de la locura, un *ser* loco que, sin importar el tipo de ambiente, hacía de esa persona un demente. Esta forma de pensar no está demasiado lejos de un racismo que afirma que entre nosotros hay algunos hombres de mala calidad que pierden la cordura, mientras que otros se convierten en distinguidos burgueses.

Henry Ey nos enseñó a pensar en términos de funciones que, partiendo de la biología, se alejan de ella progresivamente. Esta orientación se apoyaba en la neurología de Jackson, que integraba la clínica de Bleuler y se inspiraba mucho en Freud.[15] Fue con este ánimo que Ey participó en el manual de psiquiatría[16] que formó a varias generaciones de psiquiatras y de médicos de los hospitales psiquiátricos. Para adquirir esta actitud integradora es preciso no tomar partido, evitar los prejuicios y trabajar sobre el terreno cerca de aquellos que sufren. La biblioteca queda para más adelante.

Henri Boutillier había sido su interno antes de convertirse a su vez en jefe de servicio del Hospital de Pierrefeu, en el Var. Toda

---

15. Belzeaux, P., Palem, R. M., Henri Ey (1900-1977). *Un humaniste catalan dansle siècle dans l'histoire*, Metz, Association pour la Fondation Henri Ey / Trabucaire, Hisler Even, 1997.

16. Ey, H., Bernard, P., Brisset, C., *Manuel de psychiatrie*, Masson, París, 1960; reedición 2010.

su carrera estuvo marcada por los pocos meses que paso en contacto con el maestro. «Todo ocurría junto a la cama del enfermo», decía él. Henri Ey trataba de comprender lo que el delirante decía, de captar incluso las incoherencias, despropósitos, frases extrañas y comportamientos inquietantes. No sirve de nada etiquetar, decía, hay que descubrir el sentido oculto y la función del delirio. Cuando preparaba un libro, Henry Ey reflexionaba en voz alta durante las visitas, mientras el interno tomaba notas. Más tarde, en la soledad de su despacho, él trabajaba sobre sus notas. No hay mejor formación que ésta. Yo no oía más que elogios de aquel médico que no era universitario y que, sin embargo, formó a casi todos los psiquiatras durante los cincuenta años posteriores a la Segunda Guerra Mundial.

Sus ideas desarrollaron el organodinamismo, sorprendentemente confirmado por la neurociencia actual.[17] No hay cuerpo sin alma ni espíritu sin materia. Es un abordaje global que proporciona una actitud humanista. Un saber fragmentado ayuda a hacer carrera, fabricando hiperespecialistas, pero un clínico debe integrar los datos y no fragmentarlos.

Hasta 1970, Henri Ey defendió la práctica psicoanalítica y se inspiró mucho en ella. Pero cuando, después del Mayo del 68, ciertos psicoanalistas convirtieron esta disciplina en un arma para apoderarse de las universidades y los medios de comunicación, criticó esta evolución sectaria e imperialista. Durante algunos años fue difícil obtener un puesto en las universidades, los hospitales o instituciones sin formar parte de una asociación de psicoanálisis dominante. Una de mis amigas, psicoanalista bordelesa de buena reputación, supo que un puesto de adjunto quedaba libre en el hospital. Pensó que eso completaría su formación en consulta privada, pero cuando se presentó al jefe de servicio, éste le preguntó: «¿A qué grupo pertenece usted?» Ella respondió que su asociación no era la del universitario: «No vale la pena que tome asiento», dijo el jefe.

---

17. Palem R. M., *Organodynamisme et neurocognitivisme*, París, L'Harmattan, 2006.

Cuando se habla de Henry Ey, se cuenta su amor por la vida, su hambre por aprender la neurología, la psiquiatría, el psicoanálisis y la antropología, pero me sorprende que se hable tan poco de sus relaciones con Lacan y que no se cite siquiera su enorme trabajo sobre la «psiquiatría animal».

Lacan (Guitry) y Henry Ey (Raimu)[18]

La presencia fuera de lo común de Jacques Lacan siempre ha provocado reacciones emocionales de adoración o de repulsión. En Francia hay quien lo venera mientras que otros lo detestan. En los Estados Unidos fue René Girard quien lo introdujo en las universidades y asistió divertido a su éxito. En Argentina le ayudó su hermano, a quién dedicó su tesis: «A mi hermano, el R. P. Marc-François Lacan, benedictino de la Congregación de Francia».[19] El elegante psiquiatra militar Guy Briole consiguió una traducción española convincente, a pesar de la extraña sintaxis del maestro. Las dictaduras militares, al ensañarse con los artistas y los psicólogos, provocaron una emigración de lacanianos hacia otros países de América latina: extraña geografía de las ideas.

Françoise Dolto lo trataba con dureza, André Bourguignon, su compañero del internado, no lo tenía en gran estima, Gérard Mendel formaba parte de una asociación de psicoanálisis que le era hostil. El último libro de Mendel, *La revuelta contra el padre*,[20] había sido para mí un enfoque práctico del psicoanálisis. Freud me había abierto esa vía cuando yo estaba en el instituto, permitiéndome

---

18. N. del T.: Alusión a «Sacha» Guitry y «Raimu», actores que intervinieron juntos en más de una comedia concebida por el primero de ellos.

19. Lacan, J., *De la psychose paranoïaque dans ses rapports avec la personnalité*, seguido de *Premiers écrits sur la paranoïa*, tesis de doctorado, Le François, París, 1932; reedición: Seuil, París, 1975.

20. Mendel, G., *La Révolte contre le père. Pour une introduction à la sociopsychanalyse*, Payot, París, 1968.

descubrir el continente del mundo íntimo, que no se ve pero que, sin embargo, nos gobierna. Pero fue Gérard Mendel quién me aportó una visión convincente sobre Mayo del 68. Había escrito su tesis, dirigida por Jean Delay, sobre la creación artística, y publicó un trabajo con Henry Ey sobre el cuerpo y sus significaciones. Durante toda su vida, sus investigaciones se consagraron al fenómeno del poder y la autoridad: ¿quién manda? ¿Debemos someter a un niño? ¿Se pone en peligro la democracia al oponerse a la autoridad?

En 1942, con 12 años, vio a su padre, judío, arrestado por dos gendarmes amigos de la familia. El niño quedó marcado. No lo superó, ya que toda su obra buscó explicar este extraño fenómeno: ¡es entonces posible sentir el deber de someterse a una orden que condena a muerte a un amigo inocente! Para vivir juntos evitando la violencia, debemos aceptar la ley. Pero si nos sometemos, ¿qué sujeto somos? Organizó el grupo Desgenettes en el que algunos clínicos trabajaban sobre un objeto llamado «sociopsicoanálisis». Freud descubrió cómo las huellas familiares estructuraban las fantasías del individuo, y Gérard Mendel se preguntaba cómo las estructuras sociales participaban en la construcción del sujeto. Su libro tuvo tal éxito, que yo solía decirle que era su agregado de prensa quien había organizado Mayo del 68 para difundir sus ideas.

Simpatizamos y lo invité a venir a trabajar con nosotros a Châteauvallon, en Ollioules, cerca de Toulon. Desgraciadamente, Isabelle Stengers y Tobie Nathan no aceptaron su concepción del sujeto y no volvió más. Las relaciones del grupo Desgenettes con los lacanianos eran tensas, porque Jacques Lacan sometía a las masas con su simple presencia. Era un ejemplo de autoridad, del poder que se podía otorgar a un solo individuo. Ése era el punto sensible de Gérard Mendel.

Una noche en que yo lo había invitado a una reunión pública en La Seyne para que nos hablara de sociopsicoanálisis, vi a algunos amigos, discípulos de Lacan, pasar entre las filas diciendo a la audiencia: «No os quedéis, idos, dice cualquier cosa». Estábamos muy lejos del debate que yo esperaba. Otra velada vi la misma estrategia descalificadora cuando invité a Jean-François Mattei, cuyos descubrimiento genéticos iban a revolucionar las condiciones del embarazo. No me sorprendí entonces cuando Michel Onfray me dijo, después de su gran ataque contra Freud,[21] que ciertos psicoanalistas habían influido para suprimir la subvención concedida a su admirable Universidad Popular en Caen. Estas estrategias de sabotaje envenenan el debate. Los golpes bajos permiten ganar sacrificando el placer de pensar.

Quien más me ayudó a entender dos o tres cosas de psiquiatría fue Henri Ey. Por eso me sorprendió el silencio tras la publicación de uno de sus coloquios de Bonneval, que torpemente tituló «Psiquiatría animal». Para mí, aquel tocho de seiscientas páginas había sido un «libro madre» del que surgieron centenares de trabajos científicos, congresos, tesis, redes de amigos y, por supuesto, algunos conflictos. Henry Ey era realmente conocido, activo y apreciado. Había reunido a los más grandes nombres capaces de responder esta curiosa pregunta: «¿Pueden los animales volverse locos? ¿Cómo pueden sus trastornos esclarecer la condición humana?»[22]

Abel Brion, profesor en la Escuela nacional veterinaria de Alfort, se había asociado con Henry Ey para dirigir este coloquio. Invitaron a filósofos, veterinarios, biólogos, directores de zoo, domadores, historiadores, psiquiatras, y Jacques Prévert habría añadido un mapache.

El resultado fue apasionante. Buytendijk, profesor en Utrecht, explicó que en todas las épocas los filósofos se habían preguntado por la inteligencia animal[23] y que algunos sacerdotes no habían dudado en referirse al alma de las bestias. Plutarco, en el siglo II, ya había reflexionado sobre la inteligencia de los animales con argumentos que aún hoy en día emplean los científicos más avanzados.[24]

---

21. Onfray, M., *Le Crépuscule d'une idole. L'affabulation freudienne*, Grasset, París, 2010.

22. Brion, A., Ey, H., *Psychiatrie animale*, Desclée de Brouwer, París, 1964.

23. Buytendijk, F. J. J., *L'Homme et l'Animal. Essai de psychologie comparée*, Gallimard, París, «Idées», 1965.

24. Gervet, J., Livet, P., Tête, A. (dir.), *La Représentation animale*, Presses Universitaires de Nancy, Nancy, 1992.

La cuestión de la inteligencia animal es fuente de pasiones porque es a la vez científica y fantasiosa. El simple hecho de preguntarse si los animales piensan obliga a plantearse las preguntas: «¿Qué es el pensamiento? ¿Piensa un recién nacido? ¿Se puede pensar sin palabras?» He aquí el tipo de problemas profundamente humanos que plantean los animales.

La misma pregunta despierta a la vez fantasías apasionadas. Quienes tienen unas ganas feroces de creer que los animales piensan están dispuestos a pelearse con quienes afirman que los animales no son más que máquinas. Ninguno de estos bandos necesita trabajos científicos para indignarse. Se inflaman en seguida, sin pensar.

La fenomenología parece la actitud filosófica más pertinente para afrontar el problema.[25] Los animales no hablan, pero tienen un lenguaje. Es posible observar un fenómeno natural, como en la clínica médica, donde una neumonía invisible se detecta gracias a los signos percibidos en la superficie del cuerpo. La tos, el enrojecimiento de una mejilla provocado por la fiebre, la respiración jadeante, el sonido sordo de la percusión del tórax, son síntomas visibles de una alteración no visible. En este mundo de selección de información, un objeto sensorial puede ser percibido, individualizado y manipulado de forma experimental. Entonces, ¿por qué los comportamientos expresados por los animales, sus gritos, sus posturas y su mímica no podrían componer una semiología, un fenómeno aparente que designaría un mundo interior oculto? Podríamos considerar este fenómeno sensorial como un objeto de la ciencia.[26] Para responder a esta cuestión, hay que asociar a investigadores de disciplinas diferentes: filósofos, biólogos y etólogos podrán proponer algunas respuestas.[27]

---

25. Thinès, G., *Phénoménologie et science du comportement*, Mardaga, Bruselas, 1995.

26. Cosnier, J., Coulon, J., Berrendonner, A., Orecchioni, C., *Les Voies du langage.Communications verbales, gestuelles et animales*, Dunod, París, 1982.

27. Buchanan, B., *Onto-Ethologies. The Animal Environments of Uexküll, Heidegger, Merleau- Ponty and Deleuze*, State University of New York Press, Nueva York, 2009.

El sueño no es a toda prueba

Entonces, Claude Leroy organizó en 1972 en la Mutualidad General de la Educación nacional (MGEN) una reunión internacional sobre el sueño. Invitó a Serge Lebovici, un gran nombre del psicoanálisis, y a Georges Thinés, filósofo, novelista y violinista, a Pierre Garrigues, del Inserm de Montpellier, y a John Richter, un etólogo inglés. Ya no se trataba de describir los signos eléctricos del sueño, sino más bien de hacer un análisis comparativo entre especies. Este método fue vivamente criticado: «¿Qué quiere usted que diga un psicoanalista como Serge Lebovici sobre el sueño de las gallinas?», dijo Roger Misès, otro gran nombre del psicoanálisis.

Por el contrario, las discusiones fueron apasionantes. Versaban principalmente sobre variaciones del sueño paradójico, que es una señal eléctrica fácil de detectar. Este sueño se llama paradójico porque registra una descarga bioeléctrica intensa en el momento en que los músculos están completamente relajados. El sueño es profundo, mientras que el cerebro está en alerta. En la naturaleza, los animales duermen mal. Rara vez se dejan ir hasta el sueño paradójico, que exige un sentimiento de seguridad suficiente para abandonarse a la relajación muscular.[28] Cuando las vacas de los Pirineos duermen en los establos, producen mucho sueño paradójico, pero cuando pasan la noche en los pastos lo hacen mucho menos porque, inseguras, duermen con un ojo abierto.[29]

Las modificaciones eléctricas del sueño y las secreciones hormonales están pues influenciadas por la estructura del ambiente. Ello no impide comparar los sueños de distintas especies y darse cuenta de que la determinante genética también es importante. Los felinos son depredadores que se sienten seguros en cualquier parte. Por este motivo producen una gran cantidad de sueño rápido. En cuando a los conejos, sólo consiguen dormir profundamente refugiados

---

28. Jouvet, M., *Le Sommeil et le Rêve*, Odile Jacob, París, 1991.

29. Ruckebush, Y., «Le sommeil et les rêves, chez les animaux», en A. Brion, H. Ey, *Psychiatrie animale, op. cit.*, págs. 139-148.

en su madriguera, cosa por otro lado comprensible. Cada especie tiene su forma de dormir, pero el hecho de que el sueño esté genéticamente codificado no impide que sea influenciado por el ambiente. Este tipo de razonamiento, habitual hoy en día, todavía no ha convencido a quienes siguen oponiendo lo innato a lo adquirido. No obstante, vemos bien que las dos instancias sólo pueden funcionar juntas: 100% lo innato y 100% lo adquirido.

La edad fragmenta el sueño paradójico, pero es sobre todo el sentimiento de seguridad el que modifica la estructura eléctrica. Ahora bien, el sueño rápido facilita el aprendizaje, mientras que el sueño lento permite la recuperación física estimulando las neurohormonas.[30] Este es el motivo de que un niño, intranquilo debido a una desgracia sufrida por sus padres, se encuentre en una situación en la que el aprendizaje se ralentiza, y entonces difícilmente se recupera de la fatiga de la víspera. Fabricamos sueño, como todos los animales, pero no es el mismo porque somos genéticamente de especies diferentes. Estamos sometidos a la presión del ambiente, como todos los animales, pero el nuestro no es el mismo, porque a la presión ecológica le añadimos las obligaciones culturales, las maravillas del arte y los horrores de la guerra. Este razonamiento explica que, en tanto que seres vivos, nuestro desarrollo se desorganice cuando lo hace nuestro entorno. Pero como seres humanos, disponemos de herramientas mentales que nos dan la capacidad de vivir en un mundo de relatos, cosa que puede agravar una desgracia pretérita o resiliarla.[31]

Cuando llegamos a Bucarest después de la caída del muro, vimos a miles de niños balanceándose sin cesar, girando sobre sí mismos, mordiéndose los puños, incapaces de hablar. Los educadores que nos acompañaban nos contaron que aquellos niños habían sido abandonados porque eran autistas o encefalópatas. Respondimos que parecían serlo porque habían sido abandonados. Esta manera

30. Delacour, J., *Apprentissages et mémoire*, Masson, París, 1987.

31. Cyrulnik, B., «Enfant poubelle, enfant de prince», *Sous le signe du lien*, Hachette, París, 1989, págs. 261-282.

de ver los hechos no habría sido posible si no hubiéramos adoptado el punto de vista de la etología. Sabíamos, gracias a la etología animal, que un empobrecimiento del medio modifica la arquitectura del sueño de tal manera que éste deja de estimular la secreción de hormonas del crecimiento y de hormonas sexuales. La extraña morfología de estos niños, demasiado pequeños para su edad, con dedos delgaduchos y la nuca plana, era consecuencia del abandono y no su causa.[32] Pero sabíamos que si conseguíamos organizar un entorno seguro, el desarrollo podría reanudarse. Así empezó la aventura de la resiliencia, cuyo nombre metafórico propuso Emmy Werner.[33]

El simple hecho de plantear el problema en términos de interacciones entre la biología y el ambiente alteraba las descripciones clínicas. Los perros epilépticos sufren sacudidas espasmódicas y descargas de «ondas-punta» eléctricas que caracterizan la anomalía cerebral. Este determinismo biológico se muestra de forma diferente según la estructura afectiva del ambiente. Cierto perro cocker de 18 meses muestra una reacción extraña cada vez que su propietaria le acaricia la cabeza: se pone rígido y gira sobre sí mismo como si «ese comportamiento complejo de una motivación afectiva estuviera fijado en su desarrollo».[34] Este estereotipo se reproduce a discreción con cada caricia o incluso con cada palabra afectuosa. Tal extraña reacción nunca es provocada por el contacto físico en la cabeza con un trozo de madera, una esponja o una escoba. Hace falta una mano afectuosa para desencadenar semejante enloquecimiento emocional.

Esta observación clínica, que asocia a un veterinario con un psiquiatra, me permitió comprender por qué el perro de Marguerite

---

32. Cyrulnik, B., *Mémoire de singe et paroles d'homme*, Hachette, París, 1983, págs. 122-134.

33. Werner, E., Smith, R. S., *Vulnerable but Invincible. A Longitudinal Study of Resilient Children and Youth*, McGraw-Hill, Adams, Bannister Cox, Nueva York, 1983.

34. Fontaine, M., Leroy C., «Hystérie et hystéro-épilepsie chez les animaux domestiques», en A. Brion, H. Ey, *Psychiatrie animale, op. cit.*, pág. 419.

sólo mostraba una crisis de epilepsia a la semana cuando se encontraba en una pensión para animales, cuando bastaba que su dueña se lo llevara a casa para que tuviera de 8 a 10 crisis por día. El afecto relacional, al provocar emociones intensas, bajaba el umbral eléctrico de las convulsiones.

A los dualistas les choca la etología que, según ellos, «rebaja al hombre al nivel de los animales». ¡No puedo entender esta frase! ¿Qué hay de denigrante en decir que todo ser vivo inseguro, humano o animal, adelanta su sueño paradójico porque se siente alerta? Esta vigilancia excesiva prepara su organismo para defenderse, pero lo fatiga y altera su aprendizaje. Si el perro de Marguerite convulsiona a la menor emoción, es porque su relación con su estimada dueña provoca estímulos emocionales que su debilitado cerebro no puede soportar.

No es infrecuente que un niño haya sido agredido, a lo largo de su desarrollo precoz, por un accidente de la existencia. ¿Puede este debilitamiento manifestarse más tarde a través de un sufrimiento del cuerpo y del alma, en el momento de una prueba emocional inevitable a lo largo de su vida? Un adolescente que previamente haya obtenido seguridad sabrá afrontar el desafío. Mientras que otro que haya tenido una niñez insegura habrá adquirido una vulnerabilidad neuroemocional que, más tarde, ante la menor amenaza, lo hará caer. Un mismo acontecimiento, traumático para uno, sólo será para el otro una aventura excitante de la vida.[35]

He aquí la cuestión que el perro de Marguerite nos plantea. Yo no me siento rebajado al nivel del animal, pero no puedo evitar pensar que quienes así reaccionan consideran que los seres vivos diferentes de ellos mismos son seres inferiores. Suponen que: «Nosotros, los seres humanos, no pertenecemos a la naturaleza. Estamos por encima de las otras formas de vida, por encima de los pá-

35. Keren, M., Tyano, S., «Antecedents in infancy of personality disorders: The interplay between biological and psychological processes», en M. E. Garralda, J. P. Raynaud (Ed.), Brain, *Mind and Developmental Psychopathology in Childhood*, Jason Aronson, Nueva York, 2012, págs. 31-51.

jaros del cielo, por encima de las serpientes que reptan por el suelo, por encima de los peces en el agua». Tal representación de sí, como ser sobrenatural, se desvía fácilmente hacia la idea de que somos superiores a aquellos que no se nos parecen, a los que tienen otro color de piel, otra creencia o modo de vida.

En efecto, los hombres que razonan de este modo se pueden ver «rebajados al nivel del animal», humillados por el perro de Marguerite. Mediante esta frase reconocen su visión jerarquizada del mundo y su desprecio por los que no son como ellos. Esta idea del hombre rebajado nada tiene que ver con la etología, sino que revela una tendencia a situarse en la categoría de los seres superiores.

De hecho, el mundo vivo adopta mil formas diversas no jerarquizadas y las observaciones animales nos ofrecen un tesoro de hipótesis.

Una fascinación llamada «hipnosis»

Léon Chertok, después de una movida juventud viajando por Europa central, acabó por hacerse psicoanalista en París. La hipnosis, decía, está cerca del psicoanálisis e incluso participó en su nacimiento. Freud, «cuando aún era estudiante de medicina, ya estaba convencido, a pesar de su reputación de irascible, de que el estado de hipnosis constituía un fenómeno psíquico y no la transmisión de un fluido material».[36] Pierre Janet hablaba de «pasión magnética», de amor filial a veces erótico. Este «fluido», que hace que uno afecte al otro, acabó por tomar el nombre de «transferencia», pilar del psicoanálisis. Este fenómeno que, según Freud, explica la relación amorosa, el trance de las masas, el fervor en la iglesia y el coraje en el ejército, sería, de hecho, una relación de dominio en la cual el individuo, ligado libidinalmente a su líder, se somete por amor. Todo alejamiento del jefe, toda disolución del lazo, provoca un pánico ansioso.

---

36. Gay, P., *Freud, une vie*, Hachette, París, 1991, pág. 59.

Los animales, decía Chertok, pueden esclarecer esta nebulosa de ideas que intentan explicar por qué, en el mundo vivo, ciertas especies están obligadas a vivir juntas incluso cuando esto provoca dolorosos conflictos. Cuando tuvo lugar la serie de encuentros de los «Coloquios de Bonneval», Léon Chertok tuvo mucho éxito demostrando la existencia de la hipnosis animal. El experimento original fue llevado a cabo en el año 1646 por un sacerdote jesuita, Athanasius Kircher, quién inmovilizó gallinas utilizando la imaginación de estos animales.[37]

Basta con acostar a una gallina sobre su vientre, trazar con tiza una línea blanca partiendo de su pico, o meterle la cabeza bajo el ala, para que, fascinada, se quede inmóvil, sometida a su vencedor, como se decía en aquella época. En el siglo XVII, este prodigio se explicó por el poder del hombre sobre la imaginación de las gallinas. Pero al final del siglo XVIII, cuando Mesmer descubrió el magnetismo, fue esta fuerza invisible la que en adelante explicaría la hipnosis de los gallináceos. Desde entonces, ¡esto se ha convertido en un fenómeno de feria que ha fascinado a los científicos! El profesor Johann Nepomuk Czermak hipnotizaba tritones, ranas, lagartos y cangrejos de río. Iba a ferias para ver la hipnosis de pájaros, mamíferos y cocodrilos, inmovilizados por una fuerza que el feriante atribuía al fluido que emanaba de sus manos y ojos. Hasta el día en que el profesor descubrió que es la postura impuesta al animal lo que lo inmoviliza, y no los gestos de la mano y el maquillaje de los ojos, que tan solo sirven para embellecer el espectáculo.

De hecho, la hipnosis es una característica de lo vivo, igual que la respiración, los latidos del corazón, la atracción sexual y puede que incluso la música.[38] Este canal de comunicación hipnótica es fundamental ya que nos permite vivir todos juntos.

---

37. Kircher, A., «Experimentum mirabile. De imaginatione gallinae», en *Ars Magnaet Umbrae, Rome*, 1646, págs. 154-155.

38. Eliat, C., «Musique et hypnose. La voie du son?», *Hypnose et thérapies brèves*, n° 33, mayo-junio-julio 2014, págs. 48-56.

Una simple estimulación sensorial como la de una llama danzante, el fluir de un arroyo o una música sincopada basta para cautivarnos y aletargarnos agradablemente. No es un sueño, como la palabra «hipnosis» puede sugerir, sino una agradable captura sensorial. Pero cuando la llama quema, el torrente nos espanta o un sonido demasiado agudo nos provoca dolor, ya no se trata de la deliciosa inmovilidad de una información embelesadora,[39] sino de una prisión sensorial, una influencia afectiva que nos posee.

Desde nuestro nacimiento, nos apegamos al mundo gracias a un fenómeno hipnótico: estamos fascinados por algunos elementos del cuerpo de nuestra madre: el brillo de sus ojos,[40] las bajas frecuencias de su voz, el olor de su piel y su manera de tomarnos en brazos nos inmovilizan y nos aportan paz. Cuando establecemos el catálogo de especies hipnotizadas, se comprende que este poder existe gracias a una tensión sensorial. El hipnotizado se deja capturar, para su mayor dicha, con el fin de obtener una paz anhelada, como la que una madre proporciona a su hijo asustado mientras lo mece contra su cuerpo hablándole dulcemente. Es una sensorialidad familiar la que se impone a nuestro mundo mental y nos tranquiliza. Somos cómplices del poder que damos a los otros. A menudo es voluntario, aunque inconsciente: no sabemos que queremos someternos a aquél (o aquélla) que, hechizándonos, nos tranquiliza.

Léon Chertok e Isabelle Stengers estaban fascinados el uno por el otro. A Isabelle le cautivaba el coraje aventurero de Léon, quien a su vez admiraba la inteligencia alegre de Isabelle. Entonces, la «pareja» organizó un seminario en el que invitaron a etólogos, antropólogos y psicoanalistas en la Escuela de Estudios Superiores en Ciencias Sociales de París. En las reuniones, se pasaba fácilmente de una

---

39. Rousseau, P., «Naissance, trauma, attachement et résilience», en M. Anaut, B. Cyrulnik (dir.), *Résilience. De la recherche à la pratique, 1er Congrès mondial sur la résilience*, Odile Jacob, París, 2014, págs. 23-37.

40. Rousseau, P., «Naissance, trauma, attachement et résilience», en M. Anaut, B. Cyrulnik (dir.), *Résilience. De la recherche à la pratique, 1er Congrès mondial sur la résilience*, Odile Jacob, París, 2014, págs. 23-37.

disciplina a otra, intentando tener en cuenta las advertencias de Isabelle,[41] quien desconfiaba de los «conceptos nómadas». Pronto hubo que admitir que ciertos participantes eran incapaces de ir más allá de las teorías que habían aprendido. Por ejemplo, un psicoanalista se refirió al sentimiento amoroso de una multitud hipnotizada por su líder y un asistente le respondió que no veía la relación entre el amor y la política. Una noche, durante un curso universitario en Toulon, Claude Béata[42] explicó que una gata, al ver que su pequeño brincaba demasiado lejos de ella, emitió una suerte de arrullo que inmovilizó al gatito y lo hizo volver a su lado. Entonces un estudiante exclamó: «¡No hay ninguna relación entre el maullido de un gato y una madre que explica a su bebé que él no es culpable de la separación de sus padres!» Es un hecho que los conceptos varían al cambiar de entorno. Todas las palabras son organismos vivos cuya significación no cesa de evolucionar. La palabra «resistencia» no tiene el mismo significado en una sociedad en guerra, en un ambiente psicoanalítico o en el taller de un electricista. Se puede admitir entonces que cuando una madre le cuenta a su bebé que se va a divorciar, el niño será muy sensible al brillo de sus ojos, la proximidad de su rostro y la música de su voz. Cuando le explica a su bebé las dificultades que atraviesa, lo tranquiliza más por la sensorialidad de sus palabras que por su significado. Así pues, os podéis imaginar que cuando Rémy Chauvin habló conmigo del incesto en los animales, ciertos antropólogos creyeron que debían de haberse equivocado de seminario.[43]

¿Por qué el recién nacido siente ese magnetismo ante ciertas señales sensoriales emitidas por el cuerpo de la madre? ¿Por qué todos los seres vivos se dejan cautivar por las formas, dibujos, colores y sonidos que capturan su sistema nervioso e inmovilizan su

41. Stengers, I. (dir.), *D'une science à l'autre. Des concepts nomades*, Seuil, París, 1987.

42. Béata, C., *Au risque d'aimer*, Odile Jacob, París, 2013.

43. Chauvin, R., Cyrulnik B., «Quand 'je' n'est pas un autre», seminario Léon Chertok, Isabelle Stengers, EHESS-MSA, febrero 1991.

cuerpo?[44] ¿Por qué todos los seres humanos sienten placer dejándose fascinar por la belleza, la fuerza e incluso el horror?

Lo que llamamos hipnosis es en verdad un fenómeno natural, como afirman Charcot, Freud y los ilusionistas. Esta fuerza sensorial puede ser utilizada para devorar a la presa, como la serpiente que hipnotiza a un pájaro, o para sentirse atraído hacia la madre, como el niño de pecho que la convierte en la base de su seguridad, o hacia el psicoterapeuta durante una transferencia psicoanalítica, o en un espectáculo de feria, o al ocupar un lugar en una multitud erotizada, contenta de dejarse subyugar por un sacerdote, un cantante o un dirigente político.

Algunos hombres fascinantes

Los hombres que constituían las «imágenes fascinantes» del ámbito de la psiquiatría en los años 1970 se llamaban Jean Delay, Henry Ey y Jacques Lacan. La elegante distancia de Jean Delay contrastaba con la calurosa audacia de Henry Ey y con la flamígera presencia de Jaques Lacan.

Conservo un recuerdo incómodo de las prácticas que hice en el hospital Sainte-Anne cuando aún era estudiante. No me gustaban las «presentaciones de enfermos», en las que una persona herida debía subirse al escenario, delante del equipo universitario, para contar sus desgracias frente a doscientos jóvenes. Me acuerdo de un chico de 25 años que dudó cuando vio el auditorio. La supervisora insistió ligeramente, él no osó negarse y se sentó en la mesa, donde le esperaba una silla vacía, entre médicos en bata blanca y con el capote azul de la Asistencia pública, que no podían evitar echarse negligentemente sobre las espaldas. Jean Delay, con pelo largo (antes de 1968), le planteó algunas preguntas educadas. El joven «psicópata» se hizo de rogar para responder, ya que los estu-

---

44. Eibl-Eibesfeldt, I., *Éthologie. Biologie du comportement*, Éditions scientifiques, París, 1967, págs. 157-163.

diantes de las últimas filas al fondo emitían un alegre bullicio. No sé muy bien qué dijo, pero recuerdo que después de cada una de sus frases, Jean Delay comentaba sus planteamientos. Era ciertamente muy inteligente, se podía palpar la deferencia de los otros universitarios, que miraban al maestro y aprobaban sus palabras en silencio. Delay estaba merecidamente cubierto de honores. Sorprendentemente brillante desde su infancia, publicaba artículos en los que intentaba articular la neurología con la psiquiatría. Se notaba el rigor del neurólogo asociado al amor por un lenguaje bello. Además, escribió una tesis doctoral en letras sobre «Las disoluciones de la memoria». Era amigo de Pierre Janet,[45] alumno preferido de Charcot, el dichoso rival de Freud de quien éste estaba celoso. Yo admiraba a ese sabio, profesor de medicina, miembro de la Academia francesa, pero tenía la impresión de que él no se ponía en el lugar del joven a quien pedía que contara sus desgracias en público. Me sentía incómodo y me sorprendió la falta de empatía por parte de los profesionales sanitarios.

Lacan también hacía brillantes «presentaciones de enfermos». Analizaba en público lo que el paciente acababa de decir, y todos los alumnos de psiquiatría se entrenaban preparando sus exámenes mediante este método.

Pierre Deniker tuvo un papel determinante en mi carrera. O mejor dicho, «en mi aventura psiquiátrica», por lo marginal que fue. Cuando me hizo pasar el examen de las prácticas, Deniker me preguntó: «Fórmula química del nozinan». Estuve «regular» porque jamás habría imaginado que una formula química pudiera ser un tema que entrara en un examen de psiquiatría. «¿Qué quiere hacer más adelante?», me preguntó. «Psiquiatra», murmuré. Me miró con desdén y detuvo el examen: «Haga otra cosa». Me suspendió. Algunos años más tarde, en 1971, el profesor Jean Sutter organizó en Marsella el congreso nacional de psiquiatría. Yo acababa de terminar como interno, había conseguido el diploma de especialidad y

---

45. Eibl-Eibesfeldt, I., *Éthologie. Biologie du comportement*, París, Éditions scientifiques, 1967, págs. 157-163.

publicado un artículo sobre la etología de las relaciones en un centro psiquiátrico.[46] Sutter me pidió que hiciera una presentación en el congreso, yo le propuse aplicar el método etológico de observación a las carencias afectivas humanas.

En la sala de reuniones de este tipo de congresos hay una topografía rigurosamente jerarquizada: en primera fila, los universitarios, en segunda fila, los jefes de clínica y los asistentes, que esperan pasar algún día a la primera. Un poco más atrás se instalan los internos y, al fondo de la sala, los estudiantes y las enfermeras susurran ruidosamente. Aquel día, en la segunda fila, Élisabeth Adiba, con quién yo había sido interno en París, oyó a Deniker decirle a Sutter al final de mi presentación: «Este trabajo sobre la etología de las carencias afectivas es notable. Es muy original. Deberías tomar a ese tipo para tu equipo».

Algunos días más tarde, recibí una llamada de Henri Dufour, su catedrático: «Nos gustaría invitarle a participar en la docencia del certificado de estudios especializados en psiquiatría». «Magnífico», respondí. «Precisamente, tengo la intención de hacer una tesis en historia de la psiquiatría». «De ninguna manera», me cortó, «usted enseñará etología».

Con esta pequeña responsabilidad empezó mi aventura en la enseñanza. Pero como enseguida me situé entre los mejores especialistas en etología psiquiátrica (en Francia en 1971 sólo había cinco), me atribuyeron un lugar por encima de mis capacidades y fui autorizado a dirigir tesis, participar en investigaciones y organizar reuniones. De modo que Deniker, después de haberme suspendido y aconsejado que hiciera otra cosa, me dio un empujoncito recomendándome a Sutter, que dirigía la cátedra de psiquiatría en Marsella.

Pierre Pichot, miembro del triunvirato de Sainte-Anne (Delay-Deniker-Pichot), dirigió mi tesis. Era una tesis de medicina post-68, por lo tanto, ligera. Las paredes de su despacho estaban cubiertas de fotos de Luis II de Baviera, de sus mansiones y trineos en la nie-

---

46. Cyrulnik, B., «Éthologie de la sociabilité dans une institution de post-curepsychiatrique», *Annales med psy*, abril 1973 (difusión oral en 1971), t. 1, n° 5.

ve, que daban un ambiente romántico a la habitación. Pichot formaba parte de un club que se reunía cada año para evaluar las afortu-
nadas consecuencias, en la cultura bávara, de la esquizofrenia del
rey.[47] Hablamos amistosamente sobre la función de rey, que le permitió enmascarar los problemas esquizofrénicos, haciendo construir maravillosos palacios y patrocinando a Wagner, músico fuera
de serie aunque no siempre correcto. Pero no todos los esquizofrénicos son reyes, más bien al contrario. Les cuesta tanto socializarse
que se encuentran en su mayoría en los barrios pobres, donde el
alquiler es más barato y se puede vivir con poco. Durante un tiempo, la esquizofrenia del rey fue compensada por los políticos de su
entorno y por la indulgencia de los campesinos bávaros, que le reconocían el haber construido unos palacios que, aún hoy en día, son
la riqueza turística de Baviera. Othon, el hermano del rey, menos
apoyado por su entorno, sufrió más tempranamente el desencadenamiento de un fuerte desequilibrio esquizofrénico entonces llamado «demencia precoz».

Los argumentos a favor de la base genética y del neurodesa-
rrollo de la esquizofrenia son cada día más convincentes. Ello no
excluye de ninguna manera el impacto del entorno familiar y cultural.[48] Los estudios de la OMS confirman que, sea el país que sea,
cuando la cultura está en paz hay un 1% de esquizofrénicos. Mientras que en una población de emigrantes expulsados de su país,
agredidos durante el viaje y a menudo mal recibidos por la cultura de acogida, encontramos entre un 3% y un 8%.[49] La degrada-
ción cultural tiene un papel importante en el desmoronamiento

---

47. Des Cars, J., *Louis II de Bavière ou le Roi foudroyé*, Perrin, París, «Tempus»,
2010.

48. Pichot, P., *Actualités de la schizophrénie*, PUF, París, 1981.

49. Sang, D. L., Ward C., «Acculturation in Australia and New Zealand», en
D. L. Sam, W. Berry, *The Cambridge Handbook of Acculturation Psychology*, Nueva
York, Cambridge University Press, 2006, pág. 261. Las cifras varían mucho a causa de la imprecisión clínica que, a pesar de las clasificaciones internacionales,
designa trastornos diferentes según la cultura en que se esté.

disociativo.[50] Las condiciones afectivas en las cuales tiene lugar el cambio de cultura pueden moderar la descompensación esquizofrénica, como en el caso de Luis II de Baviera, o facilitarla, como en el de su hermano Othon. En una población de niños que viven una guerra o emigran con sus dos padres hay prácticamente el mismo número de trastornos que en un país en paz, porque los niños se sienten seguros en el nicho afectivo parental. Pero cuando falta un padre o ambos, estas mismas situaciones sociales difíciles provocan trastornos psiquiátricos y descompensaciones esquizofrénicas.[51]

En estos últimos decenios, se ha demostrado que en Francia el desencadenamiento de la esquizofrenia es cada vez más tardío. ¿Es este hecho un argumento en favor de la inmensa tolerancia de las familias de esquizofrénicos, que cuidan en sus domicilios a más del 70% de los pacientes?[52] ¿Es ello debido a un cambio en una cultura que acepta hoy mejor los comportamientos extraños? En la época en que los obreros y los campesinos se concentraban en la eficacia del trabajo, era difícil soportar la disconformidad. En tiempos de paz, también es posible que los niños potencialmente esquizofrénicos se conformen con una imagen parental borrosa, suficiente para tranquilizarlos y ayudar en su desarrollo. Mientras que, en un contexto de guerra o de emigración, necesitan una pareja de padres fuertes y tranquilizadores, lo cual no siempre es el caso. Los niños que emigran sin sus padres se alteran más fácilmente que los que lo

---

50. Bhugra, D., «Migration and depression», *Acta Psychiatrica Scandinavia*, 2003, 418, págs. 67-72.

51. Cantor-Graae, E., Pedersen, C. B., McNeil, T. F., Mortensen, P. B., «Migration as a risk factor for schizophrenia: A Danish population-based cohort study», *British Journal of Psychiatry*, 2003, 182, págs. 117-122.

52. Cyrulnik, B., «La maladie dans la société», *Congrès Unafam*, París, 29 de junio de 2013. Desde que los psicoeducadores ayudan a estas familias, hay dos veces menos depresiones en el entorno. Los esquizofrénicos tienen muchas menos recaídas y consumen menos neurolépticos. Véase Unafam, «La lettre», *Bulletin de l'Unafam*, París, n° 84, abril-septiembre 2014.

hacen con ellos.[53] Cuando los padres se debilitan por la precariedad social pierden su poder tranquilizador.

Las ideas que triunfan en una cultura y la estructuran no son necesariamente las mejores. Son aquellas que han sido mejor defendidas por el aparato didáctico. Todo innovador es un transgresor, pues introduce en la cultura un pensamiento que antes le era ajeno. De este modo, será admirado por quienes aman las ideas nuevas y detestado por quienes se conforman en recitar las ideas ya admitidas.

Lacan fascinado por Charles Maurras, un simio y algunos peces

Cuando yo estaba preparando el concurso de los hospitales psiquiátricos, teníamos que aprender el «síndrome del automatismo mental». Este frecuente fenómeno alucinatorio se impone en la mente del delirante, persuadido de que aquello que piensa le es impuesto por una fuerza exterior. Gaëtan de Clérambault aisló este síndrome. Este psiquiatra de entreguerras era un sabio de brillante personalidad. Hablaba con fluidez inglés, alemán, español y árabe. Le gustaban los problemas técnicos y la exploración de los mundos mentales. Se hizo famoso por sus estudios etnológicos sobre las costumbres de las ropas marroquíes. Daba clases en la escuela de Bellas Artes de París y sostenía que los tejidos que envuelven los cuerpos y los velos que cubren los rostros orientan las miradas hacia lo oculto, construyendo así una forma de erotismo.[54] La existencia de Clérambault estuvo marcada por dolorosas pasiones y esto lo llevó a interesarse por los delirios pasionales. Describió la erotomanía, en la que las mujeres aman desesperadamente a hombres célebres con

---

53. Sang, D. L., Ward G., «Acculturation in Australia and New Zealand», art. cit.

54. Moron, P., Girard, M., Maurel, H., Tisseron, S., *Clérambault maître de Lacan*, Les Empêcheurs de penser en rond/Synthelabo, París, 1993.

quienes jamás tendrán relaciones sexuales, pero desean matarlos para poseerlos por completo.

Gaëtan de Clérambault se suicidó en el año 1934, con una puesta en escena que asociaba la estética de la muerte con el erotismo de las ropas: se sentó en su sillón, delante de un gran espejo, rodeado de sus maniquíes y vestidos más bellos, y apoyó un revólver contra su sien.

Esta estetización de la muerte fue revalorizada por la derecha nacionalista maurrasiana de los años 1930.[55] El «suicidio con escapulario» permite asociar la muerte liberadora con la belleza y con la moral:

> ¡Ah! ¡Morir, Señor, en vos! Morir vestido con un escapulario. Puro, con ropas blancas como un ángel de Pascua […] Con la soga alrededor del cuello, Octavio sube al parapeto […] Estrecha el lazo que él mismo ha puesto en torno a su garganta, se lanza desde el balcón de piedra […] su cuerpo endeble […] se balancea en la luz […] esa carne resplandeciente es, al instante, nuestra alma liberada.[56]

Mishima, en el Japón occidentalizado de la posguerra, expresó la misma fascinación por una muerte erotizada. Le gustaba imaginarse pereciendo de una muerte bella, como Maurras y Clérambault. Niño miedoso, subyugado por las mujeres fuertes de su familia, aplastado por un padre lejano comprometido con la sobrehumanidad nazi, Mishima también pensaba que la muerte podía ser bella. Estaba fascinado por el cuadro de Mantegna que representa a san Sebastián atado a una columna de capiteles corintios.[57] Le maravillaba la dulzura del bello efebo de cuerpo casi desnudo, atravesado por las flechas, muriendo tiernamente con la mirada vuelta al cielo.

---

55. Maurras, C., *La Bonne Mort*, Carnets de l'Herne, París, 2011.

56. Maurras, C., *Le Chemin de Paradis. Mythes et fabliaux*, Calmann-Lévy, París, 1895.

57. Collectif, Le Noir et le Bleu. *Un rêve méditerranéen*, Mucem/Textuel, Marsella-París, 2014, pág. 258.

Sin duda, Mishima sitió un gran placer al matarse imaginariamente en sus novelas, mediante un *seppuku* en el que se describía como un héroe destripado, con los intestinos esparcidos por el suelo y afectuosamente decapitado por un allegado.

Apasionados y apasionantes, estos hombres marcaron su presencia en el alma de admiradores deseosos de dejarse influenciar. Lacan se sentía como en casa junto a estos personajes fuertes. Durante la época en que era el interno de Clérambault, él también estuvo subyugado, ardiente admirador del «único maestro» que reconoció en toda su vida.

Sin embargo, Jacques Lacan no es sino el ejemplo más célebre de psicoanalista marcado por el pensamiento de Maurras. Hay que mencionar también a Édouard Pichon, el maestro de François Dolto, quien en los años 1930 hará del pensamiento de Maurras un eje central de su combate por la constitución de un freudismo francés.[58] Ninguno de estos psicoanalistas se dejó llevar por el curioso antisemitismo de Maurras: «Hay judíos muy amables, los hay muy sabios [...]. Los tendría como amigos».[59] Aun habiendo hablado así, felicitó al gobierno de Vichy por la publicación del estatuto de los judíos (19 de octubre de 1940). Cuando se enteró de la redada de Vél'd'Hiv, dijo: «Los judíos intentan hacerse los interesantes» (20 de octubre de 1942). Para ellos, hay «tan sólo un remedio, el gueto, el campo de concentración o la soga» (25 de febrero de 1943). Preconizó la delación para luchar contra «el pulpo judío» (2 de febrero de 1944). Cuando supo de la existencia de Auschwitz, dijo: «Es un rumor que hay que escuchar con discernimiento y sentido crítico».[60]

Los psicoanalistas siguieron siendo benévolos con sus colegas judíos en dificultades: «El doctor Jacques Lacan permitió a mi padre, sabiéndolo judío, trabajar en su equipo del hospital de Saint-

---

58. Giocanti, S., Maurras. *Le chaos et l'ordre*, Flammarion, París, 2008, págs. 324-325.

59. Goyet, B., Charles Maurras, París, Presses de Sciences Po, 2000, pág. 258.

60. Cyrulnik, B., «Préface», en C. Maurras, *La Bonne Mort, op. cit.*, 2011, pág. 24.

Anne [...], esto permitió a mi padre evitar ser deportado».[61] En la Alemania nazi, los psicoanalistas fundaron el instituto Göring, del que los judíos son excluidos y donde los cursos de referencia son tomados de Jung, lo cual resulta admisible; y, sorprendentemente, también de Adler y de Freud.[62] En Francia, el ingenuo René Laforgue intentó fundar un instituto de psicoanálisis ario excluyendo a los judíos. Fue procesado durante la liberación pero no se le condenó, puesto que no había cometido ningún crimen, pero se vio obligado a refugiarse en Marruecos, donde Jalil Bennani[63] y Jacques Roland fueron testigos de su amabilidad y credulidad política.

Algunos años más tarde, los seminarios de Lacan fueron acogidos en el hospital Sainte-Anne en el servicio de Jean Delay, hasta que la multitud de admiradores fue tan grande que se hizo necesario un traslado a la École Normale Supérieure de la calle Ulm.

Henry Ey no podía dejarse subyugar por hombres como Clérambault o Lacan. Nadie hubiera podido enrolarlo en un movimiento de contagio emocional. Se consideraba un psiquiatra campestre en Bonneval y no temía enfrentarse a su amigo Jacques Lacan, psiquiatra ciudadano en Saint-Germain-des-Prés.

A la gente le encantaban discusiones entre «Guitry-Lacan y Raimu-Ey».[64] El psiquiatra de campo enraizaba su pensamiento-madre en el naturalismo, la biología y la etología animal, para después hacerlo evolucionar hacia el ámbito social y cultural. Mientras

---

61. Carta personal de Henri Biezin (1 de marzo de 2012) presentando el manuscrito de su padre, el doctor Jacques Biezin, con el filósofo Morad El Hattab: *L'Utopie freudienne à l'épreuve des avancées de la science*.

62. Cocks, G., «German psychiatry, psychotherapy and psychoanalysis during the Nazi Period: Historiographical reflections», en M. S. *Micale*, R. Porter (dir.), *Discovering the History of Psychiatry*, Oxford University Press, Nueva York, 1994, pág. 287.

63. Bennani, J., *La Psychanalyse au pays des saints*, prefacio de Alain de Mijolla, Éditions Le Fennec, Casablanca, 1996, págs. 149-151.

64. Thuillier, J., *La Folie. Histoire et dictionnaire, op. cit.*, págs. 156-161.

que Lacan jugaba cada vez más con las palabras, sin olvidar la aportación de la etología; se inspiraba en los simios en el estadio del espejo y se entusiasmaba con los peces en su teoría de la articulación de lo real y lo imaginario.[65] Desde 1936, en el Congreso internacional de psicoanálisis en Marienbad, el joven Lacan, excelente neurólogo, se apoyó en algunos datos experimentales para explicar cómo «el niño, aún en estado de impotencia y descoordinación motriz, anticipa imaginariamente la aprehensión y el dominio de su unidad corporal».[66] Esta hipótesis, sólidamente confirmada por la neurociencia actual, fue entonces defendida por Lacan, quien se apoyaba en la psicología comparada de Henri Wallon[67] y en los «datos tomados prestados de la etología animal que muestran ciertos efectos de maduración y de estructuración biológica operados por la percepción visual del semejante».[68] En aquella época Lacan «se dedica [...] a evidenciar las condiciones orgánicas determinantes en un cierto número de síndromes mentales [...] y a realizar un análisis fenomenológico, indispensable para una clasificación natural de los trastornos».[69] Sus trabajos neurológicos tratan de las variaciones sintomáticas en la enfermedad de Parkinson y los trastornos del control de la mirada. Con igual arrojo, el joven Lacan se sintió atraído por «los métodos de la lingüística entre los cuales se encuentra el análisis de las manifestaciones escritas del lenguaje delirante», que publicó en *Minotauro*.[70]

----

65. Laplanche, J., Pontalis J.-B., «Stade du miroir», *Vocabulaire de la psychanalyse*, 1973, París, PUF, págs. 452-453.

66. Lacan, J., «Propos sur la causalité psychique», *L'Évolution psychiatrique*, 1947, págs. 38-41.

67. Wallon, H., «Comment se développe chez l'enfant la notion du corps propre», *Journal de psychologie*, 1931, págs. 705-748.

68. Lacan, J., *L'Évolution psychiatrique, op. cit.*, págs. 38-41.

69. Lacan, J., *De la psychose paranoïaque dans ses rapports avec la personnalité*, Seuil, París, 1975, pág. 399.

70. Lacan, J., «Le problème de style et la conception psychiatrique des formes paranoïaques de l'expérience», *Minotaure*, n° 1, 1933.

Desde 1946, los torneos oratorios de los dos maestros, «"Guitry-Lacan" y "Raimu-Ey", siguen estando entre los más bellos textos que uno pueda leer sobre la causalidad esencial de la locura [...]. En aquella época, Jacques Lacan todavía hablaba y escribía de forma inteligible y a menudo admirable».[71] Es un hecho que su tesis, perfectamente legible, está estructurada como una excelente pregunta de seminario, una especie de psicología del desarrollo desconcertante para un lacaniano actual.[72]

En ella se puede leer el papel de las emociones en el desencadenamiento de la psicosis, agravado por el café y la menopausia.[73] Pero sobre todo encontramos un espíritu abierto y un conocimiento enciclopédico. ¿Se arrepintió Lacan de su claridad? En 1975 escribió en la contracubierta del libro: «Tesis publicada no sin reticencia. Cabe objetar que el aprendizaje pasa por el rodeo de mediodecir la verdad. Añadir: a condición de que el error rectificado muestre lo necesario de su autor. Que este texto no lo imponga justificaría la reticencia».[74]

¡Vamos bien! Lacan está en marcha. Su estilo nostradámico arrastra al lector hacia un pensamiento enigmático.

De este lugar donde bullían las ideas surgieron todas las corrientes que crearon la psiquiatría de hoy. Henry Ey invitó a sus colegas, médicos de los hospitales psiquiátricos, a menudo comunistas, a hablar de las dificultades sociales relativas al hacerse cargo de los enfermos mentales. Era una época en que aún era posible asociar en una misma publicación a un etólogo, un comunista y un lacaniano[75]

71. Thuillier, J., *La Folie. Histoire et dictionnaire*, op. cit., pág. 157.

72. Lacan, J., *De la psychose paranoïaque dans ses rapports avec la personnalité*, tesis doctoral, Facultad de Medicina de París, 1932, mención «Très honorable», propuesto para el premio de tesis. Tesis dedicada a su hermano el monje benedictino, a Henri Ey y a Édouard Pichon.

73. Lacan, J., *De la psychose paranoïaque dans ses rapports avec la personnalité*, Seuil, París, 1975, pág. 124 (reedición de su tesis de 1932).

74. *Ibíd.*, contraportada.

75. Ey, H., Bonnafé, L., Follin, S., Lacan, J., Rouart, S., *Le Problème de la psychogénèse des névroses et des psychoses*, Desclée de Brouwer, París, 1950; reedición: Tchou, París, 2004.

que planteaban las preguntas fundamentales de una disciplina naciente. Con tal disposición asistió Lacan al coloquio *Psiquiatría animal*. No tomó la palabra, pero estaba encantado con esa manera de dar a luz ideas. A menudo citaba este libro y, en su sala de espera, siempre había uno o dos ejemplares en el revistero.[76] El siguiente coloquio fue consagrado al «Inconsciente», y naturalmente a los psicoanalistas les correspondió lo esencial de las publicaciones; Lacan tenía su lugar[77] al lado de André Green, René Diatkine, Jean Laplanche, Serge Lebovici y todo el joven equipo que luego dinamizaría la psicología de los años 1960.

El instinto, noción ideológica

Lacan escribió con acierto que Freud jamás había usado la palabra «instinto» que, sin embargo, podemos leer en numerosas traducciones. Él hablaba de *Trieb*, de *Trieben*, que significa «empujar» en alemán. Esta pulsión constituiría una fuerza indeterminada, un empuje que orienta los comportamientos hacia un objeto susceptible de satisfacer al organismo. Tan sólo emplea la palabra *Instinkt* para hablar de los animales o del «conocimiento instintivo de los peligros», como un presentimiento de peligro.[78] Aún hoy, numerosos psicoanalistas distinguen el instinto, «comportamiento heredado, propio de una especie animal, con poca variación de un individuo a otro, que se desarrolla según una secuencia temporal fija, pareciendo responder a una finalidad», mientras que dicen que el empuje o pulsión (*Trieb*), móvil en los seres humanos, varía en sus fines.[79]

76. Testimonio de Jean Ayme, jefe de servicio, comunista, pionero de la política del sector psiquiátrico, que frecuentó a Lacan durante mucho tiempo.

77. Ey, H. (dir.), *L'Inconscient*, Desclée de Brouwer, París, 1966, págs. 159-170. Publicación del coloquio que tuvo lugar en el año 1960. Ey tuvo que insistir para que Lacan enviara un texto.

78. Freud, S. [1926], *Inhibition, symptôme et angoisse*, PUF, París, 1971.

79. Laplanche, J., Pontalis, J.-B., «Stade du miroir», art. cit., pág. 203.

Esta distinción lógica empleada por los psicoanalistas tiene la ventaja de ser clara —¡que lástima que sea falsa!— En 1937 Konrad Lorenz y en 1951 Nicolas Tinbergen[80] emplearon, en efecto, esta palabra para defender la noción de carga hereditaria de los animales, oponiéndose así a los conductistas, que sólo hablaban de reflejos condicionados y no distinguían entre una rata, una paloma y un hombre. Lo innato existe, decía Konrad Lorenz, y contribuye a la conservación del individuo y de la especie.[81] Esta pequeña guerra sin importancia, más ideológica que científica, enfrentaba a aquellos que creían que un programa genético se puede desarrollar sin sufrir presión alguna por parte del ambiente con los que creían que un ambiente determinado puede escribir cualquier historia sobre un organismo de cera inmaculada. Este conflicto, hoy anticuado, no tiene lógica: ¿podría la materia vivir sin ambiente? Y un ambiente, ¿podría ejercer su presión sobre la nada? Muy pronto, la etología desdeñó utilizar el concepto de instinto,[82] cuyas variadas definiciones no correspondían a las observaciones en la naturaleza y en el laboratorio.[83] En estos últimos años, más bien asistimos a una avalancha de publicaciones sobre la epigénesis,[84] que define el modo en que un organismo se construye, destruye y modifica constantemente bajo el efecto del ambiente que cambia sin cesar. En nuestro contexto científico del siglo XXI, la noción de instinto es un sinsentido, exactamente igual que la oposición entre innato y adquirido. Al ser tan imprecisa, incluso la noción freudiana de pulsión acaba por no decir gran cosa.

---

80. Tinbergen, N., *The Study of Instinct*, Oxford University Press, Londres, 1951.

81. Lorenz, K., «The objectivistic theory of instinct», in P. P. Grassé (dir.), *L'Instinct dans le comportement des animaux et de l'homme*, París, Fondation Singer-Polignac, págs. 51-76.

82. Immelmann, K., *Dictionnaire de l'éthologie*, Mardaga, Bruselas, 1990, pág. 137.

83. Thinès, G., *Psychologie des animaux*, Mardaga, Bruselas, 1969.

84. Bustany, P., «Neurobiologie de la résilience», en B. Cyrulnik, G. Jorland (dir.), *Résilience. Connaissances de base*, Odile Jacob, París, 2012, págs. 45-64.

El amistoso conflicto entre Henry Ey y Jacques Lacan era apasionante. La psiquiatría era algo alegre en los años 1960, al menos para aquellos que se interesaban en esta nueva manera de plantear los problemas. Para los enfermos en los asilos, era otro asunto. Por suerte, un puñado de médicos de los hospitales no universitarios empezaron a murmurar que se podía curar a los psicóticos fuera de los muros del asilo, en un ambiente natural, es decir, en la ciudad, en su cultura.

A mi alrededor oía a jóvenes psiquiatras afirmar que había que tomar partido entre las irreconciliables biología y lingüística. «Tomar partido» es un lenguaje de guerra. Por mi parte, identificándome con aquellos colegas mayores prestigiosos, me complacía en preguntarme qué podrían hacernos comprender los animales sobre la condición humana preverbal, además de lo que los lingüistas nos hacían descubrir con el estudio de los relatos. ¿Por qué se debía escoger un campo si los dos ámbitos eran apasionantes y estaban relacionados aunque se distinguían?

La vergüenza de los orígenes aún envenena la reflexión psiquiátrica en cuanto se intenta pensar la locura. «No tenemos nada en común con los animales», se indignaban quienes creían que queríamos humillarlos. «Una máquina no tiene emociones ni pensamientos, ¿cómo queréis que un animal explique nuestras fantasías?» «La etología es ridícula», añadían los que no soportaban que rebajáramos al ser humano a la categoría de los animales. «La cuestión de los orígenes se vuelve un debate pasional que se desliza fuera del ámbito de la ciencia y el conocimiento hacia el de la pasión y la ideología».[85] Darwin dudó durante años si publicar o no *El Origen de las especies*, que presenta la naturaleza como un proceso evolutivo. Hoy asistimos a un contraataque sólidamente financiado, en los Estados Unidos, Turquía y Europa, del bando de los creacionistas, que sostienen que el ser humano y las especies vivas fueron creados por Dios, desde el origen, tal y como los vemos hoy. Para ellos, la

85. Brenot, P., «La honte des origines», en B. Cyrulnik (dir.), *Si les lions pouvaient parler. Essais sur la condition animale*, Gallimard, París, 1998, pág. 127.

evolución es una blasfemia que debería estar prohibida, como ocurre en todas las dictaduras religiosas.

El año pasado, en Burdeos, el doctor Éric Houizerate organizó en la sinagoga una reunión para hacer público lo sucedido con los pocos supervivientes de la detención de mil setecientas personas el 10 de enero de 1944. El ambiente era cálido, íntimo, y las preguntas, amistosas, fueron estimulantes. Entonces, un psiquiatra encargado de comentar mi exposición estalló: «¡Compara a nuestros hijos con animales!» Aquella noche yo sólo había hablado de mi escapada de aquella sinagoga convertida en prisión por el gobierno de Vichy. ¿Por qué aquel psiquiatra indignado había mencionado a los animales? Yo creo que se rebelaba contra una idea que él me atribuía a mí. Creo que le parecía que yo afirmaba que nuestros hijos eran despreciables, ya que los comparaba con animales a los que él mismo despreciaba. En efecto, ¡tenía razón en indignarse! Salvo que esto no es para nada el enfoque de la etología, que no menosprecia ni a niños ni a animales.

Cuando Henri Ey publicó *Psiquiatría animal*, se interesó por todos los seres vivos, desde el toro hasta el chinche, entre los cuales el hombre ocupa un lugar particular. Cuando Lacan, en su teoría del estadio del espejo, descubre que hay en los niños una alegre anticipación, «una asunción triunfante de la imagen [...] en el control de la identificación especular»,[86] nos dice que, como en los animales, la imagen precede a la palabra y constituye un modo de aprehensión del mundo:

Podemos realzar el papel fundamental que tiene la imagen en la relación de los animales con sus semejantes [...]. Podemos engañar tanto al macho como a la hembra de espinoso.[87] La parte dorsal del espinoso adquiere, en el momento del apareamiento, un cierto color [...] que desencadena [...] el ciclo de comportamiento que permite su aproxi-

86. Lacan, J., «Propos sur la causalité psychique», *L'Évolution psychiatrique*, *op. cit.*

87. Espinoso: pez que tiene aletas dorsales independientes.

mación final [...] una verdadera danza, una suerte de vuelo nupcial, en el que se trata, primero, de cautivar a la hembra, luego de inducirla lentamente a que se deje hacer y hacerla anidar en una especie de pequeño túnel que se le ha preparado previamente.[88]

El lírico Lacan antropomorfiza un poco, cosa que no le impide precisar lo siguiente: «Es curioso que Konrad Lorenz, aunque no haya participado en mis seminarios, haya creído tener que encabezar su libro con la muy bella y enigmática imagen del espinoso macho delante del espejo».[89]

En Tinbergen encontramos algunos matices:

Una hembra de espinoso (con el vientre hinchado) se presenta en el territorio de un macho, este último empieza enseguida la danza en zigzag [...], la conduce hacia el nido [...], ella le sigue, él le muestra la entrada [...], entonces el macho frota febrilmente con su hocico la base de la cola de la hembra [...], ella pone [...] y el macho fecunda las huevas.[90]

Etología y psicoanálisis

Poco importa la imprecisión de Lacan, lo que cuenta es la idea que los espinosos le inspiraron: «Partamos del animal [ello] supone el encaje perfecto [...], la extrema importancia de la imagen [...], el macho es arrebatado por la danza a partir de la relación que se establece entre él mismo y la imagen que ordena el desencadenamiento del ciclo de su comportamiento sexual [...] dominado por lo imaginario. El animal hace coincidir un objeto real con la imagen

---

88. Lacan, J., *Le Séminaire, livre III: Les Psychoses*, 1955-1956, Seuil, París, 1981, pág. 108.

89. *Ibíd.*, pág. 109.

90. Tinbergen, N., *The Study of Instinct, op. cit.*; citado en Eibl-Eibesfeldt I., *Éthologie. Biologie du comportement*, Éditions scientifiques, París, 1972, pág. 165.

que hay de él».[91] Lacan se sirve de la etología para ilustrar una idea: aquello que, en el mundo exterior, es percibido como una imagen revela la estructura íntima de aquél que percibe.

Algunos años más tarde, el psicoanalista añadió: «El imaginario también lo habéis visto despuntar por la referencia que hice a la etología animal. Es decir, a esas formas cautivadoras y captadoras que constituyen los raíles por los que el comportamiento animal es conducido a sus fines naturales».[92]

René Spitz también se inspiró en la etología de Nikolaas Tinbergen. Un polluelo de gaviota, desde que sale del huevo, no necesita haber aprendido para responder a un desencadenante del comportamiento. Sobre una lámina de cartón cuyo color se hace variar, el investigador adhiere una pastilla de otro color. Esto permite constatar que el recién nacido se orienta preferentemente hacia la lámina amarilla con una pastilla roja. Esta forma y estos colores corresponden a una *Gestalt*, a la configuración natural del pico de sus padres. El pequeño se dirige hacia el dibujo coloreado, da un golpe de pico sobre la mancha roja, provocando la regurgitación de los peces digeridos que busca en la garganta de sus padres.[93]

Cada año, durante el mes de junio, íbamos con los estudiantes de Toulon a repetir este experimento en la naturaleza, con las gaviotas de Porquerolles. Yo les decía: «Sobre todo no leáis nada, empezaremos siguiendo los pasos de Tinbergen». Volvíamos por la noche, bronceados, cansados y contentos de haber descubierto un universo de gritos, colores y posturas semantizadas que habíamos aprendido a descodificar, todo en un solo día.

René Spitz era un psicoanalista cercano a Anna Freud. Se inspiró en los experimentos de Tinbergen para fabricar también él

---

91. Lacan, J., *Le Séminaire, livre I: Les Écrits techniques de Freud*, 1953-1954, Seuil, 1975, París, págs. 152-62.

92. Lacan, J., *Le Séminaire, livre III: Les Psychoses*, 1955-1956, op. cit., pág. 17.

93. Tinbergen, N., *L'Univers du goéland argenté*, Elsevier-Séquoia, Bruselas, 1975.

señuelos de cartón sobre los cuales pintó la línea horizontal de las cejas y de la boca, así como la línea vertical de la nariz. Después presentó los dibujos a bebes de dos meses y anotó sus sonrientes reacciones.[94] Esta pequeña «observación dirigida», como decía Tinbergen, le permitió descubrir que los recién nacidos sonríen más cuando perciben una cara en movimiento parecida a un Picasso (con la nariz sobre la cabeza o los labios de lado) que cuando se les muestra una foto de documento de identidad inmóvil.

Su librito es una obra maestra citada a menudo por los psicoanalistas. Esclarece «las carencias afectivas y los organizadores del yo», (el «sí» y el «no», y la angustia del octavo mes). ¿Por qué no se ha advertido que en la bibliografía hay veinticinco títulos de etología animal? ¿Y por qué no se han subrayado las consecuencias biológicas de las carencias afectivas?

Cuando Lorenz y Tinbergen compartieron con von Frisch el premio Nobel de 1973, creí que las ciencias naturales, al fin reconocidas, iban a poder desarrollarse. Aún no entendía que hace falta un aparato político para hacer entrar una idea en una cultura determinada. Aquel premio Nobel fue desperdiciado debido a algunas frases comprometidas que Lorenz escribió en 1940. Él era un bonachón que hablaba en voz muy alta, se reía y bailaba encima de las mesas al final de las comidas.[95] Su recorrido universitario estaba hecho a su imagen y semejanza, rico, diversificado, desordenado, para nada clásico. De hecho, lo que le interesaba era la ornitología. Debutó en la carrera con un trabajo de amateur, una observación de la grajilla occidental que la *Revista de ornitología* aceptó publicar en 1931. De esta forma conoció a Heinroth, maestro de esta especialidad. El renombre mediático de Lorenz fue anterior a su reconoci-

---

94. Spitz, R., *La Première Année de la vie de l'enfant*, prefacio de Anna Freud, PUF, París, 1958 (retoma sus conferencias desde 1946, con veinticinco citas de etología animal en la bibliografía).

95. Aimé Michel, testimonio durante el rodaje de una película con Konrad Lorenz en Saint-Vincent-Les-Forts, 1971.

miento científico, de tan llamativo que era su personaje, como divertida e inteligente era su forma de hablar.[96]

Pensamiento científico y contexto cultural

Konrad tenía 15 años cuando se firmó el tratado de Versalles, en junio de 1919. Fue humillado como todos los alemanes. Esta afrenta fue un regalo para la extrema derecha fascista, que se sirvió de él para poner en orden y manipular a los indignados de la región. A su padre, Adolf, brillante cirujano, escritor, hiperactivo, no le resultó chocante el estruendo de las ideas nazis.

De modo que, al terminar sus estudios de medicina, el joven Konrad fue alistado en el ejército alemán y enviado como neurólogo a un servicio de psiquiatría, cerca de Poznan, donde residió entre 1943 y 1944. Tras el hundimiento de los ejércitos alemanes, estuvo prisionero de los rusos en la Armenia soviética, donde estableció con ellos una tranquila relación de estima. Esto fue casi una bendición, de tanto que había sufrido durante su temporada en los hospitales psiquiátricos. La miseria, las restricciones alimentarias, la superpoblación, el encierro, el peso de los esquizofrénicos a los no había podido curar y la exaltación de las histéricas torturaron al joven neurólogo. Él mismo reconoció haber descubierto el horror del nazismo «sorprendentemente tarde»,[97] viendo pasar un convoy de zíngaros destinados a los campos de concentración.

La Segunda Guerra Mundial dio a los físicos un inmenso poder financiero e intelectual. Esta ciencia, al descubrir las «leyes» de la naturaleza, había permitido la construcción de máquinas que procuraron el confort de la población y aseguraron la victoria de los

---

96. El primer libro para el gran público de Konrad Lorenz, *Il parlait avec les mammifères, les oiseaux et les poissons* (Flammarion, París, 1968), le dio la fama a la etología desde que se publicó en 1949 en Viena, antes de sus publicaciones científicas.

97. Nisbett, A., *Konrad Lorenz*, Belfond, París, 1979, pág. 123.

militares. La biología, pariente pobre de las ciencias, tuvo su auge más tarde, cuando los laboratorios farmacéuticos empezaron a poner a punto los medicamentos que vencían a los microbios. Debido al esfuerzo de guerra fue la física la que, orientando la investigación, estructuró las formas de pensar. En un contexto del saber científico como ése, la noción de reflejo respondía perfectamente a la forma de concebir el comportamiento de los seres humanos. La palabra «reflejo» contenía implícitamente la representación de cables, estimulaciones mecánicas o eléctricas que correspondían a esta cultura de la física. El conductismo convenía a tales cánones del pensamiento.

Desde 1937, Konrad Lorenz se opuso a Watson, el promotor del conductismo. La palabra «instinto» contenía implícitamente otra, la de una naturaleza animal.[98] La carga genética de una rata no es la de una paloma y aún menos la de un ser humano. Cada ser vivo responde únicamente a aquello que tiene una significación biológica para su especie, diferente de las otras. Creyendo hablar de los animales, los científicos no hacían más que expresar su propia concepción de la vida. Lorenz pensaba que el conductismo era una aberración intelectual que confundía los seres vivos metiéndolos en un mismo saco, sin tener en cuenta su carga genética e infligiéndoles choques mecánicos o eléctricos.

Después de la guerra, el psicoanálisis norteamericano legitimó la educación del *laisser-faire*. El deseo, decía, demuestra un incremento de la energía sana. Cuando se frustra al niño, se bloquea esta energía que entonces se descarga en forma de violencia. Basta con no prohibir nada para que nuestros hijos sean ángeles. En 1946, el doctor Spock se volvió mundialmente famoso escribiendo libros y consejos educativos inspirados en el psicoanálisis. Ya entonces, él decía que el niño es una persona a la que no se debe vejar y que así se evita la neurosis.[99] Muchos psicoanalistas franceses estaban sorprendidos

---

98. Lorenz, K., «Über die Bildung des Instinktbegriffes», *Die Naturwissenschaften*, vol. 25, 19, 7 mayo 1937, págs. 289-300.

99. *Le docteur Spock parle aux parents*, Marabout, París, 1950.

por esta psicología de la máquina de vapor que conquistaba el mundo occidental. Aunque esto no les impidió defender a Wilhelm Reich, que llamaba a esta energía sexual «ergone»,[100] y a Herbert Marcuse, que asociaba el marxismo con el psicoanálisis afirmando que la represión sexual es la fuente de la neurosis capitalista.[101]

Opuesto a estos pensamientos simples, Lorenz señalaba que el más mínimo comportamiento necesita una organización fisiológica infinitamente más compleja que un reflejo. Señalaba también que el modelo de flujo energético de los psicoanalistas es demasiado mecánico y lineal para explicar los miles de interacciones necesarias para el desarrollo de un individuo. Por este motivo, la etología se convirtió simplemente en el estudio comparado de los comportamientos de los seres vivos en el medio natural.

Desgraciadamente, la noción de instinto fue un regalo para los hitlerianos y todos los racistas del mundo. «El pueblo de los señores es gobernado por instintos superiores», decían. Y como reconocemos a un señor por el hecho de ser alto, rubio, de cráneo alargado, todo aquello que le pasa por la cabeza es el resultado de un instinto superior. Difícil encontrar razón más simple, ¿no?

El artículo de Konrad Lorenz, publicado en 1940, exhala un fuerte olor a nazismo.[102] Desde los años 1970, antes del premio Nobel, el doctor Rosenberg, profesor de psiquiatría en Harvard, y el antropólogo Ashley Montagu subrayaron los peligros de las palabras empleadas por Lorenz cuando evocaba «las degenerescencias que ya no mantienen la pureza de la raza [...] y cuando fenómenos similares pasan a ser consecuencia inevitable de la civilización, a menos que el Estado se mantenga vigilante». Lorenz en su artículo de 1940 añadía: «la única resistencia que la humanidad de raza sana puede ofrecer [es reaccionar] contra la degenerescencia cau-

100. Reich, W., *La Révolution sexuelle*, Christian Bourgois, París, 1982.

101. Marcuse, H., *L'Homme unidimensionnel*, Minuit, París, 1964.

102. Lorenz, K., «Durch domestikation verursachte Störungen arteigenen Verhaltens», Z. Angew. Psychol. U. Charakt. Kde, 59, 1940, págs. 2-81. Extracto de algunos pasajes de Nisbett A., *Konrad Lorenz, op. cit.*, págs. 109-113 y 276.

sada por la domesticación [...] la tasa de mortalidad muy elevada en los retrasados mentales es una evidencia desde hace tiempo [...] La idea de raza en cuanto fundamento de nuestro Estado ha hecho mucho por la depuración».[103] Estas frases, reunidas por Léon Eisenberg y Ashley Montagu, acentúan la impresión de nazismo, aunque en el texto se encuentran diluidas. Pero indiscutiblemente, Lorenz las escribió.

¡Es cierto que la tasa de mortalidad entre los discapacitados mentales era alta, porque nadie se ocupaba de ellos! En las escuelas alemanas incluso había libros donde se mostraba a los niños tres parejas de bellos jóvenes, junto al rostro deformado por una mueca de un discapacitado. La pregunta era: «El dinero destinado a este retrasado impide a estas tres parejas comprar una vivienda. ¿Es esto normal?» Adivinad la respuesta.

La preparación de las mentalidades para la «eutanasia» de los enfermos mentales empezó desde 1933. Además de impedir el florecimiento de los jóvenes de buena raza, sus bocas inútiles y sus vidas sin valor se reproducían, transmitiendo así su tara de generación en generación y comprometiendo la pureza de la especie. «El 9 de octubre de 1939, Hitler firmó un documento [...] trasmitiendo a sus fieles el mandato [...] de elegir un médico que tuviera la autorización "de conceder una muerte misericordiosa a las vidas indignas de ser vividas"».[104] ¡En nombre de la compasión se podía matar a aquellos seres inferiores con el fin de que las bellas y jóvenes gentes pudieran comprar una vivienda! Las dos desafortunadas frases de Lorenz estaban en consonancia con las de su época, y no solamente en Alemania.

Cuando le confesé mi desasosiego a Le Masne (quien dejó su marca en la enseñanza de la psicofisiología y de la etología en Marsella en los años 1970), su respuesta fue clara: «Todos los artículos publicados en las revistas científicas de esa época debían contener

---

103. Nisbett, A., *Konrad Lorenz, op. cit.*, pág. 109 y citas en alemán, pág. 276.

104. Bonah, C., Danion-Grilliat, A., Olff-Nathan, J., Schappacher, N. (dir.), *Nazisme, science et médecine*, Glyphe, París, 2006, pág. 31.

una o dos frases de este tipo, si no el comité editorial hubiera rechazado su publicación». ¿Puede una carrera universitaria hacerse a este precio? El arma más eficaz de las dictaduras es el conformismo. La policía y el ejército son fuerzas accesorias puestas al servicio de los estereotipos culturales.

Doxa y rebelión

Alexandre Minkowski tenía un carácter rebelde que le impedía someterse a una doxa, un conjunto de ideas recibidas, percibidas como evidencia porque todo el mundo las dice constantemente. Minkowski juzgaba por él mismo, incluso llegaba a pensar precisamente lo contrario de aquello que había pensado un tiempo atrás. Pero siempre era sincero y francamente claro. No siempre mantuve con él las relaciones más fáciles. Él decía que discutíamos como una pareja de viejos. Venía a menudo a Châteauvallon, cerca de Ollioules, donde organizábamos reuniones. Quería encontrar con nosotros los medios para devolver la vida a las almas de los pequeños camboyanos y ruandeses traumatizados por los genocidios. Por entonces aún no llamábamos a este proceso «resilencia», pero rechazábamos el miserabilismo de quienes decían: «Podéis ver claramente que estos niños están acabados». El carácter a veces punzante de Alexandre nos ayudó mucho.

Todavía no había terminado los estudios de medicina en París y Alexandre ya se había alistado en un batallón de cazadores que combatía en Suecia. Después de la guerra, becado por la Rockefeller, siguió su formación médica en Harvard y, en 1947, tras volver a Francia, se embarcó en la creación de un servicio de neonatología, como los que había visto en los Estados Unidos. Los principales adversarios del proyecto fueron los universitarios que recitaban el dogma del darwinismo social: «No hay que ocuparse de los prematuros, hay que dejar que la naturaleza seleccione a los más fuertes y elimine a aquellos cuyas vidas carecen de valor». El nazismo perdió la guerra, pero no la batalla de las ideas.

Gracias a su afición por los obstáculos intelectuales, Alexandre consiguió de todos modos organizar el primer servicio de neonatología en Francia. Formó a su alrededor un equipo de investigadores admirables que desarrolló disciplinas diversas como la neurología, la biología, el electroencefalograma y la psicología de las interacciones precoces.

Estas apasionantes investigaciones permitieron salvar a gran cantidad de pequeños prematuros que, en algunos meses, recuperaron el nivel normal de desarrollo. Pero Alexandre tuvo que reconocer que ciertos prematuros graves tenían el cerebro tan deteriorado que luego iba ser preciso militar contra el ensañamiento terapéutico. La palabra «militar» le hacía montar en cólera. Decía: «Un militante defiende cualquier causa. Obedece. Yo defiendo la verdad clínica». Yo replicaba que, entonces, él militaba por la verdad clínica. Luego nos poníamos a discutir y él estallaba: «Boris, ¡prefiero a tu mujer!» Yo le decía que con razón y volvíamos a ser amigos, hasta la siguiente discusión.

Jacques de Lannoy era muy diferente. Apacible, reservado, de mirada esquiva, aceptaba considerar todos los problemas, a condición de que fueran claros y estuvieran bien argumentados. Me invitaba a menudo a trabajar con él en Ginebra donde era profesor de psicología. Su aporte fundamental fue la observación de seres humanos desde la perspectiva etológica. No hacía observaciones de animales, nunca extrapolaba, pero el modelo animal le servía de herramienta para las hipótesis y el método de observación. El recorrido de las ideas es una aventura imprevisible. Partiendo de la etología animal, había ido a parar a la etnolingüística, «el estatus semiótico del gesto [en el que] el gesto es al mismo tiempo signo y acción».[105] En este sentido, confirmaba una pista indicada por Freud y poco seguida por sus adeptos: «El inconsciente que habla a través de las manos».[106] La manipulación maquinal del monedero de Dora

105. Feyereisen, P., Lannoy, J. D. de, *Psychologie du geste*, Mardaga, Bruselas, 1985, pág. 74.

106. *Ibíd.*, pág. 81.

(uno de los primeros casos de histeria analizados por Freud) fue interpretada como la expresión de un deseo de masturbarse. Freud escribió: «Aquél cuyos labios callan parlotea con la punta de sus dedos».[107] Como de Lannoy no era ni neurólogo ni psiquiatra, me invitó a valorar su trabajo sobre el análisis de los gestos en la enfermedad de Alzheimer y sobre la etología de los niños autistas.[108] Cuando Lacan decía: «El inconsciente está estructurado como un lenguaje», de Lannoy precisaba: «Es el mundo vivo el que está estructurado como un lenguaje».

Frecuentándolo, me enteré de que había estado tres años con los Lorenz, en Alemania. Me dijo que Konrad vivía en un ambiente en el que algunos de sus allegados aún pensaban que el nacionalsocialismo era un bello proyecto de sociedad, mientras que Lorenz los hacía callar con gestos exasperados. De Lannoy afirmaba que Lorenz no era nazi, pero que seguía atado a gente que seguía creyendo en los mil años de felicidad prometidos por el Führer.

Esta mancha en el premio Nobel contaminó a la etología. Cuando escribo estas palabras pienso que, al fin y al cabo, la teoría conductista de los reflejos combatida por Lorenz no era tan mala, ya que bastaba con pronunciar «e-to-lo-gí-a» para que algunos intelectuales emitieran sonidos como: «in-na-to» o «teo-rí-a-de-ex-tre-ma-de-re-cha». Los trabajos de etología eran descalificados por aquellos que se negaban a leerlos porque estaban descalificados. Estas recitaciones reflejas impiden a menudo los debates. Prejuzgamos una teoría que conviene ignorar, con el fin de odiarla. Así balan los rebaños de titulados, unidos frente a un mismo enemigo. El odio se convierte en la argamasa de un grupo del que el placer de pensar ha sido expulsado.

Me pregunto por qué se prestó tanta atención a esas frases culpables escritas por Lorenz, en vez de a la valentía y la generosidad

107. Freud, S., *Cinq psychanalyses*, PUF, París, 1954, pág. 57.

108. Lannoy, J. D. de, Da Silva Neves V., «Une analyse éthologique des interactions sociales d'enfants autistiques en situation de thérapie», *Psychologie médicale*, 9, 1977, págs. 2173-2186.

de Nikolaas Tinbergen, que compartió con él el premio Nobel. Cuando los profesores judíos fueron expulsados de las universidades holandesas, Tinbergen formó parte de los profesores que protestaron oponiéndose a aquella injusticia. Dimitió de su puesto para no quedar asociado a quienes cometían actos despiadados. Entonces fue detenido y permaneció prisionero en un campo nazi.[109] De vez en cuando algún colega universitario era fusilado, pero en general la reclusión le resultó soportable. Cuando Lorenz supo del arresto de su amigo, propuso intervenir para tratar de liberarlo. La mujer de Tinbergen rechazó esta ayuda con el consentimiento de su marido. Estuvo preso durante más de dos años. Una vez liberado, se unió enseguida al movimiento de resistencia holandés.

¿Por qué se ha hablado tan poco de ello? Se podría haber subrayado el coraje de este hombre, su probidad, su sentido del método científico y sus brillantes observaciones, que inspiraron tanto a biólogos como a psicoanalistas. La etología habría sido glorificada. La cultura de los años 1970 prefirió interesarse por el indiscutible error de Lorenz que mancilló a la etología.

Todo objeto de la ciencia es una confesión autobiográfica

Las ideas científicas podrían no ser tan abstractas como se dice. Están enraizadas en nuestra historia personal, en nuestra cultura y hasta en nuestro inconsciente, como explica Georges Devereux.[110] La simple elección del objeto de una ciencia es una confesión autobiográfica, provoca una contratransferencia, como en psicoanálisis. Numerosos lingüistas se han inclinado por esta disciplina para entender la desdicha de un padre afásico o para ayudar a un hermano menor autista.

---

109. Nisbett, A., *Konrad Lorenz, op. cit.*, pág. 122.

110. Devereux, G., *De l'angoisse à la méthode dans les sciences du comportement*, Flammarion, París, 1980.

Quienes viven en una familia cuyos símbolos cotidianos evocan su pertenencia a un grupo, una raza o una religión «superiores» aceptarán sin problemas una publicación científica que concluya que ciertos genes programan un desarrollo de mejor calidad. Pero los que se debaten en un ámbito social donde es difícil abrirse camino preferirán los trabajos que buscan causas exteriores a los fracasos del desarrollo. Poco antes de las elecciones presidenciales en las que se enfrentaban Mitterrand y Giscard d'Estaing, en 1974, fui invitado a un coloquio que trataba todavía del antiguo combate entre lo innato y lo adquirido. Me limité a hacer circular una hoja donde escribí dos preguntas, cuyas respuestas bastaba con elegir:

—En su opinión, en las ciencias del comportamiento, ¿qué es predominante? Lo innato/adquirido.

—¿Por quién votará usted? Giscard/Mitterrand.

Este cuestionario anónimo tan trivial obtuvo ciento veinte respuestas: resultaba que los científicos partidarios de lo innato iban a votar por Giscard d'Estaing, mientras que los partidarios de lo adquirido preferían a Mitterrand.

¿Es la ciencia totalmente objetiva? Dependiendo de una relación afectiva, de un encuentro amistoso, de una influencia social, de un interés por hacer carrera, se prefiere una teoría que da forma a nuestras creencias. Entonces podemos formular una hipótesis y orientar el método que nos permita obtener el resultado que nos complace.

El profesor Simon Le Vay era un neurobiólogo de renombre en Harvard, especialista en el córtex del gato. En los años 1990, se preocupó mucho por encontrar el origen de la homosexualidad. Su perezoso postulado consistía en decir que el origen de este trastorno era genético o endocrino. Todo el mundo repetía este estereotipo basado en una plétora de trabajos que detectaron la existencia de familias y de gemelos cuyo número de homosexuales era muy elevado. En este contexto, el profesor Le Vay publicó algunos artículos y un libro[111] en los que sostenía que en el hipotálamo (en la base del

_____

111. Le Vay, S., *The Sexual Brain*, MIT Press, Cambridge, 1993.

cerebro) los núcleos preópticos de los homosexuales eran diferentes de los de los heterosexuales. La hipótesis era lógica: el cerebro del feto nada en flujos hormonales ya distintos según el sexo. Los hombres heterosexuales tienen los núcleos preópticos mayores que los de las mujeres heterosexuales. Luego se podía sostener que los homosexuales tenían núcleos intermedios.

Una noche, en Bruselas, en compañía de Georges Thinès, filósofo y etólogo, hablábamos de esta publicación, que había provocado una gran conmoción. Michel Jouvet trajo una tomografía (una foto de escáner dividida por capas) de un cerebro de un homosexual muerto por el SIDA. Se podía ver, en efecto, la opacidad redondeada de los núcleos preópticos, rodeada por una corona borrosa. Quienes tenían ganas de creer que los núcleos eran más pequeños que los de los heterosexuales conseguían ver que el centro de los núcleos era más pequeño. Y quienes no lo creían podían ver sin dificultad que la corona de los núcleos era tan grande como la de los heterosexuales. El edema cerebral de aquellos hombres muertos de SIDA nos permitía ver lo que teníamos ganas de creer.

En cuanto fueron publicados, estos trabajos científicos, basados en una tecnología eficaz, fueron interpretados en todos los sentidos. Algunos sostuvieron que esos núcleos diferentes secretaban hormonas diferentes, lo que explicaba las emociones y el comportamiento particular de los homosexuales. Mientras que otros insistían en el hecho de que las prácticas sexuales podían modificar la forma de los núcleos. Todas las explicaciones científicas eran defendibles y probablemente falsas. Desde que se descubrió la sorprendente plasticidad del cerebro y la existencia de homosexuales hiperviriles, se puede encontrar lo que se quiera.

De hecho, el objetivo de ese trabajo era ideológico. Simon Le Vay, cuando era estudiante, simpatizó con una teoría de Freud que describía a una madre hiperpresente y expresiva, dejando en la sombra a un marido fácil de dejar de lado. Una pareja tal, pensaba el estudiante, explica mi homosexualidad, ya que mis padres corresponden a esta imagen freudiana. En la cultura alemana del final del romanticismo, se creía que los padres todopoderosos daban forma al alma de sus hijos. Un padre ensombrecido, en una cultura hiperviril, explicaba lógicamente la aparición de la homosexualidad en sus hijos.

Cuando ya era neurólogo, Simon Le Vay descubrió otras posibles explicaciones. El psicoanálisis se borró de su mente para dejar lugar a la neurobiología: en la base del cerebro hay núcleos de neuronas que secretan sustancias que modifican los índices de hormonas masculinas y femeninas. He aquí por qué su hijo es homosexual. Deseando defender la causa de los homosexuales, Le Vay, gracias a sus conocimientos neurobiológicos, quería hacer cuajar en la cultura la idea de que se es homosexual por razones genéticas tan inocentes como ser rubio o tener los ojos en forma de avellana.

No fue ésta la interpretación de otros homosexuales que, como el académico Dominique Fernandez, pensaban que los heterosexuales se valdrían de este «descubrimiento» para afirmar que la homosexualidad es una tara genética que conviene erradicar. A partir de fotos de escáner y en nombre de una teoría bienintencionada se corría el riesgo de justificar crímenes contra la humanidad.

Las ciencias duras se prestan un poco menos a la interpretación. Si Pitágoras levantara la cabeza, se pondría al día en matemáticas y le sorprendería ver que consideramos la esclavitud como un crimen. Diría que esta institución permite a los hombres libres crear la democracia. Nos explicaría que el lenguaje matemático sólo tiene una lógica, no dependiente de la cultura, y se quedaría estupefacto al ver que la esclavitud, perfectamente admitida en la moral de la bella civilización griega, haya sido declarada un crimen contra la humanidad en el mundo moderno. Podéis ver bien que, en las ciencias imprecisas como la neurología y en las ciencias inciertas como la psiquiatría, no es fácil distinguir entre un objeto de la ciencia y un objeto de creencia.

Decimos que un objeto de la ciencia se puede refutar. Si no estás de acuerdo, puedes hacer un experimento o unirte a otro grupo, donde podrás conocer a investigadores contrarios a dicho objeto. Una argumentación así, aunque sea científica, implica una reacción emocional, la valentía de romper e inscribirse en otra afiliación intelectual. Este recorrido, que pretende ser objetivo, está fuertemente manchado de afectividad.

Un objeto de creencia no sólo no es refutable, sino que únicamente puede ser confirmado. Si no estás de acuerdo, o si tienes dudas, debes empezar un proceso de desafiliación. Tus allegados verán la divergencia como una traición. Sentirás las miradas suspicaces de tus antiguos amigos y oirás sus reproches. Mientras que compartir una creencia es hacer una declaración de amor, ponerla en duda es agredir, traicionar, romper el sueño de vivir en el mismo mundo con aquellos que te aman. Ahora que tú dudas, eso ya no es posible. ¡Vete! ¡Eres un disidente!

Ocurre que en las ciencias que no son puras, sus objetos se codean con los objetos de creencia, como vimos en el ejemplo de la lobotomía o el del cerebro de los homosexuales. Entras en un grupo de investigación, trazas lazos de amistad, es una fiesta, pero progresivamente te sientes molesto por afirmaciones y publicaciones que ya no te convencen. ¿Qué hacer? ¿Romper violentamente durante una reunión? A veces ocurre. ¿Enviar una carta explicando tu desacuerdo? También ocurre. Pero lo más normal es callarse, ausentarse, cambiar de grupo y publicar tus trabajos en otra revista, con el objetivo de dar forma a otro objeto científico, más fácil de compartir con el resto del mundo.

Esto mismo le ocurrió a Tinbergen al final de su carrera. Ya ni me acuerdo de cómo llegamos a coincidir. Creo que fue gracias a un pequeño dosier que él publicó con su mujer a propósito del autismo.[112] Me preguntó qué pensaba yo de su método, pero el tono de las cartas era tan triste que pensé que probablemente describía el autismo de uno de sus hijos pequeños. El método de la cura que su mujer proponía me pareció curioso. Aconsejaba obligar al niño a sostener la mirada —cosa que, para un autista, constituye una fuerte agresión—. Me dijeron que Tinbergen padecía una depresión al

112. Tinbergen, N., Tinbergen, E. A., «Early childhood autism: An ethological approach», *Advances in Ethology*, 10, 1972, págs. 1-53.

final de su vida y que —vivía en Oxford— veía a menudo a John Bowlby, a quien seguramente le confiaba su tristeza. Pero también hablaba de etología con él. Después de haber estimulado la creatividad de René Spitz proponiéndole modelos de experimentación, reforzó las convicciones de Bowlby, que fue presidente de la Sociedad británica de psicoanálisis, llevándolo a inspirarse en el modelo animal para estudiar el desarrollo de los niños antes del habla.[113] El etólogo y el psicoanalista pensaban que una ontogénesis, un desarrollo continuo desde el óvulo hasta la explosión del lenguaje (del mes 20 al 30), permitía observar y manipular experimentalmente de acuerdo con los métodos etológicos puestos a punto en animales. Fueron observaciones como éstas las que llevaron a Dorothy Burlingham y a Anna Freud a describir las necesidades de los niños como «un apego precoz a la madre».[114] Las observaciones hechas por estas dos psicoanalistas no eran más que una invitación a hacer progresar la «teoría de la pulsión secundaria»,[115] no tenían la intención de destruirla.

Los debates que alimentaban la cultura en la que estaban sumergidos estos investigadores, sus encuentros de amistad, sus lazos personales y las desgracias de su existencia se mezclaron con el rigor de las observaciones científicas para dar a luz a la teoría del apego. No era un objeto de las ciencias puras, tampoco un objeto de creencia. El modelo animal planteaba preguntas a las personas sobre las percepciones y las emociones, mientras que antes se planteaba a los animales preguntas humanas sobre la voluntad, la memoria o el aprendizaje.

---

113. Bowlby, J., *Attachement et perte, tome 1: L'Attachement*, PUF, París, 1969-1978.

114. Burlingham, D., Freud A., *Infants without Families*, Londres, Allen & Unwill, 1944; cita de la traducción francesa: *Enfants sans famille*, PUF, París, 1944, pág. 22.

115. Bowlby, J., *Attachement et perte, tome 1: L'Attachement*, op. cit., pág. 481.

Farsas edificantes

En los años 1970 era difícil no dejarse impregnar por las ideas lacanianas, nadábamos en ellas. La mayoría de docentes se referían a ellas sin cesar, se les consagraban numerosas revistas y, en las discusiones entre médicos, una serie de frases surgían con cierta regularidad: «El inconsciente está estructurado como un lenguaje... El yo es alienación primera... Los tres órdenes de la experiencia analítica son, a saber: el simbolismo, lo imaginario y lo real».[116] Con un conjunto de diez citas, podíamos pasar la velada y, a veces, hasta hacer carrera.

Al principio de los años 1980, el Sindicato nacional de psiquiatras privados organizó en Perpiñán un coloquio sobre la paranoia. Las ideas lacanianas tenían reservado un lugar de honor, pero —no sé muy bien por qué— las publicaciones sobre la paranoia eran a menudo aburridas, con clasificaciones ilusorias y razonamientos alambicados. Hacía calor, me estaba durmiendo, cuando de pronto le dije a Arthur Tatossian, que dirigía las jornadas: «Ayúdeme a representar una farsa, si no me voy a morir de aburrimiento y usted será el responsable». El serio Tatossian enseguida se hizo mi cómplice y anunció que yo haría una presentación importante sobre el descubrimiento de una nueva psicosis: la narapoia. Así, publiqué *Mis primeros escritos sobre la narapoia,* que hacía de contrapunto a la publicación de Lacan titulada *Mis primeros escritos sobre la paranoia.*

La narapoia, dije en tono enfático, es una psicosis muy grave en la que el enfermo delira tanto que está convencido de que todo el mundo lo quiere. Sólo un psicótico puede padecer de tal condición delirante. Hice la deconstrucción de la narapoia a propósito del «caso Otto Krank, su vida, su obra». Con el fin de ser tomado en serio, me expresé de forma oscura, pues toda claridad habría iluminado los fallos en mi discurso.[117] Asocié el psilacánisis (que no hay

---

116. Lacan, J., *Le Séminaire, livre III: Les Psychoses*, 1955-1956, *op. cit.*, pág. 17.

117. Como ejemplo de las paráfrasis deconstructivas, léase: Chiflet J.-L., Leroy P., *Édouard, ça m'interpelle! Le français nouveau est arrivé*, Belfond, París, 1991; Schnerb C., *Je pense*, Buchet-Chastel, 1972.

que confundir con el psicoanálisis) a un tratamiento médico, con grandes resultados. Traté a Otto Krank con Largactil con la posología siguiente: un kilo por la mañana, un kilo al mediodía y dos antes de acostarse. Después de algunos días de tratamiento, constaté una mejora neta en su estado mental: Otto Krank empezó a preguntarse si realmente todo el mundo lo quería. Estaba mejorando, yo era muy feliz.

Decidí entonces aligerar el tratamiento y fui el primero en constatar que el efecto psicofarmacológico de dos comprimidos de vitamina B6 era exactamente el mismo que el de un comprimido de vitamina B12. La contratransferencia merecía un abordaje científico. Así pues, decidí hacer un electroencefalograma al psicoterapeuta de Otto. Las mediciones me permitieron afirmar que la atención flotante de los psicoanalistas (recomendada por Freud) correspondía al estadio III del sueño lento profundo.

Entonces decidimos rematar el tratamiento pasando al psilacánisis. Otto Krank nació de un padre y una madre, cosa que, en su época, aún se hacía. A la edad de ocho años, Otto descubrió el grotesco método de reproducción sexual que sirvió para darle vida y sufrió la parálisis histérica de las dos orejas. En la escuela, sus compañeros podían mover sus pabellones auditivos, mientras que Otto era incapaz. Sufría amargamente. En el curso de una sesión de psilacánisis, el enfermo confesó que su nombre lo torturaba. Llamarse Otto era quizás aceptable para un mecánico, pero no para un analizante. Su psilacanista le aconsejó hacer un anagrama deconstructivo con su nombre y que lo escribiera al revés. Desde ese día, Otto se siente mucho mejor.[118]

Orgulloso del hallazgo, dije: «Tengo una teoría: cuanto más idiota es una teoría, más probabilidad tiene de ser un éxito». Mis amigos predijeron enseguida el triunfo de mi teoría.

Al final de mi presentación, un hombre vino a felicitarme secándose las lágrimas de risa que empañaban sus gafas. No obstante se

_____

118. Frases inspiradas por Woody Allen.

trataba de un hombre muy serio. Pierre Legendre[119] me dijo: «Lacan habría dicho de usted que es un no-imbécil». Recibí esa frase como si fuera un diploma. Ya estaba bien armado para el campo de batalla lacaniano.

Reproduje la farsa, a petición de Jean-Michel Ribes, en el teatro del Rond-point, dentro de su programa «Risas de resistencia». Buena parte de la sala quiso seguirme el juego, pero algunos de entre el público, que habían venido a escuchar una presentación profunda sobre esta nueva psicosis, tenían el semblante aterrado, inmóvil, los ojos abiertos como platos. A veces las farsas pueden ser peligrosas.

A menudo son peligrosas y, desafortunadamente, edificantes. El Mayo del 68 fue un gran trampolín para el psicoanálisis, que de este modo entró en la cultura, como deseaba Freud, y al mismo tiempo entró en la universidad, cosa que no él deseaba. No se hablaba de otra cosa: psicoanálisis y política, psicoanálisis y marxismo, psicoanálisis y feminismo, psicoanálisis y psicosis... Este salto cualitativo sólo podía provocar reacciones hostiles. Debray-Ritzen fue el primero en contraatacar.[120] Aquel hombre formaba parte del género de los grandes patrones, humanistas y científicos, cultivados, trabajadores y pagados de sí mismos. Se echó al ruedo atizando al psicoanálisis, «el impúdico pedantismo [...], la indigencia política [...], la función putera de la escucha [...], los jóvenes Gobe-Lacan, amantes de la jerga oscura [...], la cofradía del diván [...], esos psiquiatras que, como un penoso ejército, ahora pululan».[121]

Los psicoanalistas estaban encantados de poder odiar a un hombre semejante. Pero en uno y otro clan las pasiones eran tan violentas que hacían imposible el debate. Me interesaba ese animado personaje, punzante y creativo, cuya brutal elegancia me fascinaba,

---

119. Legendre, P., *L'Inestimable Objet de la transmission. Étude sur le principe généalogique en Occident*, París, Fayard, 1985. Pierre Legendre es jurista y psicoanalista.

120. Debray-Ritzen, P., *La Scolastique freudienne*, Fayard, París, 1972.

121. Debray-Ritzen, P., *L'Usure de l'âme. Mémoires*, Albin Michel, París, 1980, pág. 453.

como uno se fascina ante la belleza de un toro en plena embestida. Puede que también sea por este motivo que hay a quien le gusta Louis-Ferdinand Céline, cuyo pensamiento es, por otra parte, repulsivo. Era rabelaisiano,[122] disparatado más que rencoroso, «Don Quijote en el cielo», decía André Gide. Bueno, admitámoslo. Debray-Ritzen gustaba de rodearse de fuertes personalidades como Arthur Koestler, Louis Pauwels o Aimé Michel, quien me fascinaba por su inteligencia rápida, su inmensa cultura y su deseo de una magia que convirtiera la ciencia en poesía.

Tras la publicación de mi primer libro,[123] fui invitado a Radio Courtoisie, cuyo nombre me parecía divertido. «Es una radio de extrema derecha, me dijo Paul Guimard, pero vaya de todas formas. Son gente cultivada y bien educada». Me recibieron muy bien. Creo recordar que un mayordomo con chaleco a rayas me abrió la puerta. Era demasiado bonito para ser verdad, a no ser que se tratara de una cortesía irónica. La entrevista fue vigorosa y elegante. Alain de Benoist, Arthur Koestler y Pierre Debray-Ritzen fueron frecuentemente citados como defensores del naturalismo, que yo no secundaba a pesar de mi atracción por la etología animal. Después del programa fui invitado a un restaurante donde el debate, despojado de la máscara de los entrecomillados, se volvió más auténtico y agudo. Estaba sentado a la mesa con unos ogros simpáticos. Amaban el poder, el dinero, las bellas mansiones y los textos bellos. Iban realmente «armados» para la vida, que ellos consideraban como un maravilloso campo de batalla. Entre el estrépito de sus insultos, explicaban riéndose cómo había refutado a un filósofo o a un psicoanalista, a quienes habían ridiculizado con un bello gesto o con una frase ágil. Los admiraba y desaprobaba al mismo tiempo (acordaros de la belleza del toro en plena embestida).

Expliqué mi aventura a mis amigos psicoanalistas y esta historia, que yo consideraba truculenta, provocó un largo silencio: «No

---

122. N. del T.: de François Rabelais, humanista francés del siglo XVI.

123. Cyrulnik, B., *Mémoire de singe et paroles d'homme*, op. cit.

deberías haber ido, no se habla con los fascistas». Entonces, para provocar un debate, decidí hacer una presentación en la Sociedad de psiquiatría de Marsella. Pero sabiendo que si tomaba partido (Freud a mi izquierda y Debray-Ritzen a mi derecha), tan sólo recibiría invectivas, decidí invertir las citas: «Como dice Lacan, "caminamos apresuradamente hacia un arte optimístico, trascendental y monoteísta"». Esta frase de Prévert[124] fue aplaudida por los psicoanalistas. Como dice Debray-Ritzen, añadí, «la genética es el encantamiento de la materia vulgar», y entonces criticaron esta frase de Apollinaire. Espoleado por el éxito, fingí que Lacan había escrito: «Aún murmuro un lenguaje de otro lugar», y los partidarios de Debray-Ritzen estallaron sarcásticamente de risa al oír este bello verso de Aragon.[125] Luego «cité» a Debray-Ritzen, el vil organicista que escribió que «la organización de la vida psíquica [...] es de hecho destruida por toscos procesos orgánicos», y los lacanianos enseguida abuchearon esta frase del mismo Lacan.[126]

Lo prometo, no lo haré nunca más. Vi a gente que yo apreciaba caer en esta trampa indecente. Defendían el nombre y no la idea, se comprometían a defender un estandarte cuya causa no conocían. Las farsas [?] son peligrosas porque, al forzar el trazo, dicen la verdad, del mismo modo que las caricaturas. Creo que yo también debo de haber reaccionado así alguna vez. Me da miedo, es tan fácil. Se evita pensar y, de paso, se hacen amigos.

124. Prévert, J., *Spectacle*, Gallimard, París, 1951, pág. 243.

125. Aragon, *Le Fou d'Elsa*, Gallimard, París, 1963, pág. 274.

126. Lacan, J., *De la psychose paranoïaque dans ses rapports avec la personnalité*, Seuil, París, 1975, pág. 142.

2
Locura, tierra de asilo

Descubrimientos serendípicos

Un médico militar constató que una extraña sustancia aumentaba el aguante de los soldados. Freud se sirvió un poco de ella para su propio uso como estimulante. De esta manera estuvo a punto de contribuir a la invención de la anestesia. «Al principio del año 1884, informó a Martha Bernays (su prometida), quien se interesó por las propiedades de la cocaína [...], pretendía experimentar todos sus usos en las afecciones cardíacas y también en las depresiones nerviosas».[1] Dio cocaína a su amigo Fleischl-Marxow para calmar su sufrimiento, convirtiéndolo en adicto desde las primeras dosis. Él también la tomaba para «ser fogoso» y luchar contra las «sombrías tristezas» que envenenan su alma depresiva.

De esta manera no científica se descubrieron más tarde los medicamentos que abusivamente llamamos «psicotropos». A veces sucede que un hallazgo fruto de la «serendipia» pone bajo la mirada del investigador, por azar, un hecho habitualmente insignificante. Este acontecimiento banal activa en él el presentimiento de un descubrimiento que el método de investigación convertirá en hecho científico.

«Primero el azar, luego la razón», decía Claude Bernard describiendo el proceso de innovar. Pero un golpe de suerte así no pasa por la cabeza de todo el mundo. Para que Freud haya tenido ganas de

---

1. Gay, P., *Freud, une vie, op. cit.*, págs. 51 y 60.

tomar un grano de cocaína para ser más fogoso hace falta que, antes de este experimento, haya establecido una suerte de teoría implícita que le sugiera que una sustancia puede modificar el psiquismo. Cuando hacía prácticas en la Salpêtrière, Freud le propuso a Charcot traducir sus lecciones al alemán. Convencido de la excelencia de la traducción, el maestro invitó a Freud a ir a recoger unos papeles a su casa después de cenar. El joven, a la vez encantado y aterrorizado, no pudo ir a casa del profesor sin antes comprarse una camisa y guantes blancos, hacerse «cortar el pelo y arreglar la barba por catorce francos [...]». «Estaba estupendo», escribió, «me daba a mí mismo la mejor impresión [...] me sentía muy tranquilo gracias a una pequeña dosis de cocaína». La señora Charcot le preguntó a Freud cuántas lenguas hablaba: «Alemán, inglés, un poco de español y muy mal francés», respondió. «Tal fue mi desempeño (o mejor dicho, el de la cocaína) que estoy muy satisfecho [...] Te mando un tierno beso. Tu Sigmund».[2]

Creo recordar que yo era estudiante en prácticas de segundo año de medicina, en el Hôtel-Dieu de París, en el servicio de hematología, cuando me conmovió una joven enferma de 24 años. No sé por qué razón le habían dado una cama en hematología. La joven parecía estar en un dulce éxtasis, estrechaba contra ella un toro de plástico y lo acariciaba pronunciando algunas tiernas onomatopeyas. Me dijeron que un cuadro clínico así se llamaba *«bouffée délirante»*. Quise hablar con la joven, quién me respondió vagamente, desde muy lejos, mostrándome sin mediar palabra su toro, al que acariciaba sonriente. Un joven médico vino con un frasco de perfusión. Le dijo al jefe: «Ahí dentro hay haloperidol, parece que esto funciona».[3] Al día siguiente, la paciente parecía menos extática, ya no acariciaba su toro y luego lo puso sobre la mesilla de noche. Dos o tres días más tarde, me decía: «No entiendo qué me ha pasado. Creía que el toro era un dios». Se marchó a su casa y nadie a mi al-

---

2. «Lettre à Martha», 20 de enero de1886, en Badou G., *Madame Freud*, Payot, París, 2006.

3. Este recuerdo debe de ser del período 1958-1959.

rededor trató de entender qué había pasado. Nunca volví a ver un éxito terapéutico tan rápido, pero a menudo me pregunté cómo fue posible que una molécula le devolviera la libertad. Los otros estudiantes en prácticas prefirieron interesarse por las modificaciones en sus fórmulas sanguíneas y por los signos clínicos que ello comportaba. Yo estaba conmocionado por un acontecimiento que a ellos no les sugería nada.

Debía de ser muy sensible a esta clase de fenómenos, ya que recuerdo, algunos años antes, haber leído un artículo del periódico *L'Express* comentando el descubrimiento de un medicamento, llamado N-oblivon, que hacía desaparecer la angustia. El autor del artículo preveía que, en adelante, los ladrones tomarían el medicamento para darse valor y que los violadores pasarían al acto tranquilamente. Algunos años más tarde, cuando se discutía sobre la «píldora», se oyó decir que, gracias al bloqueo hormonal de la ovulación, las mujeres podrían prostituirse con toda libertad. Estas reacciones son frecuentes: quienes no creen que una sustancia pueda actuar sobre la mente se enfrentan con los que piensan que la química nos gobierna. Para empezar, se trata de un hallazgo azaroso. Luego hay que encontrar una pseudorazón para dar forma a nuestras emociones. Simplemente, la serendipia provocó un sentimiento de extrañeza que estimuló el impulso de comprender. La ciencia aún no había llegado hasta ahí, pero esta premisa es una llamada a un método que vendrá luego.[4]

En el año 1967, había un anestesista de fuerte personalidad en el hospital de la Pitié. Sentíamos su presencia cada vez que pasaba por el pasillo. Las urgencias no dejaban de llegar y Huguenard daba la impresión de estar siempre en el hospital, cosa que a menudo era cierta. En el piso de arriba, el profesor Cabrol, que acababa de realizar con éxito el primer trasplante de corazón, dormía en el pasillo cerca de su paciente. El profesor Metzger instaló una cama de campaña no muy lejos de la sala de radiología, para poder

---

4. Bernard, C., *Principes de médecine expérimentale*, PUF, París, 1947.

reaccionar deprisa en caso de necesidad. Me propuso un puesto de asistente porque a menudo, examinando las radiografías, intentábamos establecer una correlación entre una alteración cerebral y una manifestación psíquica. En aquella época, para ser psiquiatra había que pasar un examen de neuropsiquiatría. Bastaba con recitar las señales clínicas de los tumores cerebrales o de la atrofia de la médula espinal para ser autorizado a «ocuparse de un esquizofrénico». Así fue como nos convertimos en protopsiquiatras. La psiquiatría casi no existía en la universidad. Aún balbuceaba en los asilos de provincias, donde se intentaba inventar esta disciplina que luego iluminaría el Mayo del 68.

El cerebro sabe gramática

Cuando empecé mis estudios de medicina, se nos enseñaba que al nacer disponemos de varios miles de millones de células nerviosas y que con la edad perdemos cada día 100.000 neuronas. Se concluía lógicamente que todo accidente infeccioso, vascular o traumatismo agravaba esta pérdida irremediable. Esta teoría hacía inútil toda terapia dirigida al cerebro, pues «un cerebro tocado es un cerebro acabado», nos explicaban. Ahora bien, después de las lobotomías, los pacientes con el cerebro cortado seguían viviendo, a veces durante mucho tiempo. Con la mente modificada y la personalidad amputada, reducidos a un esquema de supervivencia sin mundo interior alguno, desmentían el postulado de un cerebro que se degrada inexorablemente. Se debió al talento de algunos innovadores que se atrevieran a pensar: «Puesto que podemos cortar un cerebro sin matar al enfermo, ¿por qué no quitar tumores, evacuar abscesos y bolsas de sangre?»

El profesor Puech creó en el hospital Sainte-Anne el primer servicio de neurocirugía en los años 1950. Entonces se hablaba de «cirugía de la locura», cosa que hacía reír a los médicos y causaba horror a los psicoanalistas. Cuando se sospechaba la presencia de un tumor cerebral o un aneurisma (una pequeña hernia en la pared de una arteria), se nos enseñaba a quitar el líquido cefalorraquídeo que sirve de suspensión hidráulica al cerebro. Entonces aparecía una imagen en la radiografía que permitía ver las opacidades tumorales, los abscesos densos o las bolsas de sangre. Gracias a esas imágenes, el cirujano sabía dónde debía intervenir.

Inventar una artesanía clínica no basta para crear una disciplina. También hay que saber imponerse en los lugares de decisión. Alphonse Baudoin fue un magnífico médico, del estilo de Erich von Stroheim, rígido, elegante, decidido y trabajador. Este antiguo alumno de escuela politécnica, bioquímico y neurólogo, fue decano de la facultad de medicina durante la ocupación nazi, su actitud valiente le permitió llegar a secretario de la Academia de medicina.[5] Su amplitud de miras le permitió evitar pensar que el cerebro permanece cerrado en la caja craneal, mientras que el alma flota en el éter de las palabras. Fue él quien sugirió a Puech que se acercara a Jean Delay. En aquella época, la psiquiatría en Sainte-Anne era una mezcla de neurología y de literatura, con una capa de psicoanálisis. En los hospitales psiquiátricos de provincias, los médicos alienistas tenían que cargar con los esquizofrénicos, la violencia alcohólica, las alteraciones cerebrales y las personas desocializadas.

Paul Guilly, que participaba de esta aventura,[6] me chinchaba porque yo acababa de aceptar un puesto en el hospital de psiquiatría en Digne, en los Alpes de la Alta Provenza. «Lo mejor que hay en esa ciudad, me decía, es una fuente que chorrea sobre un bloque de piedra calcárea. Quédate con nosotros en París. Aquí sí que se hace carrera». En aquel entonces, en los hospitales había médicos que seguían como asistentes toda su vida. Vergonzosamente mal pagados y sin posibilidad de promoción, tan sólo les sostenía la pasión por la medicina. Entre ellos había muchos descubridores de ideas. El amable Roger Messimy le dedicó a mi hija una publicación

---

5. Thuillier, J., *La Folie. Histoire et dictionnaire, op. cit.*, págs. 149-152.

6. Guilly, P., Puech, P., Lairy-Bounes, G. C., *Introduction à la psycho-chirurgie*, Masson, París, 1950; David, M., Guilly, P., *La Neurochirurgie*, PUF, París, 1970; Guilly, P., *L'Âge critique*, PUF, París, «Que sais-je?», 1970.

sobre la conductividad eléctrica del núcleo ventral posterolateral del tálamo. Como ella sólo tenía dos meses, no creo que pudiera captar la majestuosidad de la dedicatoria. A veces Jacques Lacan venía por él para invitarlo a almorzar y preguntarle sobre el control neurológico de la mirada. Se trata de un verdadero saco de nudos en el que la estimulación del núcleo del tronco cerebral provoca una mirada lateral dirigida hacia abajo, mientras que otro núcleo obliga a mirar hacia arriba después de un doble cruce. Lacan adoraba los nudos, ya fuesen borromeos u oculares. Estos circuitos entrecruzados ocuparon el centro de sus enseñanzas durante los diez últimos años de su vida. El nudo borromeo ata las tres dimensiones de lo imaginario, lo simbólico y lo real, en un amontonamiento de cables que recuerda al control neurológico de la mirada. El discreto Messimy, ¿participó acaso en el éxito lacaniano sin decírselo a nadie y quizás sin saberlo siquiera?

En una habitación cerca de las cocinas, en el sótano, dos pobres investigadores inventaban una nueva disciplina: la neuropsicología. Hecaen y Ajuriaguerra, examinando a enfermos con lesiones cerebrales, demostraron que es una estructura cerebral lo que estructura el mundo que percibimos.[7] La asociación de estas dos palabras, «neuro» y «psicología» es, aún hoy, incomprensible para algunos pensadores que ven el cuerpo por un lado y el alma por el otro, sin comunicación alguna.

Entre las publicaciones de la época, dos ideas marcaron mi manera de descubrir la psiquiatría: el cerebro sabe gramática y un cerebro con lesiones no está acabado.

Las lobotomías no faltaban en el servicio. Los accidentes automovilísticos provocaban casi 3.000 cada año. Aún no disponíamos de escáner, pero la clínica y la encefalografía gaseosa (radiografías después de quitar el líquido cefalorraquídeo) fotografiaban las contusiones y hematomas de los lóbulos prefrontales, que a veces dejaban un agujero en cuanto la sangre se reabsorbía. En el hospital de

---

7. Benton, A., *Exploring the History of Neuropsychology. Selected Papers*, Oxford University Press, Nueva York, 2000.

Argenteuil vi por primera vez una lobotomía accidental. Un hombre joven, que se había disparado una bala en la sien para suicidarse, se había seccionado los dos lóbulos prefrontales. La quemadura de la bala cauterizó las heridas. El joven, de pie frente a mí, estaba paralizado. No disponía del sustrato neurológico que permite la anticipación. Ya no podía prever ni explicar nada. Para relatar algo hay que anticipar el pasado, buscar intencionalmente en la memoria las imágenes y las palabras que reconstruyen una narración. Luego, hay que anticipar la transmisión de la historia que nos disponemos a contarle a alguien. Privado de la posibilidad de representar el tiempo, incapaz de responder a las informaciones recibidas del pasado y de orientarse hacia el futuro, el lobotomizado únicamente puede responder a los estímulos inmediatos. Él comprendía todo lo que yo le decía, pero sólo podía responder con monosílabos puesto que, para construir una frase, hay que disponer en el tiempo representaciones de imágenes y de palabras.

En aquella época, los motoristas no llevaban casco. Después de un accidente, cuando el hueso frontal estaba hundido y los ojos arrancados, los lobotomizados permanecían sentados, indiferentes, aparentemente sin aburrirse ya que no podían sentir el tiempo vacío. Cuando había calma a su alrededor, permanecían inmóviles. Pero cuando las enfermeras se afanaban a su alrededor, cuando los médicos los visitaban o cuando se les llevaba la bandeja de la comida, respondían a los estímulos del contexto agitándose y corriendo en todas direcciones a pesar de su ceguera.

Por decirlo proustianamente, hace falta que el cerebro sepa gramática. Es necesario que la simple percepción de la señal olfativa de la madalena evoque el recuerdo de los domingos en Combray cuando el niño iba a dar los buenos días a su tía Léonie y ella le ofrecía un trozo de madalena mojado en su taza de té. El sabor percibido hoy hace rememorar aquel dulce momento ahora lejano, como «una gotita casi imperceptible en el inmenso edificio del recuerdo».[8]

---

8. Proust, M., *À la recherche du temps perdu, tome 1: Du côté de chez Swann*, Gallimard, París, 1913.

El cerebro de los lobotomizados tan sólo puede percibir la información presente, pero no puede hallar en el pasado el origen de la huella. Ni futuro ni pasado, ¡el cerebro ya no puede conjugar! La estructura misma de las frases se vuelve contextual: nada de comas para escandir el tiempo, ni digresión para escapar a la linealidad que encadena las ideas, ni asociación que reúna los recuerdos dispersos para hacer de ellos una representación coherente. Algunas respuestas en presente, dos o tres palabras, no más: ¡el cerebro ya no puede hacer gramática!

Hoy entiendo por qué me marcó tanto otra publicación de Hecaen y Ajuriaguerra. Estos investigadores reunieron una docena de casos de niños cuyo lóbulo temporal izquierdo había sido arrancado como consecuencia de un accidente antes del final de su segundo año de vida, momento de la aparición del habla. Este lugar donde se cruzan neuronas temporales se ocupa primero de los sonidos, y luego se transforma en zona para el lenguaje a condición de que el entorno de los niños esté lleno de palabras. Con un lóbulo temporal izquierdo machacado por un accidente, los niños, lógicamente, no deberían haber hablado nunca a pesar de estar en contacto con producciones verbales. ¡Acabaron hablando todos! Más tarde, peor que los otros, con una sintaxis extraña, finalmente adquirieron este modo de relación humana porque una zona cerebral vecina, todavía sana, fue conectada gracias a las palabras y las imágenes que los niños percibían a su alrededor.[9]

Historia vital y elección teórica

¿Es posible que yo fuera sensible a esa publicación porque me interpelaba directamente? Oponiéndose al miserabilismo neurológico

---

9. Ajuriaguerra, J. de, Hécaen, H., *Le Cortex cérébral. Étude neuro-psychologique*, Masson, París, 1964; Naccache, L., «Plasticité neuronale et limites d'acceptation», en G. Boeuf (dir.), *Développement durable. Environnement, énergie et société*, Collège de France, 22 mayo 2014.

de la época (cerebro tocado, cerebro acabado), me decía que era posible no estar sometido a la fatalidad, que se puede encontrar una salida, una solución inesperada. También en psicología el miserabilismo entorpecía la investigación: «Un huérfano no puede salir adelante. ¿Qué quieren ustedes que haga sin familia? Hay que meterlo en un orfanato y que se calle. Es triste pero es su destino». La resignación cultural reforzaba el papel de la familia. Los niños no deben quejarse, no saben la suerte que tienen.

De hecho, esa publicación hablaba de mí, de mi deseo de salir adelante a pesar de las profecías de desdicha. Mi historia personal, de huérfano precoz en la Segunda Guerra Mundial, me volvió sensible a este tipo de razonamiento. Necesitaba esperanza y aquella publicación me ofrecía precisamente esto. Mis colegas, los otros internos, seguramente olvidaron aquel trabajo. No lo advirtieron, no lo captaron, no lo recordaron porque no lo necesitaban.

Julian de Ajuriaguerra precisaba durante sus cursos en el College de France:

> Si queremos superar las contradicciones entre lo que es de naturaleza biológica y lo que es de naturaleza psicológica, o incluso entre la psicología y la sociología, hay que estudiar al hombre desde el principio, no sólo en el plano de la filogénesis (la evolución de las especies), sino también en el plano de su propia ontogénesis (el desarrollo del individuo). Hay que tomar consciencia de lo que la naturaleza le ofrece, pero también de aquello que el hombre construye en el marco de su entorno.[10]

En sus investigaciones se encontraba el germen de lo que más tarde daría comienzo a mi camino hacia la etología y la resiliencia. Georges Devereux, etnólogo y psicoanalista, no dudaba en hablar de «zoo humano». Ajuriaguerra inició los razonamientos en términos de desarrollo, que tienen en cuenta los límites biológicos y también las construcciones culturales. Sus trabajos me enseñaban que se

---

10. Lección inaugural, Collège de France, 23 de enero de 1976.

puede salir adelante, a condición de cambiar de creencias. ¿Dependerían nuestras elecciones teóricas de nuestra historia vital?[11] Los acontecimientos que hemos sufrido, ¿pueden dar forma a nuestra alma y orientar nuestro recorrido intelectual hacia una solución del problema al que nuestra existencia nos ha hecho sensibles?

Admiré mucho a José Aboulker. Llegaba muy temprano al servicio de neurocirugía mostrando a propósito el diario comunista *L'Humanité* que leía para que todo el mundo pudiera verlo. Luego comenzaba su jornada de médico. Me gustaba mucho hablar con él, porque me compartía su gran sabiduría como si fuéramos iguales. Me dedicó un dosier sobre la estenosis del canal cervical, que él acababa de descubrir.[12] Leí el librito con placer porque amaba la neurología, porque Aboulker me lo había dedicado y porque los jugadores de rugby participaron involuntariamente en la investigación. A menudo los lunes visitábamos en la consulta a jugadores de rugby enormes como pilares, de espaldas anchas, inquietos porque sentían debilidad en los miembros, dolor en el brazo y una descarga eléctrica cuando agachaban la cabeza. El miércoles o el jueves, las molestias desaparecían, pero volvían el lunes siguiente después del partido del domingo. Aboulker comprendió que los choques durante la *melée*, al sacudir regularmente la médula espinal contra las vértebras, provocaban un edema. Cuando el canal de las vértebras cervicales era demasiado estrecho, los nervios comprimidos desencadenaban dolores y debilidad muscular. Yo admiraba a aquel hombre por sus grandes conocimientos, envidiaba ciertamente su poder de curación y me gustaba la simplicidad de sus relaciones. Un día fue invitado a China por Mao Zedong, que empezaba a sufrir dificultades neuromusculares y sólo aceptaba ser tratado por un neurólogo francés y comunista. A su vuelta, Aboulker,

---

11. Gauléjac, V. de, Seminario «Histoires de vie et choix théoriques», *Laboratoire de changement social*, Universidad Paris-VII-Diderot, París, *L'Harmattan*, «Changements sociologiques», 2004.

12. Aboulker, J., Metzger, J., David, M., Engel, H., Ballivet, P., *Les Myélopathies d'origine cervicale*, Masson, «Neurochirurgie», 1965.

tomándose su café mientras leía L'*Humanité*, no desmintió el rumor: el Gran Timonel, rígido como una plancha, sólo podía moverse ayudado por dos pequeñas chinas que no debían tener más de veinte años. Como le costaba mucho trabajo desplazarse, una de las jóvenes, a punto de estallar de risa, colocaba una butaca detrás del hombretón, mientras que la otra lo empujaba para que cayera encima de golpe. A Mao le costaba cada vez más entender las frases más simples, pero en París grandes personalidades defendían la Revolución cultural y difundían su pensamiento comentando *El Pequeño Libro rojo*. Después de Mayo del 68 era difícil evitar comentar sus ideas. Recuerdo que uno de mis amigos, acabado de nombrar para un puesto de responsabilidad en psiquiatría, explicaba sabiamente que el pensamiento de Mao había descubierto puntos de acupuntura en la lengua que permitían a los mudos recobrar la palabra. No pude explicarle que no era un problema en la lengua lo que le vuelve a uno mudo, sino un déficit auditivo que impide aprender las palabras. Imposible sorprenderse, prohibido argumentar, había que adorar los milagros provocados por la inteligencia del genial Mao. Su pensamiento maravilloso se difundía en los ambientes intelectuales como una epidemia psíquica difícil de frenar. José Aboulker sonreía y retomaba su trabajo de obrero especializado en neurología.

Una mañana, charlando durante el pequeño ritual «café-*Humanité*», soltó la siguiente frase sorprendente: «Este artículo me recuerda aquel día que con Jean Daniel[13] permitimos a los americanos desembarcar en Argel». La mañana pasó como de costumbre, pero a la hora del almuerzo en la sala de guardia le pregunté a Elisabeth Adiba, expulsada de Argelia en 1962, si ella había oído la misma frase que yo. Me contó que José venía de una familia argelina de varias generaciones de profesores de medicina y militantes de izquierda. Desde 1941, José, estudiante de medicina de 22 años, organizó una red de resistencia. Fue contactado por Emmanuel d'Astier

---

13. Jean-Daniel Bensaïd, estudiante de letras, se convirtió en redactor de la revista *Le Nouvel Observateur*.

de la Vigerie, militante de Acción francesa, valientemente opuesto al nazismo. Estos dos jóvenes, que se apreciaban a pesar de sus compromisos diferentes, se asociaron para ayudar a los norteamericanos a desembarcar en Argel. La marina de los Estados Unidos quería entrar en el puerto donde los esperaban los cañones de la Wehrmacht. Era absolutamente necesario comunicarse por radio para orientar su desembarco hacia una playa sin soldados. Sólo hubo una baja norteamericana, mientras que sin José y Jean Daniel, sin duda, hubiera habido muchas más. Armado con una ametralladora, José se apoderó de la oficina de correos, desde donde pudo enviar la información. Junto con 400 jóvenes resistentes, rodeó la residencia del general Juin, entonces comandante de las fuerzas de Vichy. (En el año 1943, este general tomará el mando del ejército de liberación, saldrá victorioso en Garigliano y será nombrado mariscal de Francia). Una gran mayoría de aquellos jóvenes eran judíos, ya que el gobierno de Argelia aplicó intensamente las leyes antijudías de Pétain, a pesar de que los alemanes no habían insistido a este respecto. En Marruecos, por el contrario, el rey Mohamed V rechazó aplicarlas, diciendo que no metería en prisión a ciudadanos marroquíes inocentes. Los judíos marroquíes veneraron al rey y militaron por la independencia del país hasta su expulsión en 1956.

A pesar de la radicalidad de su compromiso contra el nazismo, José Aboulker siempre conservó su libertad de pensamiento. Jean Daniel declara: «Me dijo que en un momento en que se retiraba la ciudadanía a francmasones, comunistas y resistentes, no convenía hacer judeocentrismo».[14]

Su hazaña en la Resistencia provocó el arresto de Aboulker por parte del ejército francés opuesto a de Gaulle y su deportación a un campo al sur de Argelia. Desde su liberación se apresuró a unirse a de Gaulle en Londres. El 10 de julio de 1945 declaró asumir la defensa de los musulmanes oprimidos por los partidarios de la Argelia francesa.

---

14. Bensaïd, J.-D., *La Lettre des amis de la Commission de contrôle de l'enfance* (CCE), n° 91, diciembre de 2013.

La historia de José Aboulker, hombre de buena voluntad, permite responder a la pregunta de Vincent de Gauléjac: «¿Están nuestras elecciones teóricas orientadas por la historia de nuestras vidas?» Cuando el cirujano propone una teoría del canal cervical estrecho en el que la médula espinal hinchada aplasta los nervios, construye una representación de imágenes radiológicas y términos médicos que designan un objeto natural que funciona mal. Pero cuando José secundaba una teoría comunista, era para oponerse a una teoría nazi que, a su vez, había construido una representación verbal en la que ciertos hombres eran considerados superiores a otros, otorgándose así el derecho a exterminarlos.

Cuando el cirujano habla de «estenosis de canal cervical», construye un sistema coherente de hipótesis y conocimientos que otros investigadores pueden confirmar o refutar. Sus palabras, en este caso, construyen una representación teórica que designa un objeto, «canal cervical», que existiría en el mundo real aunque el observador nunca lo hubiera descubierto. Pero el origen de su compromiso contra el nazismo y a favor de la causa de los musulmanes argelinos hay que buscarlo en su historia personal, su identificación con su padre y la tradición familiar de defensa de los argelinos. En este caso las palabras de José construyen una teoría que designa, no sólo una cosa, sino también una representación social, un relato que organiza su manera de vivir en sociedad.

Hibernación del cerebro y de las ideas

En los años 1960, las operaciones en el cerebro duraban mucho tiempo y las dosis necesarias de anestésicos a veces tenían graves efectos secundarios. Los cirujanos temían los choques operatorios. Henri Laborit, cirujano de la marina en Val-de-Grâce, y Pierre Huguenard, anestesista en París, se dieron como objetivo la reducción de las dosis preparando al enfermo antes de la operación. Huguenard nos enseñaba a preparar lo que él llamaba un «cóctel lítico» compuesto de Largactil, Dolosal (derivado de la morfina) y Fenergan. Le llamábamos el «barman» y él nos decía, en su lenguaje llano: «Si preparáis bien el cóctel podremos hacer una anestesia general sin anestesia».

Laborit, más discreto, proponía otra estrategia. Como sabía que a mí me interesaba la etología animal, me explicó que la hibernación, facilitando la disminución del metabolismo basal, reducía el consumo de energía. Al bajar la temperatura del cuerpo de los pacientes disminuía el número de choques operatorios. Entonces, cubríamos a los enfermos con mantas dobles en las que introducíamos cubitos de hielo. Su temperatura descendía hasta los 30 grados, cosa que, en efecto, reducía los choques. Hasta el día en el que Huguenard se dio cuenta de que el Largactil a pequeñas dosis bajaba la temperatura hasta 33 grados, lo cual era suficiente para evitar accidentes y permitía no congelar a los enfermos.

Me acuerdo de un paciente originario de la isla de la Reunión, portador de un enorme meningioma, tumor benigno que al crecer aplasta las estructuras cerebrales circundantes, con lo que deja de ser benigno. El hombre estaba aterrorizado ante la idea de que le abriéramos la cabeza y le despedazáramos el cerebro. Después de unas horas de «cóctel lítico», dijo: «Ya no siento angustia. Hasta me sorprende la indiferencia que me produce que me abran la cabeza». Laborit y Huguenard, tras constatar que el 4560 R.P. (futuro Largactil) bajaba la temperatura y calmaba la angustia, propusieron su prescripción para combatir el dolor físico intenso.

Una enfermera le pidió al doctor Morel-Fatio que le «arreglara» la nariz. Estaba aterrorizada porque, durante otras intervenciones en la cara, había visto la nariz rota a golpes de martillo, la sangre a borbotones, la cabeza sacudida por el choque. En aquel entonces, la anestesia se administraba a través de una máscara para el éter y los medicamentos, lo que constituía un obstáculo para las operaciones en la cara. Huguenard propuso un cóctel parecido al que nos había enseñado. Después de la intervención la paciente, que no se había dormido, contó que sentía los golpes de martillo y los cortes del cincel «como si se hubiera tratado de la nariz de otra, me daba igual».[15]

La molécula de fenotiazina, que luego se sintetizaría para crear el Largactil, formaba parte de un programa de investigación en colorantes. En los Estados Unidos estuvo en estudio como insecticida. Los investigadores franceses descubrieron sus propiedades antihistamínicas en las alergias. Antes de la guerra, algunos alienistas, tras constatar el efecto adormecedor del Fenergan, lo administraron a los enfermos mentales agitados. Huguenard y Laborit lo usaron para disminuir los anestésicos en las operaciones quirúrgicas y provocar la sorprendente indiferencia de los operados ante su propio sufrimiento. Pero fue Deniker, con su talento, al disociar el Largactil de otros medicamentos que enmascaraban su efecto, quién constató que los psicóticos, acongojados por sus alucinaciones, se calmaban, deliraban menos y aceptaban tratar de comprender sus pesadillas cuando un psicoterapeuta les ofrecía ayuda.

Un producto químico, el Largactil, provocó una revolución en la forma de pensar la mente y de cuidar a los enfermos mentales. Sin Laborit, que con su olfato aisló el producto diciendo: «Yo no busco, encuentro», sin el compromiso de Huguenard con sus enfermos, sin el rigor de Delay y Deniker en el hospital Sainte-Anne y sin retahíla de médicos desconocidos cuyos conocimientos estaban más cerca de la artesanía que de la ciencia, esta molécula habría permanecido en los armarios de los laboratorios. Aislados en sus edificios, cortado todo contacto con los enfermos, aquellos verdaderos científicos jamás habrían sospechado los efectos psíquicos de este producto.

Una mañana, David reunió en su despacho a los catedráticos y asistentes del servicio para hablar de Huguenard. No salió una sola palabra de su boca, pero cuando vi su semblante grave me dije que no era fácil tener ideas nuevas y un carácter firme. Huguenard vació su despacho, llenó unas cajas y se fue a instalar en otro hospital. Creo que a Baujon.

---

15. Thuillier, J., *La Folie. Histoire et dictionnaire, op. cit.*, pág. 186.

Trauma y cambio de teoría

Xavier Emmanuelli ignoraba que gracias a aquel «traslado» su vida de médico pendenciero iba a cambiar. Después de navegar como médico de la marina mercante, después de curar a los mineros de Merlebach, conoció a Huguenard y entonces todo cambió. Él es un caso que también confirma que sus elecciones teóricas fueron influenciadas por su experiencia vital. Después de ser nombrado Secretario de Estado para la acción humanitaria de urgencia por Jacques Chirac, su fe cristiana latente despertó. Al principio de sus estudios de medicina, Xavier dedicaba gran parte de sus jornadas al jazz, a los cómics y al compromiso social. Dibujaba monigotes suspendidos en un muro al que se adherían por la nariz y los dedos, lo que sin duda resultaba humorístico. Su padre era un médico de familia de los que ya no se encuentran. Instalado en La Varenne, en las afueras de París, generoso con su tiempo y esfuerzo, se levantaba casi todas las noches y, cuando hacía falta, no dudaba en atender a los pacientes en la calle. Xavier se identificó con este cuidador. Cuando era niño soñaba con ser el doctor Schweitzer. La guerra era el pan de cada día en los años 1940: batallas aéreas, movimientos de tropas y persecución de judíos. Sus padres escondieron a una niña hasta el final de la guerra: «En el memorial de Yad Vashem están los nombres de mi padre y de mi madre. Obtuvieron el diploma de honor a los justos gracias a la pequeña Teresa». Este comentario de Xavier revela su personalidad: ¡es él quién da las gracias a Teresa por honrar a sus padres! «Sobre la tumba de mi padre en el pequeño cementerio de Zalana, en la montaña de Córcega, descubrimos [...], una pequeña vasija de porcelana bajo los helechos donde se leía: "Me acuerdo". Fue Teresa quien la hizo poner ahí».[16]

Cuando Xavier se convirtió en médico, siguió su camino creando Médicos Sin Fronteras (MSF) con Bernard Kouchner. En esta medicina de destacamento se requieren la técnica médica, la reflexión

---

16. Emmanuelli, X., *S'en fout la mort*, Les Échappés/Charlie Hebdo, París, 2012, pág. 24.

filosófica y el compromiso social, por supuesto comunista en los años 1970.

Bernard Kouchner tenía la mismas motivaciones, pero con un estilo diferente. Guapo como un actor de Hollywood, elegante con sus abrigos de cuello de pana, recuerdo que vendía a gritos el periódico de los estudiantes comunistas, *Clarté*. Pero como no estaba de acuerdo con el contenido de los artículos, a veces defendía ideas opuestas a las que vendía. Creo que jamás abandonó su posición intelectual cuando se le reprochó haber cambiado. Cuando el contexto cambiaba, él conservaba su libertad de pensamiento. Permanecer fiel a ideas que, tras el informe de Kruschev [?] en el vigésimo Congreso del Partido comunista (1956), ya no aprobaba, eso es lo que para él hubiera sido traicionarse.

Xavier se volvió crítico más tarde, en 1976, cuando vio en Saigón el asalto final de las tropas comunistas: «Estaba profundamente traumatizado porque ahí, sobre el terreno y siendo simpatizante norvietnamita, asistí a una invasión comunista. Lo que descubrí no se correspondía para nada con lo que [el partido comunista] contaba en Francia [...] me sentí maltratado».[17]

Estas elecciones teóricas son muestras de reacciones emocionales a relatos contextuales: cuando oímos las teorías nazis, seamos cristianos o judíos, tenemos que encontrar deprisa una contrateoría para oponerla a este programa de desprecio que legitima el crimen. Pero cuando llega la victoria, en parte gracias a los comunistas, y descubrimos que ésta también puede volverse totalitaria, hay que cambiar otra vez. La reacción emocional es la misma, toda dictadura es insoportable, y así la libertad de pensamiento queda preservada. Es por fidelidad a sí mismo por lo que uno tiene que oponerse a la teoría que ayer defendía. Cuando una teoría evoluciona hacia la dictadura, aunque al principio hablara de libertad, quienes siguen apoyándola revelan su sumisión y su pérdida de juicio.

---

17. *Ibíd.*, págs. 79-80.

Estas guerras teóricas no son de la misma naturaleza que las teorías científicas que buscan constituir, fuera de ellas, un objeto de ciencia. Al ser descubierta, la estenosis del canal cervical no designaba el mismo objeto que el desapego mental provocado por el Largactil. El objeto «estenosis del canal cervical» era un objeto clínico construido con palabras que describían una debilidad muscular, fogonazos dolorosos en los brazos y una descarga eléctrica al flexionar la nuca. Otra parte de este objeto estaba compuesta de imágenes radiográficas de la columna vertebral y de tomografías que mostraban secciones de las vértebras.

Pero no se debe creer que un objeto científico, preparado en un laboratorio, o un objeto clínico obtenido sobre el terreno, sea un objeto puro a salvo de las reacciones emocionales o las recuperaciones ideológicas. Cuando Aboulker, Metzer y el pequeño equipo de la Pitié descubrieron la estenosis del canal cervical, provocaron una oleada emocional que dio nacimiento a una serie de teorías pintorescas. En los años 1960, bajo el impulso de Alexandre Minkowski, se empezaba a descubrir la vida de los fetos. Muchas personas que no eran científicos ni clínicos oyeron hablar de publicaciones que luego jamás leerían. Integraron el descubrimiento de la existencia de la estenosis del canal cervical con la vida de los fetos para hacer su propia teoría: la impotencia muscular y los dolores cervicales se explican por una mala posición de la cabeza durante la vida intrauterina, afirmaban. El bebé ha tenido el cuello torcido durante varios meses. Basta con enderezarlo imponiendo al adulto una posición inversa para restablecer la libre circulación del líquido cefalorraquídeo y así hacer desaparecer los síntomas molestos.

Entonces asistimos a la creación de pintorescas escuelas que organizaban cursillos para enderezar las vértebras cervicales. Tuvieron mucho éxito, por supuesto, creían de verdad en la idea que se hacían de la estenosis de canal cervical. Los partidarios de estas teorías se enfadaban cuando se argumentaba contra ellas, porque la mínima duda cuestionaba la suerte de haber encontrado un tratamiento verdadero, menos agresivo que el de los cirujanos y más natural. Y como era necesario aportar pruebas para dar a su fantasiosa teoría una apariencia racional, alimentaban sus explicaciones con referencias que circulaban por todas partes sobre la posición intrauterina del feto y la circulación de los fluidos cerebrales.

Os podéis imaginar, por tanto, que una teoría que dice que una sustancia llamada 4560 R.P. provoca un desapego mental que permite sufrir menos del terror causado por las alucinaciones no pudo ser recibida sin cierta conmoción. Toda reacción emocional necesita encontrar una racionalización, una razón aparente cuya única función es dar forma a una impresión. Pobre del que ose no pensar como todo el mundo, será visto como un agresor.

Siempre ha sido así. Cada nueva forma de pensar el sufrimiento ha provocado hostilidad. En la época en que el matrimonio no servía sino para fabricar lo social, era lógico pensar que un niño nacido fuera de él debía de tener algún tipo de malformación o estar atormentado. Su sufrimiento servía como prueba de la necesidad moral de casarse. Los bastardos entregados a una nodriza morían pronto más de la mitad de las veces. Se los maltrataba, se humillaba a los supervivientes que salían del orfanato e iban directos al correccional, para acabar en el ejército, donde un brutal instructor los enviaba a una muerte segura. Su mal desarrollo, sus relaciones difíciles confirmaban la inmoralidad de su existencia. Había que evitarlos, castigarlos o mandarlos a batallones disciplinarios. Su desesperación era consecuencia de la inmoralidad de su madre. Los niños con malformaciones eran a menudo maltratados, pues, al ignorar el origen biológico de la enfermedad, se creía que eran el resultado de la cólera divina. En tal contexto de creencias, quien dijera que los niños sufrían de privación educativa o de carencia afectiva corría el peligro de ser agredido.

En el siglo XIX, la sífilis hacía enfermar a una parte importante de la población. En los años 1950, el chancro blando o las enfermedades de la piel debidas a una enfermedad venérea provocaban el rechazo del enfermo y su vergüenza. Éste no osaba consultar al médico por miedo a ser objeto de su desprecio. Los enfermos evitaban a los médicos y los charlatanes hacían fortuna sanando por correspondencia mediante productos inútiles. ¡La penicilina acabó con la vergüenza de tener una enfermedad venérea! Modificó los relatos culturales mostrando que se trataba de una enfermedad infecciosa y no un castigo por una falta sexual. No obstante, «la enfermedad mental, que tomó cuerpo en este siglo en el que nace la clínica»,[18] ha conservado este hedor a falta. No se reconocen las depresiones, aun cuando sean normales tras una serie de acontecimientos catastróficos. Se esconden sus síntomas, se sufre en secreto, pues la confesión de trastornos psicológicos añadiría la vergüenza a una desesperación lógica. Entonces, ¿cómo queréis que se hable de la *bouffée* delirante aunque ya esté curada? Un pedazo entero del mundo psíquico es inabordable por vergonzoso. En un contexto cultural en el que se da al sufrimiento una función redentora, es lógico atribuir la causa del sufrimiento a una falta. No sólo se sufre sino que además, cuando se pide ayuda, a uno le dicen que es culpable. Luego, se dirá que nuestra madre es la causa de nuestra desdicha y, después del Mayo del 68, será la sociedad la fuente del sufrimiento psíquico. Durante algunos años, los estudiantes tenían que leer libros donde se les explicaba que el capitalismo era la causa de la esquizofrenia.[19] Sea cual sea el origen del mal (pecado sexual, transgresión moral, culpabilidad materna o capitalismo) estábamos estancados en el universo de la falta.

Cuando nos acostumbramos a estas ideas-reflejo, creemos pensar, mientras que no hacemos más que reaccionar. En los años 1950 hubo una campaña sanitaria a favor de lavarse los dientes. No me creeréis cuando os diga que se crearon varias asociaciones para oponerse a ello. En el instituto, algunos profesores indignados interrumpían sus lecciones para explicarnos que morder una manzana era suficiente para limpiar la boca y que cepillarse los dientes solo era útil para los vendedores de cepillos. La novedad provoca indignación cuando no se comprende su utilidad. Cuando trabajaba en el

---

18. Perrot, M., «Drames et conflits familiaux», en P. Ariès, G. Duby, *Histoire de la vie privée*, Seuil, París, 1985-1987, tomo 4, págs. 268-271.

19. Deleuze, G., Guattari F., *L'Anti-OEdipe. Capitalisme et schizophrénie*, Minuit, París, 1972.

centro médico-social de La Seyne, el doctor Raybaud me contó que en los años 1950, siendo él médico externo en el hospital de Toulon, la difteria mataba a muchos niños porque las membranas faríngeas del crup[20] los asfixiaban. El joven estudiante tomaba el tren por la mañana para ir a Lyon al Instituto Mérieux a recoger el suero anti-diftérico. Pero por la noche, cuando llevaba los preciosos frascos, debía abrirse paso a través de la multitud de manifestantes que se oponían a que se pinchara los cuerpos de los niños con agujas para administrar el producto. La militancia en contra de las vacunas proviene de la misma actitud. Después de atenuarse un poco, hoy día ha revivido de nuevo, legitimada por unos pocos accidentes graves. La hostilidad sistemática hacia los laboratorios farmacéuticos, legitimada por algunos excesos, hace olvidar que gracias a ellos vivimos mejor.

Cuando se propone una novedad se atropellan las costumbres del pensamiento. Las mentalidades se alborotan aún más cuando la innovación obliga a cambiar el razonamiento y a aceptar la inverosimilitud de un descubrimiento que nos quiere hacer creer que una sustancia palpable modifica el psiquismo invisible, no mensurable y por añadidura oculto en el mundo de la falta, la vergüenza o la locura. Cuando el descubrimiento es debido a una súbita comprensión y a la serendipia, tan sólo puede provocar reacciones suspicaces.

Azar científico e industria

De nuevo, fue el «azar significante» de la serendipia el que permitió la síntesis del haloperidol, producto que curó en algunos días a la joven paciente que veneraba a un toro de plástico.

En 1958 Paul Janssen trabaja en su empresa de farmacia, cerca de Amberes. Oye decir que los ciclistas que habían tomado anfetaminas manifiestan síntomas curiosos: no dejan de pedalear al poner los pies en el suelo, se quedan pasmados y dicen cosas raras. Se

---

20. N. del T,: Laringotraqueobronquitis.

sabía que los grandes escritores que habían ingerido tubos enteros de Corydrane (anfetamina de venta legal en aquel entonces) habían sufrido episodios delirantes en los que se inspiraron para escribir sus libros.[21] Si Janssen hubiera sido psiquiatra, habría hablado de confusión provocada por un producto tóxico y no de esquizofrenia. No obstante, este falso diagnóstico lo llevó a concebir la idea de buscar un antagonista químico de la anfetamina para curar a los esquizofrénicos.

Algunos psiquiatras belgas evaluaron los efectos del haloperidol y concluyeron que la agitación y el delirio desaparecían sin atontar al enfermo. El profesor Jean Bobon, que estaba experimentando con haloperidol, habló de milagro y, algunos años más tarde, consiguió convencer a las autoridades de que era necesario abrir los servicios de psiquiatría, crear talleres de arte y de música para relajar a los esquizofrénicos. Incluso la arquitectura de los centros fue modificada. En lugar de construir espacios cerrados, a partir de entonces había que hacer «viviendas protegidas» con jardines, cocinas y actividades cotidianas para enseñar de nuevo a los pacientes a vivir con normalidad.

Nunca más vi a mi milagrosa joven del haloperidol y el toro divino. El milagro está en otra parte. Este acontecimiento imprevisto permitió pensar la locura con otras palabras, distintas de «alienación», «reclusión» o «peligrosidad». El simple hecho de ya no tener miedo de los enfermos y de hablarles humanizó la locura. Los servicios cerrados, los enormes manojos de llaves, los cuidadores con ojeras causadas por las dificultades con los locos, la paja en los dormitorios, todo ello se volvía impensable, pues respondía a unas creencias anteriores que decían que los locos eran peligrosos y que no se les podía entender al estar enajenados.

Acababa de nacer una nueva forma de ver la locura. Desde hacía tiempo sabíamos que ciertas sustancias provocaban alucinaciones, como una especie de viaje al país de la locura de donde se

---

21. Rowley, H., *Tête-à-tête. Beauvoir et Sartre, un pacte d'amour*, Grasset, París, 2006.

podía volver. Una pesadilla, un sueño extraño, el pavor de aquellos que han visto la muerte. Todo ello servía de ritual iniciático para sacerdotes, hechiceros y héroes de todas las culturas que consumían extracto de setas como la mezcalina o la psilocibina para impresionar a los no iniciados. También sabíamos que el alcohol, el cornezuelo y otras sustancias podían provocar trastornos psiquiátricos pasajeros. Pero después del descubrimiento del Largactil y del Haloperidol, queríamos pensar que la industria farmacéutica sabría fabricar verdaderos medicamentos contra los trastornos psiquiátricos. Los descubrimientos estaban en armonía con el discurso dominante, que glorificaba los avances científicos gracias a la triunfante industria. Gracias a nuestros progresos, íbamos a curar las enfermedades, a suprimir las injusticias sociales y a trabajar para la felicidad de todos.

Roland Kuhn, psiquiatra suizo y modesto médico en el hospital de Münsterlingen, se convenció de entrada de que una fórmula química podía curar la locura. Prescribiendo el Largactil, constató el alivió de numerosos delirantes agitados y bautizó con el nombre de «cura» este cambio de expresión clínica. El Largactil empezó a escasear debido a su alto coste y el médico pidió al laboratorio Geigy que le proporcionara una molécula análoga. El laboratorio le dio una molécula diferente que tiene un efecto distinto: la imipramina. Roland Kuhn advirtió su efecto antidepresivo y publicó en 1957 la cura de quinientos casos de melancolía.

En las mismas fechas Nathan Kline, un psiquiatra neoyorquino, publicó en el *New York Times*, un diario no científico, un artículo en el que hablaba del efecto euforizante de la iproniazida.[22] En los sanatorios ya se había observado que cuando sus pulmones les provocaban dificultades respiratorias, los tuberculosos empezaban a bailar, a interesarse por los debates culturales y a vivir intensas aventuras amorosas.[23] Kline atribuyó a un medicamento lo que se

22. Missa, J. N., «Histoire des sciences», *La Recherche*, n° 407, 31 de marzo de 2007.

23. Mann, T., *La Montagne magique*, Fayard, París, 1931.

debía a un entorno cerrado, fuera de la sociedad, en el que se festejaba con urgencia antes de morir. En este contexto científico e industrial donde los relatos explicaban el milagro de una molécula curativa del alma, se atribuyó a la iproniazida el efecto euforizante. Por otra parte, este medicamento constituyó una verdadera victoria en la cura de la tuberculosis. Entonces se llamó a estos remedios «antidepresivos».

En efecto, la cosa funcionaba: las alucinaciones eran menos intensas, los psicóticos creían menos en sus elaboraciones delirantes. Funcionaba, ¿pero cómo?

No había sido el método científico lo que produjo estos notables resultados. Las primeras publicaciones no habían sido hechas en revistas controladas por especialistas. La serendipia abrió una nueva forma de pensar la psiquiatría. Mirar la locura de otra manera fue un progreso indiscutible, un alivio para todo el mundo. Pero una mejora no significa una mejor comprensión. Después de todo, ¿es necesario comprender?

El problema es que no podemos evitar teorizar. Nos podríamos haber quedado ahí, con el progreso artesanal, pero enseguida construimos un sistema de conceptos en el cual se explicaba que todo sufrimiento psicológico se debía a una causa metabólica: «Una nueva puerta se abre. Nos dará acceso a los mecanismos y a los tratamientos de la esquizofrenia y puede que también de ciertas neurosis», decía Nathan Kline, eufórico por su descubrimiento del efecto antidepresivo de un medicamento para la tuberculosis.[24]

Se podría haber hecho la misma comprobación describiendo el efecto euforizante del Cortancyl (una cortisona sintética), del vino y de mil otras sustancias, pero este descubrimiento casual provocó una avalancha de publicaciones de psiquiatría biológica donde los científicos buscaban la fórmula química precisa que modificaba el neurotransmisor causante de un trastorno mental específico. Se pa-

---

24. Ayd, F. J., Blackwell B., *Discoveries in Biological Psychiatry*, Philadelphia, Lippincott, 1970.

saba directamente de la hipótesis a la conclusión. Recuerdo haber leído, en una excelente revista profesional, un artículo que sostenía que el Neuleptil, un neuroléptico compuesto de propericiazina-hidroxi-4-dideridina-3-propil-10-fenotiazina-carbonitrilo-2, curaba la neurosis obsesiva.

Yo sentía mucho aprecio por Édouard Zarifian. Le conocí en 1967 cuando él aún era un joven interno en Sainte-Anne, en el servicio de psiquiatría de Delay y Deniker. Enseguida nos hicimos amigos, porque teníamos la misma forma de preguntarnos por el misterio de la mente. El cerebro, por supuesto necesario, es insuficiente para explicar la totalidad del mundo mental. La función afectiva de la palabra y el sentido que nuestra historia atribuye a los acontecimientos invitan al psicoanálisis a participar en el debate. Y como un ser humano no puede desarrollarse ni expresarse fuera de su cultura, debíamos pedir su opinión a sociólogos.

Cuando en 1971 fui nombrado responsable del centro de recuperación de Revest, cerca de Toulon, Zarifian me enviaba pacientes y reunía dosieres de análisis biológicos y comentarios farmacológicos rigurosos, pues su carrera universitaria se orientaba hacia la psiquiatría biológica. Después de ser jefe de clínica en el templo de la naciente psicofarmacología, se unió a un gran laboratorio privado. Rodeado de verdaderos científicos y disponiendo de excelentes condiciones de trabajo, decidió dejar el laboratorio porque no soportaba que los comerciales intervinieran en sus orientaciones terapéuticas. Durante veinte años, tuvo grandes responsabilidades en psiquiatría biológica. Creó laboratorios y puestos de investigación, organizó encuentros y publicó en revistas de biología. Como era el psiquiatra francés más apreciado en el extranjero, ayudó a muchos jóvenes colegas a encontrar un lugar en los Estados Unidos y a veces hasta a convertirse en profesores de universidad.

Yo creía que él había escogido el campo de la psiquiatría biológica renunciando al psicoanálisis. Me equivocaba. Tras veinte años de responsabilidades publicó: «Me di cuenta de que esto [la psiquiatría biológica] no había aportado nada a la psiquiatría. Sólo ha contribuido a un mejor conocimiento a nivel neurológico, pero no a la comprensión del psiquismo».[25] Lo cual no significa que rechazara la neurología, ni tampoco a los laboratorios farmacéuticos que hacen bien su trabajo, simplemente se oponía «al mercado de la depresión y al recurso exclusivo al modelo médico».[26]

Incongruencia entre la psiquiatría y la cultura

En los hospitales psiquiátricos, antes de los años 1960, la farmacia no disponía más que de algunos comprimidos de aspirina, dos o tres antibióticos y un poco de Gardenal para los epilépticos. Los médicos de los hospitales psiquiátricos no se ocupaban de la locura, que entonces se creía incurable. Cuando aparecieron los primeros psicotropos, los servicios cerrados se volvieron silenciosos, cosa que constituyó un inmenso progreso. Las familias y los cuidadores sintieron una enorme gratitud por este alivio. Pero quienes no habían conocido el ambiente feroz de los antiguos hospitales hablaron de «silencio de muerte». Los propios «enfermos» contaban que padecían menos de sus delirios y alucinaciones, pero que no soportaban el vacío mental y la lentitud corporal. Todo el mundo tenía razón. Los neurolépticos, aportando alivio, apagaban la mente. Habría hecho falta, enseguida, pasar a la etapa siguiente del tratamiento, es decir, organizar actividades físicas, crear talleres, reunirse para escuchar música y hablar, con el fin de iniciar nuevas relaciones humanas y adaptarse a otra vida mental.

La cultura de la gente normal se empleó a fondo para frenar este progreso. Simone de Beauvoir ironizó preguntando como podía la rafia curar la esquizofrenia. Christian Delacampagne tuvo su momento de gloria refiriéndose a la *policiatría*: «Esta razón totalitaria, razón de psiquiatras, razón que objetiva para excluir, tiene una fe-

---

25. Zarifian, E., «Neurosciences et psychismes: les risques et les conséquences d'un quiproquo», en «Le marché de la souffrance psychique», *Cliniques méditerranéennes*, n° 77, 2008 y *Perspectives Psy*, vol. 52, n° 1, enero-marzo 2013.

26. Zarifian, E., «Entretien avec Pascal Keller», *Psychomédia*, n° 2, 2005.

cha precisa de nacimiento [...] el triunfo de la burguesía y el cambio hacia el capitalismo».[27] Para el filósofo, es el psiquiatra el que condena al sublevado cultural haciéndole pasar por un enfermo mental a quien hay que neuroleptizar. Esta idea flotaba en el ambiente cuando Miloš Forman provocó una epidemia de odio contra la psiquiatría, precisamente cuando ésta se estaba volviendo terapéutica. Cuando vi su película *Alguien voló sobre el nido del cuco*,[28] quedé encantado, estuve enganchado a la intriga durante toda la proyección. El drama explicaba la historia de un violador que, para escapar de prisión, se hace internar en un hospital psiquiátrico. Simpatiza con los internos cuyos comportamientos son amablemente locos, lo que le permite comprender que la más loca es la enfermera jefe que tiraniza a los enfermos. En nombre de la normalidad social, castiga la más mínima rebelión, primero con medicamentos, luego con electrochoques y al final con una lobotomía. La epopeya se termina cuando un indio enorme y amable destroza el pabellón, ahoga a su amigo transformado en vegetal lobotomizado y se escapa entre la bruma. Entusiasmado por el tema representado, la historia me sobrecogió, pero cuando encendieron las luces y vi los ojos enrojecidos y llenos de lágrimas de los otros espectadores, me dije que jamás les podría explicar que la realidad cotidiana de los hospitales psiquiátricos nada tenía que ver con esa conmovedora ficción.

La película mostraba un problema real, pero no se trataba de un problema psiquiátrico. En la misma época, se publicaron una serie de libros en los que el autor explicaba su infierno en una casa de locos.[29] El propio guión alimentaba esta corriente de ideas: un inocente mentalmente sano es hospitalizado en una casa de locos a consecuencia de una conspiración en su contra. Este truco novelesco permitía exponer una situación real: usando como decorado los

---

27. Delacampagne, C., *Antipsychiatrie ou les Voies du sacré*, Grasset, París, 1974; y Bouveresse, R., *Revue philosophique de Louvain*, vol. 78, n° 38, 1980, págs. 321-324.

28. Forman, M., *One Flew Over the Cuckoo's Nest*, filme de 1975.

29. Cervetto, J. M., *Quatre ans dans l'enfer des fous*, France Loisirs, París, 1973.

comportamientos extraños de los dementes, quería describir el funcionamiento de un sistema totalitario. Las personas normales imponen su ley y los medicamentos punitivos a los rebeldes. Luego recompensan a los sumisos.

Ésta era la apuesta de Miloš Forman. Cuando fue invitado a Hyères con ocasión del estreno de su película, explicó que había quedado fascinado por el cinismo de una mujer jefe de equipo en unos grandes almacenes. Humillaba a las vendedoras con su comportamiento despectivo. Los empleados se dejaban hacer, sumisos, para no perder su empleo. Necesitaban la paga a final de mes y toda rebelión, que podría haberles devuelto un poco su dignidad perdida, habría tenido un precio demasiado alto. Entonces bajaban la cabeza y dejaban que la jefa de equipo gozara del poder que su puesto le confería. Recientemente, en Brasil, oí a Miloš Forman declarar que esta película era una alegoría del sistema comunista. No fue así como fue recibida. Esta inteligente ficción provocó decenios de odio hacía la psiquiatría. Miloš tenía, no obstante, razón. Yo vi este fenómeno de dominación cínica en el ejército, en los hospitales de medicina general y sobre todo en las grandes instituciones del Estado. El odio contra los psiquiatras surgió en una época en que, al fin, empezaban a poder sanar. La cultura estaba llena de historias terribles de internamientos abusivos (extremadamente raros, al ser los controles médicos y administrativos tan frecuentes). Precisamente cuando los medicamentos y los esfuerzos de los profesionales permitían devolver un poco de libertad a un número creciente de psicóticos, los rumores los acusaban de encarcelamiento. Vi a menudo a esquizofrénicos, calmados por la desaparición de sus alucinaciones, rechazar la decisión del psiquiatra que les autorizaba a salir. Aterrados por la vida en sociedad, preferían el asilo. Protestaban diciendo que era en la sociedad donde se sentían lobotomizados por los normales, a quienes temían, y no en el asilo, donde estaban protegidos.

Édouard Zarifian me daba cita a veces en un excelente pequeño restaurante en el boulevard Saint-Germain, cerca del Instituto del mundo árabe. El cocinero venía a charlar con él (se daban consejos entre profesionales). Édouard me introdujo en el Club del amante del Bordeaux, allí fui el sucesor de Jean-Paul Kaufmann, quien a su vuelta del Líbano, donde había sido secuestrado, decidió cambiar de vida. Yo no tenía ni idea de vinos, de modo que era un alumno perfecto. Estaba deslumbrado por el virtuosismo sensorial del maestro, que sabía reconocer un vino, decir su añada y citar los platos que se maridaban bien con él. Édouard bebía poco pero hablaba bien, como todos los participantes del Club. El sociólogo Claude Fischler demostraba que cuanto más culinaria era una cultura, menos obesos había en ella.[30] El muy serio Mac Leod proponía un protocolo experimental para la medición de los sabores, que nosotros nos dedicábamos a sabotear porque preferíamos el simple ordenamiento de los sabores y las palabras. En aquel grupo no se bromeaba con el placer.

Con Édouard, hablábamos de la evolución de la psiquiatría o más bien de su nacimiento. La disciplina no tenía ya nada que ver con la de los alienistas de antes de la guerra. Zarifian cantaba las alabanzas de Michel Onfray. Habéis leído bien. Me explicó sus intercambios filosóficos durante sus justas culinarias, en las que cada uno lucía sus inmensos conocimientos. De comida en comida, me percaté de la duda que atenuaba su estima por el filósofo. Creo que esto coincide con la época en que Zarifian, decepcionado con la psiquiatría biológica, redescubría el psicoanálisis, mientras que Michel Onfray, decepcionado por el psicoanálisis, habría deseado una psiquiatría más científica y filosófica. Sus caminos se cruzaron. Aconsejé a Édouard que invitara al restaurante a Patrick Pageat, un joven veterinario cuyo espíritu científico yo admiraba y a quien quería integrar en un grupo de investigación. A la comida siguiente, Édouard fue categórico: «No hay que antropomorfizar a los animales prestándoles un mundo humano».

Su juicio no admitía discusión. Antaño, los grandes jefes invitaban a su casa, una vez por semana, a los internos de su servicio para

---

30. Fischler, C., *L'Omnivore*, Odile Jacob, París, 1990.

fichar a aquél a quien luego delegarían algunas responsabilidades. Édouard Zarifian —signo de los tiempos— hacía este trabajo de orientación en un excelente pequeño restaurante.

Dos niños de pecho peleones: los psicotropos y el psicoanálisis

En los años de posguerra, dos recién nacidos de la epistemología se preparaban para librar batalla. El primero de estos bebés, cuyo nacimiento azaroso ya os he contado, llevaba el nombre de «psicotropo». El otro niño de pecho se llamaba «psicoanálisis». Tuvo una niñez desgraciada, fue maltratado por el marxismo triunfante de la época. Durante la guerra, el psicoanálisis conoció grandes dificultades para escoger su campo. No obstante, fue noble y valiente en los años de posguerra. Las pocas decenas de psicoanalistas que ejercían en Francia osaron enfrentarse a las teorías de la degenerescencia que entonces se enseñaban en las universidades. Las cátedras eran otorgadas a neurólogos que se servían de esta teoría para evitar pensar en el mundo mental de los dementes. Se decía que la neurología sabía hacer brillantes diagnósticos a los enfermos pero que no los podía curar. Y cuando un demente decía cosas raras que nadie entendía, se hacía un diagnóstico de degenerescencia, que hacía inútil cualquier tentativa de comprensión. Cuando el enfermo molestaba a la familia o a la gente del barrio, se le llevaba lejos, al campo, a un asilo. Entonces se decía suspirando: «Es muy triste», lo que permitía no hablar más del tema.

El psicoanálisis proponía que sí que había algo que descubrir y que era posible trazar un vínculo llamado «transferencia» con el fin de prestarles atención y ayudarles a salir adelante. Los psicoanalistas instalaron consultas privadas en barrios acomodados, de modo que había más bien pocos en universidades y hospitales psiquiátricos.

Cuando yo dirigía los seminarios en el Centro Hospitalario Universitario (CHU) de Marsella para la formación de psiquiatras destinada al diploma de especialidad,[31] me sorprendió ver que los principiantes ya conocían una teoría de la locura sin haber visto jamás a un loco, ni leído un libro, ni puesto un pie en un entorno psiquiátrico. Creo que se puede decir lo mismo de casi todo el mundo de la cultura. Me temo que el de este servidor no ha sido el caso.

Recuerdo, desde los primeros seminarios en 1971, los febriles conflictos en los que un estudiante decía: «Soy marxista, quiero que me expliquen cómo un ion metálico puede provocar locura». A lo que otro estudiante, probablemente espiritualista, respondía que la lobotomía no tenía efecto alguno sobre el cerebro: «Si hacemos puntos de sutura sobre la piel de la frente, podemos obtener el mismo resultado clínico». Otro afirmaba que la noción de neurosis colectiva era ridícula puesto que «estamos locos de la cabeza» y no de la sociedad, mientras que una delicada estudiante de formación psicoanalítica se indignaba cuando se decía que «la perversión es opuesta a la neurosis» y callaba, desorientada, cuando se le citaba la frase de Freud: «la neurosis es el negativo de una perversión».[32] Todos ellos recibieron el certificado de estudios especiales (CES), y creo que ninguno cambió de teoría.

No quiero hablar mal de aquellos estudiantes, yo fui como ellos. Una noche, en segundo año de medicina, volvía a casa de un entrenamiento de rugby soñando despierto con lo que me gustaría hacer en el futuro. Me acuerdo de haber pensado que sería agradable aprender una especialidad en la que se pudiera reflexionar sobre el cerebro y la locura. Pasé un CES en neuropsiquiatría, practiqué la neurología y la psiquiatría y, 50 años más tarde, me pregunto por qué, sin tener ni idea todavía, tuve este «deseo de una teoría integradora». Tenía ganas de ordenar mis ideas para hacerme una representación coherente y placentera, armonizando conocimientos que asociaran el cerebro y la locura.

---

31. Primero con el profesor Jean-Marie Sutter, luego con el profesor Arthur Tatossian y también con el profesor René Soulayrol.

32. Laplanche, J., Pontalis J.-B., *Vocabulaire de la psychanalyse, op. cit.*, pág. 309.

Mi estudiante marxista deseaba pensar que nuestra mente está gobernada por la materia, mientras que el espiritualista quería acumular conocimientos que le ayudaran a vivir en la trascendencia, lejos de toda esta guarrería corporal. Al que ama el éter del pensamiento abstracto le cuesta entenderse con el que prefiere el barro de la tierra.

Si se concibe al loco como a un poseído, el exorcista o el carnicero son la solución. Si se piensa en él como en un enfermo orgánico, conviene purgarlo, como se hace con las otras enfermedades. Se le podrán dar algunos granos de eléboro para hacer que vomite y así expulse los malos humores. Algunos médicos proponían la belladona o la mandrágora como tranquilizantes medievales. Cuando el loco estaba triste, se le prescribía un poco de absenta o anís, lo que debía servir, sin duda. Se curaba la melancolía haciendo escuchar a los enfermos una orquesta femenina. En Tebas se hacía dormir en el templo a los desdichados para que, por la mañana, contaran los sueños a los sacerdotes y estos los pudieran interpretar.

Desde la Antigüedad, nada ha cambiado en nuestra manera de pensar la locura. Los partidarios del cuchillo hacen lobotomías. Las hierbas de hoy se llaman «farmacia». Ésta proporciona todavía tranquilizantes y antidepresivos. Los sueños son, como siempre, interpretados por psicoanalistas.

Cuando el loco nos asusta

Cuando el loco nos asusta hay que aislarlo, de este modo nos cuidamos. Podemos llamar esta expulsión «servicio cerrado» donde algunos centenares de enfermos peligrosos tienen que permanecer recluidos. Es tentador ideologizar esta infrecuente peligrosidad para librarse de aquellos que nos molestan. La función del encierro en los hospitales es fácil de entender. Michel Foucault seguramente exageró cuando bautizó con el nombre de «gran encierro» la ley de creación del Hospital general en 1656.[33] En el siglo XVII esto fue un pro-

---

33. Foucault, M., *Histoire de la folie à l'âge classique*, Plon, París, 1961.

greso que permitió salir de los sótanos y graneros, donde estaban secuestrados, a personas con síndrome de Down y a otras con malformaciones, así como a quienes hoy llamamos «autistas» o «esquizofrénicos». La palabra «hospital» no tenía el sentido que se le da hoy en día. Allí se aportaban cuidados a los enfermos sin esperar curarlos. Esta palabra, en aquella época, quería decir «hospital-idad». Allí se alojaba lo más humanamente posible a los seres diferentes, antes enclaustrados en bordas,[34] en graneros o sótanos. De hecho, el Hospital general de París, tras su creación el 22 de abril de 1656, se convirtió rápidamente en un lugar donde se internaba a los que ponían en peligro el orden social: locos, agitadores, vagabundos y libertinos.

Alexis Carrel seguía siendo un hombre brillante, muy creyente y muy humano cuando acompañaba a los enfermos a Lourdes y daba fe de su curación milagrosa. No cabe duda de que mereció el premio Nobel, concedido por sus trabajos en la sutura de vasos sanguíneos. Habría merecido otro por poner a punto el cultivo de tejidos.[35] Convencido por las ideas del PPF (Partido popular francés), un partido de extrema derecha, escribió en uno de los libros más leídos en el mundo:

Se hace un ingenuo esfuerzo por parte de las naciones civilizadas por la conservación de los seres inútiles y dañinos. Los anormales impiden el desarrollo de los normales. [Para] aquellos que han matado, robado a mano armada, secuestrado a niños, despojado a los pobres, abusado gravemente de la confianza del público, un establecimiento de eutanasia, provisto de un gas apropiado, permitiría disponer de ellos de forma humana y económica [...]. ¿No sería aplicable el mismo tratamiento a los locos que han cometido actos criminales?[36]

---

34. Borda: pequeño refugio de piedras apiladas en la campiña de la Provenza donde vivían algunos psicóticos. En Damasco, en Siria, vi cerca de la mezquita de los Omeyas unos pequeños hospitales psiquiátricos del siglo X.

35. Sartoli, E., «1914: Carrel et Dakin se battent pour l'antisepsie», *La Recherche*, junio 2014, n° 488, págs. 92-94.

36. Carrel, A., *L'Homme, cet inconnu*, Plon, París, 1935, págs. 434-436.

En 1986, Jean-Marie Le Pen propuso la creación de un «sidatorio» para encerrar a los «sidosos» con el fin de proteger al resto de la población, considerada inocente. De esta manera expresaba el arcaico reflejo defensivo de aquellos que piensan: «Me dan miedo con esta enfermedad. Hay que excluirlos». Hasta los años 1960, los tuberculosos también eran considerados enfermos peligrosos. Los abuelos, al toser, contaminaban a las criaturas, pero cuando fueron descubiertos los antibióticos, la culpabilidad y la vergüenza desaparecieron en pocos años. Los sanatorios ya no tenían razón alguna de existir.

La locura activa el miedo que sentimos ante una fuerza oculta que no comprendemos y que nos posee. «¿Y si fuera contagioso? ¿Y si me pasara a mí?» Cuando fueron hallados los medicamentos llamados «psicotropos» se redujo el sufrimiento de los pacientes y éste se expresó de forma menos violenta. En algunos meses, los locos empezaron a dar menos miedo y los cuidadores aprovecharon la ocasión para intentar comprenderlos en lugar de aislarlos. En los debates clínicos de los años 1950 y 1960, los optimistas llamaron curación a este alivio que otros calificaron de «camisa de fuerza química». Cada campo sistematizaba una verdad demasiado parcial.

Hubo el mismo debate unos decenios más tarde, cuando fue preciso aliviar el dolor de las personas con cáncer. Todavía me acuerdo de una mujer mayor cuyos músculos se habían fundido a consecuencia de un cáncer digestivo, aunque su conciencia se mantenía intacta. Ella me decía: «Sufro terriblemente durante el día y por la noche, sufro aún más cuando el recuerdo de los momentos dolorosos de mi vida vuelve para torturarme. ¿Podría darme usted dar tranquilizantes?» Yo era neurólogo en el hospital de La Seyne, donde también se me requería en otros servicios. Decidí ir a ver a la jefa del servicio, célebre por sus conocimientos sobre el cáncer, y le propuse darle algunos tranquilizantes a aquella mujer, al menos por la noche. «Esto no es un servicio de camellos, me respondió ella furiosa». «Esta mujer sufre mucho y su familia sufre también al verla sufrir. ¿Cuál es su esperanza de vida? Dos o tres meses», me respondió la erudita.

Imposible debatir. La jefa de servicio tenía la impresión de que yo quería llevar a aquella mujer por el camino del vicio. ¡La hija de la enferma pidió a su médico de familia que le prescribiera tranquilizantes para llevárselos a escondidas!

Hoy en día, los oncólogos abordan mejor el problema, pero hicieron falta largas disputas para llegar a una solución, no obstante sencilla: la morfina combate el dolor de los cancerosos pero no los cura. Los psicotropos alivian ciertos padecimientos, pero no abordan el problema psicológico. Los que deseaban creer en una teoría que afirmaba que los neurotransmisores podían explicar la locura se enfrentaron sin piedad a los que deseaban creer en una teoría en la que la palabra estaba separada del cuerpo.

La locura, la epilepsia y todo acontecimiento sensacional provocan en quien es testigo de ellos una reacción emocional intensa a la que hay que dar una forma verbal si uno no quiere sentirse desorientado. De ahí viene la necesidad psicológica de producir rápidamente una teoría, antes de todo conocimiento real, para dar coherencia a lo que acabamos de ver y no comprendemos. Si queremos tranquilizarnos, debemos explicar, a cualquier precio. Es lo contrario a un pensamiento operatorio que recoge informaciones, las clasifica, las evalúa y juzga antes de decidir. Nada de eso. Con un fuerte sentimiento de inquietud y extrañeza, el observador utiliza aquello que su historia personal le ha enseñado a ver. Al dar una forma verbal a su emoción, se procura una ilusión de comprensión tranquilizadora. Cree en el cuerpo o en el alma según la teoría deseada, que da forma a lo que siente.

Por eso todo el mundo es capaz de explicar cualquier trastorno mental. El teólogo dirá que se debe a un pecado, el moralista afirmará que es lo que les ocurre a los desviados, el sociólogo descubrirá el desequilibrio social que provoca el sufrimiento íntimo, el biólogo encontrará el neurotransmisor responsable, el toxicólogo explicará que el cannabis no es inocuo y el ignorante integrará todos estos datos dispersos, afirmando que la serotonina da mal de ojo, que la genética explica por qué en el barrio son todos unos degenerados y que el gobierno no hace nada para impedirlo. No hay nada que tenga más explicaciones que la locura, ¡eso demuestra que no sabemos nada!

La metáfora del descarrilamiento me parece pertinente, aunque sea un poco mecánica para un psiquiatra. Se puede descarrilar porque una rueda está rota, porque hay un obstáculo en la vía o porque se lleva un camino paralelo. Cuando uno delira se sale del surco, lo cual no significa que esté arando mal, sino que ara en otra parte, eso es todo. No está uno dentro de la autopista pero avanza de todas formas: «Pero a la buena gente no le gusta que se siga una ruta distinta de la suya».[37]

Son muchos los demonios que hacen perder la razón en el Antiguo Testamento: Nabucodonosor tuvo un sueño que desagradó a Dios. Por esta razón fue castigado a caminar sobre cuatro patas, a ladrar y a beber a lengüetazos el agua de los ríos en compañía de vacas. Homero nos cuenta que Áyax masacraba ovejas creyendo ver en ellas a enemigos disfrazados. Heródoto describe al loco Cambises, rey de Persia, que se mofó de la religión proporcionando así la prueba de su locura.[38] Los asirios explicaban la epilepsia con una posesión diabólica y, hasta el final de la Inquisición, era a un sacerdote a quien se llamaba para, de vez en cuando, enviar al epiléptico a la hoguera. La concepción sobrenatural de la locura convulsiva implicaba un tratamiento sobrenatural a través de ofrendas, sacrificios y castigos con el fin de expiar la culpa, el pecado.

Cuando la sociedad feudal se organizaba alrededor del castillo y de la iglesia, el simple vagabundeo era prueba de locura. Toda persona que no ocupaba su lugar en el grupo era considerada sospechosa. En un contexto así, un hombre errante era un hombre peligroso, a quien era normal agredir. Había que castigarlo por el hecho de ser transgresor.[39]

---

37. De «La mauvaise réputation», canción de Georges Brassens, de 1952.

38. Porter, R., *Madness. A Brief History*, Oxford University Press, Nueva York, 2002, págs. 10-13.

39. Ariès, P., Duby, G., *Histoire de la vie privée, op. cit.*, tomo 2, pág. 504.

Explicaciones totalitarias

Esta actitud surge fácilmente en una cultura totalitaria. En la época del nazismo, un homosexual era agredido en nombre de la moral. Recuerdo a una psiquiatra rusa que, después de la caída del muro, me contaba que era normal meter a disidentes en hospitales psiquiátricos, ya que había que estar loco para oponerse al comunismo. Me enseñó una extraña semiología, gracias a la cual se podía hacer un diagnóstico de esquizofrenia antes de la aparición de todo síntoma. Bastaba con no estar de acuerdo con los dirigentes: «Puesto que ellos quieren nuestro bien y gobiernan en nombre del pueblo, ¡hay que estar loco para oponerse!» Aún hoy en día, un vagabundo despierta una sensación de locura. Ya sea una errancia espacial como la de los nómadas, una divagación como la de los locos que se agitan por la noche, la digresión ideológica de los disidentes que se oponen a los dirigentes o una divergencia intelectual de un innovador que discute los dogmas científicos, todos aquellos que no sigan a Panurgo serán vistos como locos provocadores. En estos términos era como mi amable psiquiatra rusa me explicaba el «delirio de los reformadores», las «obsesiones reformistas» y la peligrosa locura de las «pasiones religiosas».

En Francia, en la época de la naciente psiquiatría biológica, se podían leer rigurosas publicaciones sobre la «mancha rosa» que permitía hacer un diagnóstico de la esquizofrenia analizando la orina. Bastaba con mojar una tira de papel secante en la orina del enfermo para detectar una gamma-G-inmunoglobulina. Ésta impregnaba el secante y, bajo el efecto del oxígeno del aire, producía una mancha rosa. Había que extraer la sustancia y luego analizarla químicamente para descubrir la taraxeína, una P-tiramina, metabolito de la dopamina cuyo exceso tenía el efecto de una anfetamina.[40] Esta doxa biológica, perfecta en su método, jamás fue confirmada.

40. Heath, R. G., Heslinga, F. J., Van Tilburg, W., Stam, F. C., Karlsson, J. L., *The Biological Basis of Schizophrenia*, Springfield (Illinois), Charles C. Thomas, 1966.

No obstante, la leí con cierta satisfacción: «Estaría bien que fuera verdad». A mi alrededor, los internos de psiquiatría se dividían, como siempre, entre los que creían y los que no.

Hoy encontramos los mismos ingredientes biológicos en una publicación a menudo citada:[41] un conjunto de genes codifica la síntesis de un aminoácido que transporta la serotonina en las sinapsis. Este neurotransmisor provoca una tranquilidad emocional que ayuda a reaccionar mejor en caso de una desgracia.[42] He utilizado a menudo este trabajo en mis reflexiones sobre la resiliencia, para decir que la genética proporciona el punto de partida de un proceso de desarrollo que, desde el principio de la síntesis, soporta presiones del entorno afectivo y de las estructuras sociales. Pero debo reconocer que jamás he visto una molécula de serotonina. Disertando, le di otra forma de existencia... ¡en la palabra! Citando, por mi parte, una publicación frecuentemente citada, me integraba en un grupo de psiquiatras que remaban por la corriente de la psiquiatría biológica.

A la amable psiquiatra rusa le afligía que se pensara que la URSS utilizaba la psiquiatría con fines políticos. Ella me explicaba que la molécula de la esquizofrenia provocaba una pérdida de contacto con la realidad social. Esta es la razón por la cual, me decía ella, uno de los primero síntomas se manifiesta en la oposición al sistema comunista. «Rechazamos tratamientos mágicos, precisaba, somos médicos racionales, sanamos con medicamentos». De este modo, grandes pensadores rusos fueron neuroleptizados para curar su delirio opositor.

En 1977, el congreso mundial de psiquiatría tuvo lugar en Honolulu. La exclusión de Rusia de la Asociación mundial de psiquiatría

41. Caspi, A., McClay, J., Moffitt, T. E., Mill, J., Martin, J., Craig, I. W., Taylor, A. y Poulton, R., «Role of genotype in the cycle of violence in maltreated children», *Science*, 297, 2002, págs. 851-854.

42. Caspi, A., Sugden, K., Moffitt, T. E., Taylor, A., Craig, I. W., Harrington, H., McClay, J., Mill, J., Martin, J., Braithwaite, A. y Poulton, R., «Influence of life stress on depression. Moderation by a polymorphism in the 5-HTT gene», *Science*, 2003, 301, págs. 386-389.

fue votada por una gran mayoría. Aquella utilización de la psiquiatría nos parecía delirante porque se ponía al servicio de un pensamiento totalitario. Reforzaba la teoría, como hacen los dogmas, en lugar de refutarla, como habría hecho un procedimiento científico.

Algunos años más tarde, en 1983, en Aviñón, yo participaba en el congreso de la Asociación de psiquiatras privados fundada por Gérard Blès. Durante más de diez años, Blès fue interno en el servicio de Pierre Bernard, uno de los creadores de la psiquiatría moderna.[43] Las reformas de 1970 lo forzaron a dejar los hospitales psiquiátricos sin posibilidad de hacer carrera, puesto que las nuevas vías administrativas aún no habían sido votadas tras su disolución en Mayo del 68. Gérard se implicó en el rescate de Plioutch, aquel matemático hospitalizado por disidencia. Le ayudó a dejar los neurolépticos, cuyo efecto desapareció en quince días, y contribuyó a su conversión a la neuropsiquiatría en Inglaterra. Muy sensible a toda utilización política de la psiquiatría, invitó a una joven psiquiatra de Buenos Aires para explicar la persecución de los psiquiatras argentinos en la dictadura militar. Como ciertos psiquiatras argentinos habían participado en las torturas, una votación a mano alzada decidió la exclusión de Argentina de la federación sudamericana: «¿Quién está en contra?» Fui el único en levantar la mano. Fue una sensación extraña estar en desacuerdo con 400 experimentados colegas. Es difícil oponerse a la presión de las ideas vehiculadas por el grupo. Me volví un vagabundo al que todo el mundo miraba con suspicacia.

Dudé de mi reacción hasta 1990, cuando fui invitado al Instituto Bechterev en San Petersburgo. El jefe del célebre centro de cuidados y de investigación se llamaba Szmulewicz, el apellido de mi madre. Le pregunté si éramos parientes. En su respuesta distante creí oír un «puede ser». De repente sus palabras se endurecieron cuando nos reprochó haberlos excluido del congreso de Honolulu: «Nos abandonasteis en manos del KGB. Pudieron hacer lo que les daba la

---

43. Ey, H., Bernard, P., Brisset, C., *Manuel de psychiatrie, op. cit.*

gana sin control exterior». Cuando a un opositor se le diagnosticaba como «esquizofrénico tórpido»[44] y era hospitalizado obligatoriamente en un servicio de psiquiatría, el médico le daba el alta al día siguiente. Pero entonces se arriesgaba a ser detenido, a que sus hijos fueran excluidos de la escuela y a que sus compañeros lo acusaran de ser un auténtico delirante. Es angustioso ser el único que no piensa como los demás. En una dictadura, el conformismo es más poderoso que la policía.

Los psiquiatras que secundaban la teoría de Serbsky, el universitario descubridor de la molécula de la esquizofrenia tórpida, sostenían que los sionistas dirigían el ataque contra la psiquiatría soviética. No cuestionaban la afirmación dogmática que decía que un disidente era esquizofrénico, sino todo lo contrario. Buscaban en el contexto cultural un enunciado que pudiera confirmar su teoría.

Los psiquiatras del Instituto Bechterev se opusieron a estas hospitalizaciones pidiendo a todo el personal la firma de los certificados de salida de los esquizofrénicos tórpidos. ¡No se podía meter de golpe en prisión al jefe del servicio, a sus asistentes, a las enfermeras, a los cocineros y a las mujeres de la limpieza! Luego, contentos con su acto de resistencia, nos pidieron ayuda para entrar en un laboratorio farmacéutico y poder hacer en él una psiquiatría moderna.

Psiquiatría campestre en la Provenza

En el contexto de una psiquiatría aún naciente, fui aceptado en el hospital de Digne en los Alpes de la Alta-Provenza. Se escogía hospital por orden de clasificación en el concurso de médicos internos de los hospitales psiquiátricos. Los dos primeros eligieron Marsella, yo podría haber optado por Niza que aún no era un CHU, pero escogí Digne, para no estar muy lejos de una ciudad universitaria.

---

44. Tórpido viene de torpeza. Es una esquizofrenia adormecida, de alguna manera una psicosis que no se expresa. El enfermo está loco, pero nadie lo ve.

De vuelta a París, le dije a mi mujer, entonces investigadora en el Inserm:[45] «Vaya fracaso. He escogido Digne. No sé ni dónde está. Voy a dimitir». Ella me respondió: «Es un poco difícil vivir con un bebé en París». Entonces trazamos el siguiente plan: «Si somos bien recibidos y la nieve es buena, nos vamos allí. Si nos reciben mal y la nieve es mala, dimito». Jamás vi una nieve mejor y pasamos una velada muy agradable. En Digne pasamos, en aquel pequeño hospital de montaña, algunos años felices, incluso fundacionales, ya que esta elección orientó toda nuestra existencia.

Yo no tenía ninguna experiencia de esta psiquiatría. Tan sólo conocía el terrible servicio cerrado del doctor Jean Ayme. Más tarde, gracias a la política de sector, a la relajación provocada por los neurolépticos y sobre todo al psicoanálisis, ese médico militante abrió el servicio, lo cual sirvió de modelo a los otros hospitales. Mis únicos conocimientos versaban sobre la psiquiatría biológica, la de los trastornos mentales causados por traumatismos craneales, los tumores, las intoxicaciones y los *delirium tremens* alcohólicos. La psiquiatría en los hospitales psiquiátricos de larga estancia me era desconocida. Pero cuando vi la entrada del hospital de Digne, los parterres floridos, los pabellones en la ladera de la montaña, los grandes espacios verdes por los que los pacientes se paseaban charlando con los enfermeros, experimenté una sensación de paz incluso poética.

Por supuesto, la poesía tan sólo estaba en mi mirada, la vida en un hospital no siempre es de color de rosa. Muy pocos gritos como los que aún se podía oír en los hospitales parisinos, muy poca agitación. Había incluso demasiado silencio.

Los enfermeros fueron mis primeros maestros. Sabían qué quería decir la palabra «esquizofrenia», diferenciaban entre un psicópata y un demente, conocían los medicamentos y el arte de relacionarse con los pacientes agitados y con los aletargados. Los jefes de servicio no eran especialistas en psiquiatría, pero como hacía dece-

---

45. Instituto nacional de salud y de la investigación médica.

nios que estaban en el hospital, habían adquirido una experiencia sobre el terreno más útil que los diplomas. Sabios no universitarios, como Henry Ey y Charles Brisset, organizaron una serie de enseñanzas en el hospital de Bonneval cerca de París y, de vez en cuando, en el de Sainte-Anne con Jean Delay. Entre estos médicos de hospital psiquiátrico se encontraban los innovadores, los creadores de lo que dio lugar a las «Treinta Gloriosas»[46] de la psiquiatría. Antes de Mayo del 68, las categorías eran muy claras en los hospitales: hombres en una parte, mujeres en la otra. Los permisos se concedían con facilidad y los «egresados» eran devueltos a la sociedad más a menudo de lo que se creía. Antes de la comercialización de los neurolépticos, el 80% de los esquizofrénicos hospitalizados no salía jamás de los hospitales. Algunos años más tarde, entre 1960 y 1970, las cifras se invirtieron: un 25% de los psicóticos permanecía en el hospital, otro 25% salía y entraba sin cesar. Pero el 50% lograba socializarse, a veces muy bien, aunque a menudo con alguna discapacidad.

El psicoanálisis se practicaba poco en los hospitales. Sin embargo, tuvo un papel muy importante en la mejora neta de los cuidados, ya que los médicos también eran analizados, cosa que cambiaba su actitud respecto al enfermo. En lugar de estudiar las degenerescencias psiquiátricas, de cortar el cerebro o inundarlo con productos químicos, buscaban establecer «transferencias» con los psicóticos. Esto introdujo en la cultura de los hospitales psiquiátricos un interés y un respeto del enfermo que antes no existía. «En 1956, tan sólo había 619 psicoanalistas [...] pero prácticamente todos [los cuidados de los psiquiatras] se apoyaban en conceptos y practicas derivadas directamente de Freud».[47]

Mayo del 68 haría florecer los brotes de la nueva psiquiatría en direcciones opuestas. Leímos con mucho interés a Michel Foucault. Nos enseñó que la ley sobre la Gran Reclusión de 1656 excluyó a los

---

46. N. del T.: Período de 1945 a 1973, en el que hubo un crecimiento sostenido generalizado en los países de la OCDE.

47. Pichot, P., *Un siècle de psychiatrie, op. cit.*, pág. 197.

locos y a los marginados. Secundábamos sus ideas, luego salíamos del hospital por la puerta, abierta de par en par, que usaban las familias para hacer sus visitas y también los internos, pero en sentido contrario, para ir a pasearnos por la cuidad. La realidad cotidiana estaba disociada de su representación cultural.

Se llamaba Alfred, su corpulencia me recordaba a Chéri-Bibi.[48] Creo recordar que era calvo y que su cuello era casi tan largo como anchos eran sus enormes hombros. Trabajaba mucho en el hospital, donde los robles crecían con fuerza. Iba de un sitio a otro con un hacha al hombro y derribaba muchos árboles. Nos seducía por su mezcla de fuerza y amabilidad. Un día en que los muros de uno de los pabellones estaban agrietados, Alfred se dio cuenta en seguida y explicó a los arquitectos el trayecto de la corriente de agua que pasaba por debajo del edificio y que lo hacía crujir. Lo admirábamos, en cierto modo: ¿cómo hace para saber esto? Él estaba maravillado por mi hija, que debía tener entre ocho o diez meses. La cogía suavemente entre sus brazos y le tendía su dedo índice, que ella cogía enseguida: «Son bonitos los bebés», decía enternecido.

Un día que yo estaba de guardia, me llamó el alcalde de un pueblo vecino. Me pedía que ayudara a la policía porque un loco se había escapado. Cuando llegué, la plaza estaba rodeada y los policías me esperaban. Alfred, sentado sobre el brocal de la fuente, se había rociado la frente con agua porque hacía mucho calor. Estaba rojo, sudado, y su gran hacha estaba apoyada contra la piedra. «¿Es peligroso?», me preguntaron los policías. Avancé hacia él, le di los buenos días a Alfred, me rocié también la cara, él recogió su hacha y volvimos al hospital charlando uno al lado del otro.

A la gente le dio miedo Alfred. Intimidados por su masa muscular, su hacha, su rojez y su sudor, sabiendo que el buen hombre no venía del pueblo, adivinaron que venía de «La Torre» (hospital psiquiátrico del departamento). Enseguida mezclaron estos datos con la representación que se armonizaba con los relatos terroríficos que

---

48. Chéri-Bibi es el héroe de una novela por entregas de Gaston Leroux. Se refiere a un condenado a trabajos forzados, acusado de un crimen que no cometió.

habían oído sobre locos de los hospitales. Yo no sabía en calidad de qué había entrado Alfred en el hospital, pero sé que su imagen había causado una representación delirante en personas normales.

El último concurso antes de Mayo del 68 había seleccionado a una treintena de internos para toda la región de Marsella-Provenza. Después de 1969, en el concurso siguiente, hubo más de 300 candidatos para los mismos hospitales. La psiquiatría casi no se enseñaba, tan sólo los interesados escogían esta vía. Rápidamente adopté la figura de veterano para estos jóvenes reclutas. Me acuerdo de una joven y brillante estudiante que al principio de sus prácticas vino a pedirme consejo.

«¿Cómo se hace para curar a un esquizofrénico?» «Se les da un poco de neurolépticos para disminuir las alucinaciones y se intenta entrar en relación con ellos». Al día siguiente me dijo: «Le di diez gotas de haloperidol. Pues bien, ¡no se ha curado!».

No era culpa suya. Se le había enseñado un modelo médico inaplicable en psiquiatría. No se cura la esquizofrenia como una gripe. No obstante, éste era el esquema de razonamiento que le había permitido pasar los exámenes. Sobre el terreno, ciertos internos continuaron recitando los dogmas hasta su jubilación, mientras que otros evolucionaron para fundar la psiquiatría moderna.

Algunos universitarios me proporcionaron pequeñas tribunas (cursos, seminarios, congresos y dirección de trabajos): esencialmente Jean-Marie Sutter, René Soulayrol, Arthur Tatossian, Henri Dufour y André Bourguignon. A partir del decreto del 17 de marzo de 1971, los docentes no universitarios (60%) fueron más numerosos que los universitarios (40%). Algunos años más tarde, la mayor parte de aquellos seminarios desaparecieron porque ya no interesaban a los estudiantes. Cosa que no pasó con el mío, muy solicitado, al ser el único que trataba temas ignorados por las universidades: la etología, el apego y, más tarde, la resiliencia. Hasta que Claude Resch, presidente de la universidad de Toulon, vino a pedirme que elaborara un diploma interuniversitario, que organicé con la ayuda de Marcel Rufo, Philippe Dumas y, más tarde, de Michel Delage. Esta vía marginal explica de qué modo acabé comprometido por los universitarios en un recorrido para-universitario, bien acogido por los estudiantes y la cultura.

¿Curar a la izquierda o a la derecha?

Es apasionante, útil y a menudo doloroso ser un innovador. Introducir en la cultura una nueva forma de sanar provoca siempre las mismas reacciones: el amor de unos y el odio de otros. La aventura de la maternidad de Bluets ilustra esta idea. En los años de la posguerra, en los que el comunismo encandilaba a un francés de cada tres, se fundaron varios centros de curas médico-sociales.

En 1950, Fernand Lamaze, médico en obstetricia, asistió en Rusia a un parto sin dolor. Vio a una mujer apacible concentrarse en el parto, dominar su cuerpo y su mente y, con calma, traer al mundo a su hijo. Conservo el recuerdo horrible de los gritos de dolor en las salas de parto de las maternidades francesas. Pienso en una joven calada de sudor, blanca como una sábana, que entre dos dolorosas contracciones imploraba: «Se acabó... Se acabó... Os lo ruego, no aguanto más, me voy a casa», y en la matrona, divertida, que le respondía: «No, no es posible. No es usted quién decide». ¡Tenía razón! Las mujeres estaban sometidas a un proceso natural que se había vuelto terrible debido a nuestra cultura, que glorificaba el sufrimiento. Oía muy a menudo relatos de mujeres adultas contando los inimaginables dolores del parto. Historias terribles que describían a bebés que tenían que ser cortados en el útero y sacados a pedazos para salvar a la madre. «Escoged», le decía el médico al padre aturdido por la angustia, «¿la madre o el niño?» La cultura organizaba una verdadera preparación al parto con dolor.

Fernand Lamaze volvió a Francia maravillado de lo que había visto. La clínica de Bluets, fundada por la CGT y el sindicato de metalúrgicos, le ofrecía un lugar en el que podía experimentar y preparar a las mujeres para parir sin dolor. Las reacciones hostiles fueron inmediatas. Lamaze fue acusado de ser un charlatán, de hacer publicidad ilegal y de tener ganancias abusivas, y fue demandado ante el Consejo de orden de los médicos.[49] Françoise Dolto y Bernard This, quienes, también ellos, apostaban por las vías innovadoras, corrieron en su ayuda. Lamaze fue exculpado en 1954, pero, muy afectado por la violencia de las acusaciones, tuvo un accidente vascular que lo dejó muy débil. No descubrió el parto sin dolor pero lo popularizó fuera de las autopistas del pensamiento y, con la ayuda de algunos psiquiatras,[50] perfeccionó su aplicación. Dio conferencias y fue invitado por la academia de medicina. Se rodaron numerosas películas técnicas y también para el gran público,[51] ayudando así a que el parto se convirtiera en una nueva práctica.

El descubrimiento técnico del control del dolor en el parto se sumió rápidamente en el debate ideológico. La Unión de mujeres francesas, la maternidad de los Metalúrgicos, el alcalde comunista de Saint-Denis, financiaron estos trabajos por razones humanitarias, y también porque el parto llamado «sin dolor» podía proporcionar una prueba de la pertinencia del pensamiento comunista. Los médicos obstétricos rusos explicaban que el dolor era dominado gracias a la teoría de los reflejos condicionados de Pavlov, aprobada por Stalin. En el contexto de la Guerra Fría, el diario *L'Aurore*, la derecha francesa y la iglesia católica conservadora sostenían que el colapso cultural provocado por el comunismo impedía los descubrimientos científicos. El parto sin dolor demostraba lo contrario. Los conservadores criticaban incluso la desaparición del dolor. Algunas revistas femeninas sostenían que una mujer que da a luz sin sufrir no podía querer a su bebé, pues pare como una vaca. Ménie Grégoire, cuyos programas de radio eran muy escuchados, así como algunos psicoanalistas, explicaban que el dolor en el parto permitía a las mujeres realizarse. A pesar de que el papa Pio XII reconocía la moralidad de la desaparición del dolor, algunos sacerdotes recordaban el *In dolore paries* («parirás con dolor») de la Biblia.

---

49. N. del T.: Equivalente al Colegio de Médicos.

50. René Angelergues y Bernard Muldworf, principalmente.

51. Le Chanois, J.-P., *Le Cas du docteur Laurent*, 1957, con Jean Gabin y Sylvia Montfort. Este filme imagina lo que le debió pasar realmente a Fernand Lamaze.

Esta historia, que fue beneficiosa para las mujeres porque al fin pudieron tener más control de sus propios cuerpos, fue bien dolorosa para Fernand Lamaze.

Ningún descubrimiento puede producirse fuera del contexto de los relatos colectivos. En este caso fue una victoria para el pensamiento comunista y un escándalo para la derecha conservadora. La teoría del parto sin dolor era defectuosa, ya que los reflejos condicionados corticales no tienen nada que ver en este asunto. Y, no obstante, funcionaba muy bien. Un éxito terapéutico no demuestra la pertinencia de la teoría. Durante siglos, una teoría decía que las mujeres no aportaban nada a la constitución de los hijos. Se limitaban a ser portadoras del bebé que un hombre había plantado en su vientre. La prueba era que el recién nacido se parecía al padre. Hoy en día sabemos no sólo que las mujeres aportan la mitad de la carga genética del hijo, sino que quizás aporten algo más, ya que únicamente ellas pueden transmitir las mitocondrias.[52] También ellas son las primeras en dejar su huella afectiva en el desarrollo del hijo. Esto no impidió a la falsa teoría del condicionamiento del córtex tener un papel primordial en la liberación de la mujer.

Las investigaciones de los médicos sirven a menudo para validar la eficacia de un medicamento y señalar sus efectos secundarios. También se puede evaluar la eficacia de una técnica y a veces introducir una nueva disciplina.

Cuando Stanislas Tomkiewicz participó en las primeras reuniones que estructuraron la reflexión sobre la resiliencia en la Fundación para la infancia, citaba a menudo la lucha contra el dolor de Annie Gauvain-Picquart[53] y de Daniel Annequin.[54] Cuando éramos médicos jóvenes, nuestros maestros nos enseñaron que los niños no podían sentir dolor, ya que su sistema nervioso no estaba desarro-

---

52. Mitocondria: pequeño gránulo en el interior de una célula que transforma el azúcar en energía.

53. Gauvain-Picquart, A., Meignier M., *La Douleur de l'enfant*, Calmann-Lévy, París, 1993.

54. Annequin, D., *T'as pas de raison d'avoir mal*, La Martinière, París, 2002.

llado. Así, no había que anestesiarlos, ya que existía el riesgo de suprimir la expresión de los síntomas. Para no cometer este error médico se suturaban heridas, se arrancaban las amígdalas y se reducían fracturas sin anestesia. Bastaba con inmovilizarlos muy bien para impedir que se debatieran. Esta teoría estaba basada en relatos culturales que glorificaban el coraje de aquellos que sabían sufrir sin quejarse. «Un buen chico aprieta los dientes y no llora», se decía. Una niña pequeña se hace mayor mediante el dolor. Annie Gauvain-Picquart simplemente se preguntaba en qué se basaba la afirmación de que un bebé es insensible al dolor. Ninguna prueba científica o clínica había llevado a esa conclusión. Tan sólo se trataba del ambiente de la época, que nos empujaba a sostener esta afirmación. Puesto que nadie escapaba al dolor, que no sabíamos dominar, nuestros maestros y los poetas nos enseñaban a sublimarlo: «Nada nos hace más grandes que un gran dolor», se nos enseñaba en la escuela haciéndonos recitar a Alfred de Musset.

A mí el eslogan de la madurez neurológica que permite la transmisión de mensajes psicológicos del dolor no me parecía convincente. «Nuestros hijos empiezan a hablar desde el principio de su segundo año de vida, cuando su cerebro está lejos de haber madurado», pensaba yo. Fue Jean-Pierre Visier quien, durante un seminario sobre la resiliencia en Montpellier, explicó de qué modo este postulado se enraizaba en los estereotipos culturales. Cuando dijo: «Los terapeutas se quedan pegados a la ideología», me hizo comprender que un gran número de tratamientos no tenían nada de científicos. Fueron médicos quienes, en su práctica, poniendo en cuestión el dogma de la insensibilidad de los bebés, impulsaron un movimiento de ideas y de investigaciones que hoy permiten controlar mejor el dolor.

Sexología y glotonería

La misma aventura ocurrió en la sexología. Conocí a Mireille Bonierbale cuando ella era jefe de clínica en Marsella, en los años 1970.

Ella, una mujer joven, explicaba con voz firme y con gestos ilustrativos de qué modo una mujer podía retardar la eyaculación de su amante. Como yo también estaba sometido a los eslóganes dominantes (no se habla esas cosas), tuve un sentimiento mezcla de sorpresa, diversión e interés, mientras que en la mente de Mireille se trataba simplemente de un problema humano que había que afrontar. Cuando ciertos hombres o ciertas parejas expresan este sufrimiento en la intimidad de la consulta, las respuestas terapéuticas dependen de las teorías aprendidas por el terapeuta. Cuando éste tiene ganas de hacer un psicoanálisis, entonces propone un tratamiento psicoanalítico. Pero cuando tiene una representación orgánica de la sexualidad, propone medicamentos vasculares. Su decisión revela su compromiso con una de las teorías culturales de su contexto, pero no responde a la petición de un hombre desdichado por el placer que se le escapa y que no puede compartir.

Mireille Bonierbale deseaba «otra forma de abordar la conducta sexual».[55] Rodeada de un pequeño grupo de pioneros,[56] organizó encuentros, dirigió trabajos y, desde 1974, se embarcó en la docencia. Todos estos profesionales tenían formaciones heterogéneas en medicina general, ginecología, endocrinología, psiquiatría y psicología, pero todos ellos pensaban que sólo se puede comprender la sexualidad humana integrando los datos de distintos ámbitos. Ninguna especialidad puede explicar toda la sexualidad.

El contexto cultural de la época permitía la audacia. Mayo del 68 había revelado los problemas sin aportar solución alguna. Masters, el ginecólogo, y Johnson, la psicóloga, proponían intervenciones terapéuticas.[57] Gérard Zwang, un cultivado cirujano, exponía su con-

---

55. Bonierbale, M., Waynberg, J., «Soixante-dix ans de sexologie française», *Sexologies*, 16, 3, París, 2007, págs. 169-262.

56. Willy Pasini, Georges Abraham, Marie Chevret, Robert Porto, Philippe Brenot...

57. Masters, W. H., Johnson, V. E., *Human Sexual Response*, Bantam Books, Nueva York, 1966.

cepción vascular y etológica[58] de la sexualidad. La ley Neuwirth, que legalizó la «píldora» en el año 1967, disminuyó el miedo a los embarazos no deseados y liberó la palabra. Por fin se podía abordar la cuestión de forma médica y psicológica, y no únicamente a través de la religión o la moral.

En algunos años, este pequeño grupo organizó encuentros y escribió numerosos artículos en revistas profesionales. Aproximadamente la mitad de los universitarios se implicó en estas investigaciones, como los cofundadores Willy Pasini y Georges Abraham,[59] mientras que la otra mitad guardó las distancias. Ciertos psicoanalistas, como Pierre Fedida, pensaron que la sexología no podía ser un objeto del pensamiento. El consejo del Orden de los médicos se oponía a esta enseñanza marginal explicando que la sexología es a la sexualidad lo que la glotonería es a la comida. Y Michel Foucault, en su lucha contra toda forma de opresión, criticó a quienes lo sabían todo sobre la sexualidad... «y he aquí como la sexología funciona rebatiendo el movimiento centrífugo hacia el movimiento centrípeto o "sexípeto", me atrevería a decir».[60]

¿Dónde estamos 40 años más tarde? El Orden de los médicos, después del descubrimiento del Viagra, reconoció que la sexología era una disciplina médica que mejoraba el funcionamiento del cuerpo y las relaciones afectivas. Y los «foucaultianos», que temían la «poliatría» del biopoder,[61] reconocen que, más bien al contrario, la sexología ha aportado a la cultura una gran tolerancia ante las mil y una maneras de amar que existen. En cuanto a los sexólogos,

---

58. Zwang, G., *La Fonction érotique*, Robert Laffont, París, 1972; y *Les Comportements humains. Approche éthologique*, Masson, París, 2000.

59. Abraham, G., Pasini, W., *Introduction à la sexologie médicale*, Payot, París, 1974.

60. Foucault, M., «Le fusil au bout du pouvoir», entrevista con Christian Laval, en *Grand Angle libertaire*, «Histoire des idées», 1977. Disponible en: www. grand-anglelibertaire. net

61. Foucault, M., *Les Anormaux*. Curso en el Collège de France, Seuil, París, 1999.

dan la palabra a los psicoanalistas, urólogos y biólogos, en una óptica que integra estas disciplinas en lugar de enfrentarlas. Algunos incluso han adquirido renombre internacional, como François Giulano por sus descubrimientos sobre la función eréctil, Serge Stoleru por sus investigaciones sobre los centros neurológicos del placer, y Mireille Bonierbale se ha convertido en una investigadora entre las más avanzadas en transexualidad.

Estos trabajos marginales impulsaron investigaciones y formas de pensar que transformaron el parto, permitieron el control del dolor y aliviaron los trastornos sexuales. De igual modo, la práctica del sector, que mejoró la existencia de varios centenares de miles de enfermos mentales haciéndose cargo de ellos fuera de los muros, se instaló lentamente en los hospitales psiquiátricos.

Revolución cultural y nueva psiquiatría

Las guerras son revoluciones culturales, ya que después de cada destrucción hay que reconstruir y pensar otra forma de vivir en sociedad. Después de la Segunda Guerra Mundial, algunos médicos de los hospitales psiquiátricos «intentaron salir del asilo en el que Pinel y Esquirol [los] habían encerrado a principios del siglo XIX».[62] El asilo encerraba a los locos, protegía a los no locos ahorrándoles el desorden de los agitados y «fabricaba incurables por el aislamiento [impuesto] a los enfermos».[63] Antes de la guerra, ya había habido tentativas de curar a los enfermos fuera del asilo. Las colonias familiares de Dun-sur-Auron acogieron alegremente a enfermos que no habían podido ser hospitalizados en los superpoblados asilos. En Grenoble, el doctor Bonnet ponía a los enfermos en granjas, Édouard Toulouse abrió su servicio y el hospital Henri-Rouselle organizaba consultas en un dispensario de la ciudad para evitar

---

62. Postel, J., *Éléments pour une histoire de la psychiatrie occidentale*, L'Harmattan, París, 2007, págs. 336-343.

63. *Ibíd.*, pág. 343.

hospitalizaciones. Todo iba muy bien, al contrario de lo previsto por los sabios.

La guerra fue como un electrochoque para los psiquiatras: «Miles de enfermos mentales, a causa del hambre, murieron de edema por carencias alimentarias [...]. Desde octubre de 1940, los campos de exterminio para "incurables" funcionaban (en Alemania) [...]. De enero a agosto de 1941, diez mil enfermos mentales fueron gaseados».[64]

Había que abrir los hospitales, pero la opinión pública consideraba que esta manera de curar era una verdadera locura. El cambio fue facilitado por la convergencia de tres fenómenos: el descubrimiento de los medicamentos llamados «psicotropos», la implicación de médicos experimentados y Mayo del 68, que crearía un período sensible, propicio a nuevas formas de pensar y de sanar («La mentalidad del sector es, en primer lugar, el rechazo de la segregación del enfermo mental, el rechazo de su exclusión»).[65]

Más tarde, universitarios como Serge Lebovici y Roger Mises se unieron a esta nueva actitud y jugaron un gran papel en la circular del 16 de marzo de 1972, que oficializaría, en la ciudad, los dispensarios, los talleres y las comunidades terapéuticas. En unos quince años, los hospitales quedaron descongestionados y su densidad disminuyó a la mitad.

Entonces vimos aparecer, como siempre después de cada progreso, razonamientos abusivos. Los neurolépticos alivian a los psicóticos, lo cual es verdad, entonces la psicosis se explica por la biología, lo cual es falso. Los médicos no universitarios provocaron un progreso claro, lo cual es verdad, entonces los universitarios no tienen ni idea de psiquiatría, lo cual es falso. Los enfermos se vuelven crónicos en reclusión, lo cual es verdad, entonces basta con derribar los muros para devolverles su libertad interior, lo cual es fal-

---

64. Trillat, E., «Une histoire de la psychiatrie au XXe siècle», en J. Postel, C. Quétel, *Nouvelle histoire de la psychiatrie*, Dunod, París, 2007, págs. 355-356.

65. Mignot, H., «L'application de la politique de secteur», en J. Ayme, *Chronique de la psychiatrie publique*, Érès, Toulouse, 1995, págs. 103-105.

so. De las decenas de miles de vagabundos censados en Francia en los años 1970, la mayor parte de ellos eran psicóticos que hubieran estado mejor y se hubieran sentido menos desgraciados en el interior de un hospital psiquiátrico.

Todas estas cuestiones fueron planteadas en revistas para profesionales como *Psychiatries*, *Le Quotidien du médecin*, *Nervure* o *Synapse*, la más leída. Fundada por Norbert Attali y alimentada por jóvenes universitarios como Michel Reynaud o psicoanalistas del CNRS como Zafiropoulos, era una publicación de agradable lectura, puesto que mezclaba el cine con artículos científicos, abordaba problemas con un lenguaje llano que nunca se habría admitido en una revista científica, pero que ayudaba a los lectores a apreciar mejor la profesión.

Como siempre después cada novedad, el grupo se dividió en dos. Los que gustan de la certeza del descubrimiento se enfrentaron con los que preferían la certeza del pasado. En el hospital sólo se hablaba de «mezcla» y apertura. La «mezcla» era el nombre dado por los pacientes internos a los equipos de profesionales que se volvían mixtos. Cuando no se tiene conocimiento, tan sólo se puede imaginar, y todo el mundo fantaseaba sobre el libertinaje sexual en el que se sumirían los hospitales a consecuencia de la «mezcla».

Antes de la Segunda Guerra Mundial, un esquizofrénico que entraba en un hospital tenía más del 80% de probabilidad de no salir jamás. La cronificación era una adaptación a la inmovilidad de los muros. Michel Foucault no se equivocaba, a pesar de lo excesivo de la noción de «Gran Reclusión», cuando escribió: «el internamiento se volvió masivo [...] asunto policial [que] tenía como meta impedir la mendicidad y la ociosidad [...] fuente de todo desorden».[66] Había que abrir los hospitales, pero por falta de dinero y por la debilidad del debate público, un primer decreto de 1958 fue a parar a los cajones de los ministerios. La fiebre de Mayo del 68 produciría un despertar y daría la palabra a algunos psiquiatras de provincia

---

66. Foucault, M., *Histoire de la folie à l'âge classique*, op. cit., pág. 63.

que ya habían escrito el libro blanco de la psiquiatría,[67] donde teorizaban sobre el sector. Edgar Faure, Sylvie Faure y Philippe Paumelle fueron sus artífices. Gracias a estos debates, los políticos prepararon la primera circular ministerial de 1972, acta de nacimiento de la nueva psiquiatría.

Lucien Bonnafé fue uno de sus líderes. Estudiante en Toulouse antes de la guerra, había frecuentado a artistas como Max Ernst y Man Ray. Los surrealistas se interesaban por el subconsciente y cortejaban a Freud, quien por su parte los rechazaba. Cuando conocí a Bonnafé en Saint-Alban me contó la siguiente historia, que originó su convicción de que hacía falta abrir los hospitales psiquiátricos. Un enfermo hipocondríaco se negaba a dejar su cama del hospital, convencido como estaba de que el simple hecho de levantarse le provocaría un infarto mortal. Durante la ocupación nazi, la mortalidad en los asilos era espantosa. Bonnafé reunió a los pacientes de su servicio y les dijo: «Si se quedan aquí, morirán todos. Váyanse, vuelvan ustedes a casa si es posible, márchense a donde puedan y tendrán más posibilidades de vivir». El señor hipocondríaco, aterrado, se levantó y volvió a Mont-de-Marsan, ¡a pie! Le dieron cobijo durante la guerra y, al llegar la paz, volvió, a pie, para ocupar su cama en el hospital. Bonnafé decía que estaba estupefacto por los cambios en el cuadro clínico de ciertos esquizofrénicos que habían mejorado… ¡dejando el hospital! Ciertos pacientes, incapaces de ser autónomos, murieron en la calle, pero el simple hecho de que la locura pudiera haber cambiado de expresión en función del contexto demostraba que una parte de los síntomas atribuidos a la enfermedad eran provocados por la reclusión en el manicomio.

Un pequeño grupo de amigos psiquiatras muy comprometidos con el marxismo se constituyó como tal en el hospital de Saint-Alban. Se llamaron a ellos mismos el «grupo de Gévaudan», protegieron a Paul Éluard, amenazado por los nazis, acogieron a Tristan Tzara, a Antonin Artaud, a Georges Canguilhem, a Jean Dubuffet,

---

67. *Livre blanc de la psychiatrie française. L'Information psychiatrique*, Privat, Toulouse, 1965-1967, 3 tomos.

a Jacques Lacan, a Félix Guattari, aparte de a muchos desconocidos. Se pensaba mucho en Saint-Alban, se soñaba con el futuro y con la libertad en aquel pequeño hospital, a algunos quilómetros del gobierno de Vichy. Aquellos jóvenes psiquiatras quedaron marcados por el «exterminio suave»[68] de los enfermos mentales. Denunciar la muerte de cuarenta mil enfermos mentales no resultó fácil.

La denegación protege a los no-locos

Después de la liberación, la denegación protegió a los no-locos. La muerte de enfermos aislados, hambrientos, en habitaciones heladas, era desagradable de oír. En el momento en que la libertad volvía a Francia, se prefirió el silencio con el fin de no mostrar la tragedia. A Max Laffont, a causa de esta investigación, casi le rechazaron su tesis de medicina, y cuando le propuse a Lucien Bonnafé la publicación de su trabajo en Odile Jacob, recibí una carta muy áspera de Deniker pidiéndome que no removiera el lodo. ¡Qué definición tan buena del efecto protector de la denegación! El simple hecho de evitar tratar un problema fangoso permite no ensuciarse, pero también impide afrontarlo. Dos grandes peligros amenazan la memoria de este terrible episodio de la historia de los manicomios: en primer lugar, no hablar de ello, en segundo lugar, hablar de ello. Callar es ser cómplice de la tragedia: cuarenta mil muertos, como si no fuera nada. Pero tomar posición es convertirse en acusador a la caza del culpable.

La memoria de Alexis Carrel sufrió como la de todos aquellos que quieren arreglar cuentas con el pasado. En el año 1935, este gran médico publicó un ensayo que Michel Foucault habría calificado de «biocrático» y que fue un enorme éxito internacional hasta 1950.[69] Todo el mundo comentó sus ideas. Leí el libro cuando iba al instituto y conservo de él un recuerdo agradable. Muchas de sus

---

68. Laffont, M., *L'Extermination douce*, Le Bord de l'Eau, Burdeos, 2000.
69. Carrel, A., *L'Homme, cet inconnu*, op. cit.

páginas podrían ser citadas por pensadores de izquierdas: «Sería necesario [...] fijar nuestra atención [...] en el aspecto material de nuestra existencia, y consagrar más esfuerzos a mejorar nuestras relaciones humanas» (pág. 77). «El aumento de las psiconeurosis es prueba de una falta muy grave de nuestra civilización moderna» (pág. 224). «La vida moderna actúa sobre la patología de la mente» (pág. 226). «Haremos desaparecer la locura y el crimen tan solo a través de un mejor conocimiento del hombre [...] con cambios profundos en la educación y las condiciones sociales» (pág. 435).

Es verdad que también escribió: «Para aquellos que han matado, que han robado a mano armada, que han secuestrado a niños [...], un establecimiento eutanásico, provisto del gas apropiado, permitiría disponer de ellos de forma humana y económica [...], ¿no sería el mismo tratamiento aplicable a los locos [...]?»[70] (págs. 435-436).

Carrel era cercano al mariscal Pétain, quien le ayudó a constituir su Fundación para el estudio de los problemas humanos, cuyo enorme presupuesto permitió emplear a algunos investigadores y médicos que iban a construir uno de los más bellos éxitos de la medicina y de la ciencia de la posguerra. En 1940, un gran número de franceses estaban a favor de Pétain. Este nombre, «Pétain», antes de las leyes antijudías y de la redada de Vél'd'Hiv, era el del «héroe de Verdún». En una Francia humillada, era difícil no amarlo. Hoy en día, su nombre ha cambiado de significado, quiere decir más bien: «Colaborador, traidor, vendido a la ocupación nazi».

La palabra «eugenesia» también adquirió un significado diferente. «Carrel secundaba la opinión dominante, pero nunca fue protagonista en el asunto».[71] En aquella época, «eugenesia» evocaba una especie de higienismo que permitió a la medicina progresar mucho desde el siglo XIX.[72] La fácil deriva de esta palabra consistió

---

70. Ibíd.

71. Pichot, A., *La société pure. De Darwin à Hitler*, Flammarion, París, 2000, pág. 9.

72. Jorland, G., *Une société à soigner. Hygiène et salubrité publique en France au XIXe siècle*, Gallimard, París, 2010.

en emplear la metáfora de una sociedad mancillada por judíos, eslavos, zíngaros y negros que había que eliminar… ¡por una cuestión de higiene!

¿Es posible pensar fuera de contexto? Me acuerdo de una presentación que hice en mi juventud con Roger Leroy, en la Sociedad médico-psicológica, donde leímos un trabajo sobre la sociabilidad de los esquizofrénicos.[73] La doxa en los años 1970 decía que estaban aislados y que no podían conocer a gente. Nosotros, aplicando un método de observación etológico, sosteníamos que tenían una forma discreta de socializarse, fuera de los lugares habituales. La audiencia parecía interesada por este pequeño trabajo. Entonces el presidente del acto dijo: «No puedo confiar en esta publicación, porque ustedes han hablado de sociabilidad sin mencionar la lucha de clases». Para aquel psiquiatra, todo fenómeno social tenía que ser observado desde el punto de vista de la «lucha de clases».

Algunos años más tarde, durante mis seminarios con Jean-Marie Sutter y René Soulayrol, fui objeto de desaires parecidos al explicar la componente etológica de la teoría del apego: «Esta teoría no es válida porque no ha hablado del inconsciente». Aunque respondí que el concepto de represión era difícil de aplicar en macacos o gaviotas plateadas, quienes necesitaban una palabra clave para dar paso a su teoría, al no oír dicha palabra se negaban a escuchar. Los interlocutores no querían admitir que un psicoanalista como John Bowlby se interesara por el comportamiento animal y que de ahí sacara hipótesis para explicar la condición humana. Me daba la impresión de que, para estos psiquiatras, bastaba con pronunciar una palabra clave para ser admitido en la coral intelectual donde todo el mundo cantaba el mismo estribillo. Este proceso crea un agradable sentimiento de pertenencia, pero impide el placer de pensar por uno mismo.

---

73. Leroy, R., Cyrulnik, B., «Rencontres et sociabilité dans une institution de postcure psychiatrique», *Annales médico-psychologiques*, 1973, vol. 1 (5), págs. 673-679.

Relato cultural y vida cotidiana

Durante ese tiempo, lejos de estas molestias intelectualoides, las condiciones de los enfermos en los manicomios iban mejorando contantemente.

Hubo algunos momentos difíciles, por supuesto, como una Nochebuena que pasé, yo solo, delante de un joven armado que quería defenderse contra el complot organizado por los periodistas de televisión, que no dejaban de robarle las ideas. Algunos hebefrénicos (esquizofrénicos cuya mente se ha apagado) deambulaban mascullando, mientras que otros abordaban a las enfermeras o llamaban a sus madres para decirles que vinieran a vivir al hospital psiquiátrico donde, decían ellos, «se está mejor que en la ciudad».

Algunos meses después de asumir mis funciones en el hospital psiquiátrico de Digne, un amable psicótico llamaba cada noche a la puerta de mis aposentos y me ofrecía una bonita trucha. Yo entendía mal sus explicaciones pero se lo agradecía mucho. Con mi mujer, nos explicábamos este pequeño prodigio gracias a la sabiduría de los campesinos alpinos, que sabían vivir en la naturaleza y eran hábiles pescando truchas con las manos, acorralándolas contra una roca. Hasta el día en que el propietario del restaurante situado justo delante del hospital vino a quejarse porque un hombre acudía cada noche a «pescar» una trucha en su vivero de peces. Habíamos sido alimentados gratis por aquellos hurtos amistosos.

La psiquiatría aún seguía estando marcada por la medicina. «Hay que estar loco para suicidarse», decía la gente en la ciudad, en las conversaciones, cuando salían a cenar. Cuando una familia llamaba a los bomberos para reanimar el coma medicamentoso de algún desesperado, éstos, lógicamente, llevaban al «enfermo» al hospital psiquiátrico. De este modo recibíamos comas tóxicos, más o menos profundos, en estructuras manicomiales concebidas para alojar a delirantes. Organicé una habitación con tres o cuatro camas en la que llevábamos a cabo reanimaciones que hoy en día se hacen en hospitales generales. El desasosiego cundía en las familias y cuidadores. Los comatosos se despertaban rodeados de dementes y esquizofrénicos, las familias creían que el suicida sufría un trastorno mental, tenían vergüenza de su acto y evitaban visitarlo, cosa que agravaba aún más su aislamiento y desamparo.

Los comas por barbitúricos eran más graves que los comas por tranquilizantes que vemos hoy. Yo adaptaba la reanimación a los resultados del laboratorio y muchas enfermeras no entendían por qué cambiaba a menudo de tratamiento. El malentendido venía del hecho de que todavía se enseñaba un saber fragmentado: si el mal es psicológico, hace falta un psicólogo; si el mal es orgánico, hace falta un médico. En el caso de un suicida, un saber integral permite socorrer mejor a estas personas. En el momento del coma hay que reanimar, pero justo después, hace falta una relación afectiva para tranquilizar al superviviente. Luego hay que hacer un trabajo psicológico para ayudar a dominar el problema existencial que provocó el trágico impulso.

Es así como se razona hoy en día, integrando los datos para ayudar mejor a los suicidas a salir adelante. Por esta razón la neurología ya no se opone a la sociología, a pesar de ser disciplinas muy diferentes. Cuando Durkheim, fundador de la sociología,[74] hizo medible el hecho de que los momentos de más suicidios correspondían a crisis sociales, se concluyó demasiado rápidamente que la sociedad era única responsable. Es verdad que después de la Revolución francesa, entre el año VI y el IX, y bajo el Imperio, en 1812, hubo una epidemia de ahogos.[75] Toda conmoción social aumenta la tasa de suicidios, como ocurre hoy en día en China, en la India, en Grecia e incluso en los Estados Unidos, cuya tasa acaba de crecer bruscamente un 20%. Pero cuando asociamos las cifras con la clínica, constatamos que, en una cultura puesta patas arriba, los que piensan en el suicidio son los que han permanecido aislados en el curso de los primeros meses de su existencia.[76]

---

74. Durkheim, E., *Le Suicide*, PUF, París, 1897.

75. Ariès, P., Duby, G., *Histoire de la vie privée, op. cit.*, tomo 4.

76. Mishara, B. L., Tousignant, M., *Comprendre le suicide*, Presses universitaires de Montréal, «Paramètres», Montreal, 2004.

Muy recientemente, la neurociencia pudo fotografiar que ciertos recién nacidos, aislados precozmente, tienen un lóbulo prefrontal que se ve atrofiado. Las sinapsis de esta zona cerebral no han sido estimuladas por el entorno. Ahora bien, una de las funciones de este lóbulo consiste en controlar la amígdala rinencefálica, una almendra de neuronas en el fondo del cerebro que es la base neurológica de las reacciones del miedo. Cuando un tumor o un absceso estimulan este cúmulo de neuronas, el sujeto se asusta ante el más mínimo estímulo. Ello equivale a decir que una persona que ha sido precozmente aislada a causa de un accidente de la vida, ha adquirido una vulnerabilidad neuroemocional.[77] A la mínima frustración, se dejará llevar por un intenso desasosiego difícil de controlar. Cuando, años más tarde, durante un momento crítico de su existencia, se sienta aislada o agredida, también se sentirá abandonada. Si no hay nadie a su alrededor, su reacción autocentrada adoptará la forma de una idea suicida.[78]

Cuando un dato médico o científico surge en una cultura determinada que no está preparada para ello, esta información, hasta entonces impensable, parece estúpida porque se opone a los estereotipos. Los ungüentos de Ambroise Paré, las vacunas, la perfusión e incluso los cepillos de dientes y las lavadoras fueron combatidos por aquellos que veían estas innovaciones como agresiones inmorales: «Basta con morder una manzana todas las mañanas para limpiarse los dientes, y es más natural...» «Cuando se tienen ganas, uno lava sus platos, sólo los vagos usan máquinas».

Cuando en el hospital de psiquiatría, en 1968, hablé de la «atrofia cerebral», dejé pasmados a algunos enfermeros y provoqué estallidos de risa en algunos médicos que habían aprendido que el cerebro nun-

---

77. Jollant, F., Olié, E., Guillaume, S., Ionta, A., Courtet, P., «Le cerveau vulnérable: revue des études de neuropsychologie, neurophysiologie et neuro-imagerie», en P. Courtet (dir.), *Suicides et tentatives de suicide*, Flammarion, París, 2010, págs. 57-65.

78. Cyrulnik, B., «Déterminants neuro-culturels de suicide», en P. Courtet, *Suicide et environnement social*, Dunod, París, 2013, págs. 147-155.

ca cambia. Una masa cerebral que se funde les parecía algo ridículo. No obstante, en neurología vi casos así todos los días. La encefalografía gaseosa mostraba en la radiografía espacios anormalmente grandes entre el cerebro y la pared ósea. Esta información, corriente para un neurólogo, no era algo familiar en las charlas cotidianas, por eso provocaba estallidos de risa o reacciones de incredulidad.

Había que repensarlo todo después de 1968, todo estaba por descubrir. La psiquiatría hospitalaria fue presentada como opresión institucional por filósofos como Michel Foucault y Christian Delacampagne, que trataban todas las formas de dominación.[79] Nos conmocionaron excelentes películas como *La Tête contre les murs*,[80] en la que un joven inestable, hospitalizado de forma abusiva, es encerrado en una celda acolchada, perseguido y finalmente destruido por el sistema psiquiátrico.

Yo tenía que ir a comprobar lo que ocurría. El doctor Plas, jefe de servicio, me extendió una orden para un «ingreso de oficio», como se decía entonces. Un médico general alertó a la prefectura de que alguien con un «delírium trémens» disparaba su fusil sobre todo aquél que se acercara a su granja. Me subí a una vulgar camioneta en compañía de dos sonrientes enfermeros. Conocían al señor P. porque habían ido con él a la escuela del pueblo. Este detalle probablemente explicaba su actitud relajada. Se tiene menos miedo de un hombre a quien se ha conocido de niño. Cuanto más grande es la ciudad, más numerosos y violentos son los ingresos involuntarios. Se tiene más miedo de los desconocidos.

Subiendo hacia la granja, una mujer nos esperaba en la carretera. Dos niños jugaban a su lado. La mujer nos explicó: «Los vecinos han oído disparos. Yo llamé al doctor que se ha dejado impresionar; ¿puede usted volver más tarde? La cosecha está cerca. Vuelva más tarde y lo hospitalizaremos».

---

79. Foucault, M., *Histoire de la folie à l'âge classique*, Gallimard, París, 1972; Delacampagne C., *Antipsychiatrie ou les Voies du sacré, op. cit.*

80. *La Tête contre les murs*, filme de Georges Franju, con Charles Aznavour, Pierre Brasseur y Jean-Pierre Mocky, 1958.

No era la primera vez que el señor P. sufría alucinaciones duran-te sus delírium trémens. Para defenderse, disparaba sobre todo ser vivo que se acercara a la granja. Ya había matado a un perro y casi a su mujer, a quién no había reconocido. Ante la negativa de los enfermeros de proceder a la hospitalización involuntaria, ella dijo: «Ojo, tiene dos fusiles». Nos acercamos lentamente a la casa, lla-mándolo por su nombre, ya que parece que esto calma a las perso-nas agitadas. En efecto, dormía entre los dos fusiles. Un enfermero, a su derecha, lo despertó suavemente y entonces me di cuenta de que el fusil de la izquierda había desaparecido. Luego el enfermero a su izquierda le habló, mientras que el fusil de la derecha desapa-recía. A partir de ese momento podíamos hablar con él. Le dije que íbamos a llevarlo al hospital psiquiátrico: protestó enérgicamente. Saqué el documento oficial y lo leí: aceptó sin rechistar. Me sor-prendió el poder de la palabra cuando enuncia la ley. Cuando el señor P. comprendió que no había más remedio, se calmó y se diri-gió tranquilamente, tambaleándose, hacia la camioneta. Entonces un enfermero dijo: «¿Aún cazas tordos?» El hombre asintió. «¿Nos puedes enseñar dónde te colocas?» La camioneta dio un rodeo, es-caló algunos caminos forestales, y aquel hombre, mientras salía de su somnolencia para ahuyentar los animales imaginarios que lo amenazaban, indicó el puesto donde se escondía para esperar a los tordos. Luego la camioneta volvió al hospital, el hombre fue rehi-dratado y ligeramente neuroleptizado. Al día siguiente, después del aseo, fresco y descansado, preguntó amablemente cuándo po-día volver a su casa, la siega le esperaba. Lo que yo acababa de presenciar estaba muy lejos de *Alguien voló sobre el nido del cuco* y del horror de las lobotomías. Id a contar esto en público, no le interesa-rá a nadie.

Abrir el asilo es angustiar a los normales

Algunos años más tarde hubo que irse de hospitales psiquiátricos. Es increíble lo bien que vivían allí los psiquiatras. Todo era poesía, amistad, la experiencia de lo extraño: la vida normal parecía sosa cuando se vivía en un manicomio. La locura planteaba en términos insólitos todas las cuestiones sobre la condición humana. En 1971 fue necesario liberar los puestos para acoger a la marea de futuros psiquiatras. La nueva psiquiatría aún no estaba encaminada. El decreto no fue promulgado hasta 1972. Mi amigo Jacques Maler me propuso que ocupara su lugar encargándome de un centro de convalecencia para mujeres, La Salvate, cerca de Toulon. El edificio era magnífico: la residencia de un antiguo armador rodeaba un gran patio donde una glicina centenaria daba una sombra salpimentada. Grandes cipreses y campos de higueras rodeaban la mansión convertida en clínica. Las puertas estaban tan abiertas que parecía que no había. Se entraba por una alameda delimitada por floreros y grandes laureles rosados. Todas las ventanas daban al patio interior o a las montañas. El recibimiento fue muy amistoso y la impresión de belleza y libertad que expresaban los edificios eran ideales para la psiquiatría que yo soñaba con hacer.

Pocos días después de que ocupara mi puesto, vino a verme un gitano muy elegante, con camisa blanca holgada abierta en el pecho y con los dedos llenos de anillos. Me preguntó dónde estaba Malerito. «No conozco a Malerito». «Claro que sí, es el torero que trabaja aquí».

Así supe que Maler, el afable psiquiatra, fervoroso seguidor de Françoise Dolto, a quien iba a ver a París una vez por semana, hacía sustituciones como médico general para pagarse una cuadrilla que lo acompañaba cuando saltaba al ruedo en la plaza de toros, en la región de Nîmes.

Para mi dicha, esa extraña poesía de la psiquiatría iba a continuar. La familia Thomas, que dirigía el establecimiento, aceptó todas las innovaciones que les propuse. Para ellos la apertura de los hospitales psiquiátricos resultaba evidente: «¿Cómo queréis curar encerrando a la gente?» El profesor Deniker en Sainte-Anne, en París, y Édouard Zarifian, entonces brillante jefe de clínica, me enviaban pacientes psicóticos para intentar su resocialización. Algunos años más tarde, cuando Zarifian me invitó a participar en la lujosa aventura del Club del amante del Bordeaux, descubrí que, durante sus años como médico interno, había obtenido un diploma de enología y complementaba su modesto salario organizando visitas a bodegas. Ya veis que la psiquiatría nunca está lejos de la poesía.

Las pacientes charlaban en tumbonas en medio del patio perfumado por la glicina. Algunas, incapaces de hablar, permanecían inmóviles. Otras deambulaban por la sombra de los pasillos… ¡La psiquiatría era fácil y bella en aquellas condiciones!

Era necesario abrir las puertas, pero también lo era que nuestras pacientes, para desalienarse, se mezclaran con la población, para que ya no se las etiquetara como «locas esquizofrénicas». Entonces decidimos montar una fiesta en la residencia e invitar al alcalde y a algunos vecinos. Muchos aceptaron, y el alcalde, amablemente, hizo la corte a las jóvenes elegantemente arregladas para la ocasión. En voz baja preguntó: «¿Pero dónde están las esquizofrénicas?» Las mujeres de su alrededor dijeron sonriendo: «Las esquizofrénicas somos nosotras». Se sorprendió tanto que se quedó de piedra, sin decir nada. Creo que él también tuvo un momento de atontamiento esquizofrénico. Este acontecimiento, varias veces repetido, me hizo comprender que la mirada sobre el paciente puede agravar la disociación o calmarla. Algunos esquizofrénicos son realmente inquietantes. Sus deambulaciones, sus frases extrañas, sus risas locas incoherentes, sus inesperadas explosiones, nos incomodan y provocan en nosotros reacciones angustiadas. Las creencias delirantes que la gente normal difunde sobre los esquizofrénicos crean situaciones teatrales en las que es difícil saber quién es el loco. Regularmente, algunas enfermeras o educadoras llevaban tres o cuatro pacientes al cine a Toulon. Era un paseo fácil, iban a tomar el bus en una bonita calle del pueblo para bajar a Toulon, a la plaza de la Libertad, rodeada de cines. Volvían al anochecer. Nada de heroísmo en este asunto. Sólo relaciones amables, jarabe de menta con agua y conversaciones agradables.

Una tarde, recibí una llamada desde París de una mujer que me pedía noticias de su hija Madeleine: «Quizás. Damos poca información por teléfono». «¿Me la puede pasar?» «Ha ido al cine». «¿Cómo que al cine? ¡Si un marinero la viola le pongo una denuncia!»

Todo el mundo sabe que Toulon es un puerto de guerra, aunque a veces también ocurre que los marinos no violan a mujeres. Este tipo de incoherencia era frecuente. Un día, un vecino furioso entró en la enfermería (no debió de costarle demasiado con todas las puertas abiertas). «¿Dónde está mi bota?» Gritó a una enfermera. «Esta mañana sólo he encontrado una bota. ¡Hay que estar loco para robar sólo una bota!» La reflexión era lógica. Hicimos una breve investigación y descubrimos que la víspera él había vuelto a su casa desorientado por el alcohol. Se quitó una bota en su habitación y otra en el jardín, exactamente donde nosotros la encontramos. La lógica también puede ser delirante.

La estructura de los acontecimientos puede modificar la expresión de los síntomas esquizofrénicos. Un día ocurrió en La Salvate un acontecimiento afortunado: ¡las cañerías de agua estallaron! Era verano, hacía calor, las chicas no podían beber ni lavarse y la reparación podía tardar varios días. Podríamos haber llamado a los bomberos, pero los Thomas prefirieron pedir a las internas que fueran a la fuente del pueblo a llenar los cubos: nunca había habido un ambiente tan alegre y amistoso. Fueron unos días sin conflictos, con sonrisas y mucho cansancio, pues el pueblo estaba a dos quilómetros. Había que pasar un bastón por el asa del cubo para poder llevarlo entre dos. Hasta las esquizofrénicas desorganizadas caminaban sonriendo, las alucinadas oían menos sus voces, las que se sentían perseguidas se esforzaban en poner un pie delante del otro, cosa que hacía más soportables sus ideas delirantes.

A mediados de los años 1970, recibí a una asociación de protección de los enfermos mentales que deseaba visitar la residencia. Los Thomas no estaban muy convencidos, pero como recibíamos a muchos estudiantes en prácticas y como la evaluación de los primeros resultados nos hacía sentirnos orgullosos de nuestro trabajo,[81] les

---

81. Cyrulnik, B., Thomas, M., Thomas, D., Billet J.-P., «Moments psychiatriques et guérison suffisante. À propos d'un suivi de trois millle patients pendant dix ans», *Psychiatries*, n° 51, 1982. En esta investigación demostramos que el 50% de los esquizofrénicos abandonaban todo tratamiento psiquiátrico; el 25%

recibimos. Se presentaron una decena de personas educadas, graves, distantes y poco habladoras. Paseamos al pequeño grupo y les explicamos sin reservas nuestras esperanzas, nuestros éxitos y fracasos. Entonces un visitante con semblante sombrío preguntó: «¿Dónde está la sala donde hacéis lobotomías?» Respondí que no la había. «¿Dónde están las celdas de aislamiento y las camisas de fuerza?» Nos separamos sin mediar palabra. Una rápida investigación a través de los sindicatos y el consejo del Orden médico reveló que habíamos recibido a una delegación de la Iglesia de la cienciología, cuya teoría yo conocía poco. Sus semblantes cerrados y la forma en que se marcharon me hicieron pensar que la visita no tendría influencia alguna en su deseo de creer que éramos perseguidores de inocentes.

Las pacientes hablaban poco y el equipo de profesionales era reducido, al tratarse de un centro de convalecencia. La mayoría de los psiquiatras que nos enviaban pacientes nos seguían el juego confiándonos psicóticos para su resocialización, pero algunos hospitales aprovechaban la oportunidad para deshacerse de sus casos más difíciles. La solución farmacológica no era satisfactoria, calmaba hasta el atontamiento sin arreglar el problema. Había que encontrar un punto preciso, que calmara la agitación delirante para permitir relacionarse, evitando las dosis que embotan la mente. En esta transacción, no sólo el paciente estaba en juego ya que, como habíamos comprobado en el hospital Digne, cuando un psiquiatra no se siente seguro dentro de su equipo únicamente puede apoyarse en los medicamentos. Entonces da dosis demasiado altas. En La Salvate, numerosos talleres y dinámicas de grupo permitían encaminar a esos pacientes, darles la palabra y promover que se relacionaran.

Numerosos estudiantes en prácticas y estudiantes, de psicología o de derecho, me sorprendían por sus convicciones adquiridas previas a toda experiencia. Aquella gente tan joven llegaban armados de relatos teóricos que les conferían una gran seguridad, pero les

---

eran dados de alta y más tarde recaían; el 25% permanecían en el ámbito manicomial.

impedían descubrir el mundo íntimo de los pacientes. Era como si, entre los 15 y los 20 años, se fabricara uno un esquema, una suerte de aparato para ver el mundo que formatea lo que se percibe.

Una catedrática de filosofía que deseaba ser psicoanalista, sorprendida ante los talleres y los grupos de ayuda mutua, sólo concebía la curación en términos de relaciones íntimas con el fin de hacer surgir el inconsciente. Una mañana que estábamos charlando en la enfermería, antes de repartirnos las tareas de la jornada, estrechó la mano a todos los profesionales presentes, sin darse cuenta de que había «olvidado» al estudiante negro que también quería ser psicoanalista. A otra estudiante cuya visión del mundo era más orgánica le sorprendía que no encontráramos un medicamento eficaz contra la esquizofrenia. Un estudiante en prácticas barbudo se proponía darle LSD a una bella esquizofrénica, para luego ayudarla a volver del viaje iniciático delirante que la curaría. Todos eran prisioneros de las teorías que les gustaban.

No necesitábamos experiencia profesional alguna para adquirir conocimientos como estos. Desembarcábamos en la psiquiatría armados con un molde que daba forma al mundo en el que queríamos creer. Una memoria brillante, algunas palabras por eslogan y una referencia al gurú de nuestra elección nos proporcionaban la ilusión de entender el fenómeno psicológico. Los que tenían entre ceja y ceja un esquema biológico percibían las alteraciones biológicas de un esquizofrénico, su indiferencia al dolor, como en aquella mujer que andaba con el pie torcido cuando sufría una peritonitis. Estos estudiantes apuntaban que las muertes sorprendentemente brutales de los psicóticos (como un tiro de fusil en la cabeza) eran bastante más frecuentes antes de los neurolépticos. Enfrentados a ellos, los de ideas psicoanalíticas se fijaban más en la risa disociada, las rupturas del discurso y los despropósitos cuyo sentido oculto intentaban descubrir. En cuanto a los estudiantes en prácticas juristas o sociólogos, se preocupaban por la desocialización de los esquizofrénicos que vivían sobre todo en barrios pobres.

Y todos tenían razón, pero este saber fragmentado proporcionaba certezas que impedían comprender.

¿Locura o sufrimiento?

Mi seminario de etología había sido transferido al hospital Sainte-Marguerite, con el profesor René Soulayrol, cuyo catedrático era Marcel Rufo. El aula estaba construida como un pequeño anfiteatro griego, el docente abajo sobre una plataforma, los espectadores en las gradas.

Escribí a Jacques Gervet del CNRS de Aix-Marseille, donde dirigía un laboratorio de etología. Yo soñaba con formar parte de un equipo de investigación sin abandonar mi práctica. Él me respondió que era más importante curar que investigar, cosa que interpreté como una negativa. Por eso me sorprendió verle sentado en primera fila entre los estudiantes durante el seminario que consagré al «Sueño en el mundo vivo». El objeto «sueño» me permitía hablar tanto de animales como de seres humanos sin provocar la indignación de quienes decían que «la etología rebaja al hombre a la categoría del animal». Todos los seres vivos duermen, pero la determinante biológica del sueño debe adaptarse a las presiones ecológicas. Un joven, sea cual sea su especie, secreta más sueño rápido que un organismo viejo. Y cuando vive en un ambiente inseguro adelanta su fase de sueño paradójico. Las fases lentas se hacen más cortas y estimulan menos la secreción de las hormonas del crecimiento.[82] Este empobrecimiento hormonal, en un niño criado en un entorno inseguro, explica el enanismo afectivo.

Algún tiempo más tarde, fui invitado a las islas Frioul, cerca de Marsella, a una reunión del CNRS. Fue austero y apasionante. El estilo de los científicos es diferente del de los médicos. Hay menos precauciones en el discurso cuando se producen los inevitables desacuerdos, ninguna jerarquía aparente y, finalmente, muchas ideas para compartir, de un modo amistoso o frenético. Nuestros saberes diferentes eran complementarios. Nosotros no siempre te-

---

82. Cyrulnik, B., «Les animaux rêvent-ils? Quand le rêve devient liberté», en E. Adam, J. Dupont (dir.), «L'Homme et les autres animaux», *Le Coq-Héron*, n° 215, diciembre 2013.

níamos el rigor de su método, pero podíamos validar o refutar sus resultados. Ellos, sorprendentemente, ignoraban la clínica psiquiátrica y por nuestra parte aún no sabíamos sacar provecho de sus publicaciones. Teníamos objetivos diferentes, pero no del todo opuestos. Las revistas profesionales servían sobre todo para curar y comprender nuestro oficio, pero no se hace carrera con publicaciones que dan consejos análogos a recetas: cómo redactar un certificado médico, prescribir mejor un medicamento o acordarse de la semiología de una enfermedad.

Yo admiraba mucho la trayectoria médica y la aventura intelectual de Cyrille Koupernik. Me sentía próximo a aquel ruso blanco, ortodoxo, médico experimentado, invitado a los encuentros universitarios y comprometido en los debates culturales. Debido a la proximidad de nuestros nombres, a menudo recibíamos invitaciones, cheques y a veces críticas dirigidas al otro. Era una buena ocasión para estrechar nuestra relación. Él publicaba consejos terapéuticos en *Le Concours médical,* donde yo publiqué, y también contribuyó a hacer la psiquiatría más precisa formando a toda una generación de médicos.[83] Su recorrido no académico le había dado una libertad de pensamiento que le permitía no someterse a la jerarquía universitaria o a los relatos de moda. Criticaba el exceso de medicamentos y las explicaciones exclusivamente biológicas, siendo él neurólogo. Criticaba el psicoanálisis dogmático, aun sabiendo que era útil en psicoterapia. Criticaba los excesos de la antipsiquiatría, aunque él mismo era crítico con la psiquiatría. Recuerdo sus controversias con Christian Delacampagne, en las que el filósofo parecía confuso en comparación con la claridad de Koupernik, siempre con los pies en el suelo. Me identificaba mucho con este colega mayor a quien yo comprendía sin dificultad.

En 1978 organizó en Nueva York una reunión que iba a orientar mi recorrido intelectual. En el prólogo de las actas del congreso,[84]

---

83. Loo, H., Zarifian, E., Koupernik, C., *Précis de psychiatrie*, PUF, París, 1982.

84. Anthony, E. J., Chiland, C., Koupernik, C., *The Children in his Family*, tomo 4: *Vulnerable Children*, John Wiley & sons, Nueva York, 1978.

Anna Freud escribió: «Entonces, no es tanto el niño el que es vulnerable, sino el mismo proceso de desarrollo».[85] Esta es exactamente la actitud intelectual que hoy expresan los investigadores en neurociencia que estudian la adquisición de una vulnerabilidad neuroemocional.[86] En aquellos tiempos, los psicoanalistas y los biólogos se trataban sin grandes conflictos. Era antes de la radicalización de los grupos de investigación y de las revistas cuya especialización exclusiva impedía los encuentros entre disciplinas diferentes.

A partir de ese momento encontré la actitud que me convenía para intentar comprender el acontecimiento psicopatológico: describir el sufrimiento que se expresa a través de actos y palabras, luego analizar la ontogénesis, la construcción, con el fin de intentar curarla. «Estáis derribando las puertas abiertas», se nos dijo. Se habían necesitado 20 años para abrirlas, esas puertas. Entre los primeros que las habían abierto se encontraban Pierre Straus y Michelle Rouyer.[87] Antes de su intervención, sólo se hablaba de «madrespastel» y de «padres-pelícano». Con estos estereotipos culturales, ¿cómo queréis concebir el maltrato? Estos dos autores plantearon preguntas que provocaron más de treinta años de investigaciones internacionales.

En este mismo libro, Albert Solnit proponía, al igual que Piaget, «nuevos caminos para explorar o a vislumbrar para el futuro».[88] Escribió que: «La vulnerabilidad evoca sensibilidades y debilidades reales [...], pero también existe la tendencia opuesta [...] [que]

---

85. Freud, A., «Avant-propos», en Anthony E. J., Chiland C., Koupernik C., *L'Enfant dans sa famille*, vol. 4: *L'Enfant vulnérable, op. cit.*, pág. 14.

86. Keren, M., Tyano, S., «Antecedents in infancy of personality disorders: The interplay between biological and psychological processes», art. cit., pág. 34.

87. Straus, P., Rouyer, M.,«Le devenir psychologique des enfants maltraités», en E. J. Anthony, C. Chiland, C. Koupernik, *L'Enfant dans sa famille*, vol. 4: *L'Enfant vulnérable, op. cit.*, pág. 395-402.

88. Solnit, A. J., «L'enfant vulnérable, rétrospective», en E. J. Anthony, C. Chiland, C. Koupernik, *L'Enfant dans sa famille*, vol. 4: *L'Enfant vulnérable, op. cit.*, pág. 485.

puede ser considerada como una fuerza, una capacidad de *resistencia* [subrayo] al estrés, las presiones y las situaciones potencialmente traumáticas.[89] [...] Tenemos que definir el riesgo, la vulnerabilidad y la *resistencia* [lo subrayo otra vez]».[90] Si he destacado dos veces la palabra «resistencia» es porque hubo un equívoco en la traducción. En el texto inglés, Solnit hablaba de «resiliencia», pero como la palabra aún no existía en francés (en 1980), fue traducida por «resistencia», que no quiere decir lo mismo. La resistencia define la forma que tiene una persona de afrontar una prueba, en un instante, cara a cara. Aguanta el golpe si antes de la colisión la persona ha adquirido factores de protección emocional, si la agresión no es duradera o no sucede durante un período de sensibilidad. Por su parte, la resiliencia designa la forma en que esta persona trata de reanudar su vida después del golpe. Cuando la vida vuelve, hablamos de resiliencia. Cuando no lo hace, constatamos un síndrome psicotraumático y otros trastornos diversos. La paternidad de la palabra debería haberle sido atribuida a Solnit,[91] profesor de psiquiatría de la Universidad de Yale (Estados Unidos), pero se le atribuyó a Emmy Werner.[92] Esto no es una injusticia, ¡más bien al contrario! El riguroso método y el trabajo metódico y claro de Werner ayudaron a 698 niños maltratados y abandonados en la isla de

---

89. *Ibíd.*, pág. 486.

90. *Ibíd.*, pág. 492.

91. Solnit, A. J., «Change and the sense of time», en E. J. Anthony, C. Chiland (ed.), *The Children in his Family*, vol. 5: *Children and Their Parents in a Changing World*, John Wiley & sons, Nueva York,1978, pág. 22; Solnit, A. J., «Change and continuity in an age of transition (man as planner and problem solver : dealing with risk, vulnerability and resilience)», en E. J. Anthony, C. Chiland (ed.), *Yearbook of the International Association for Child and Adolescent Psychiatry and Allied Professions*, John Wiley & sons, 1980, págs. 1-19.

92. Werner, E. E., Smith, R. S., *Vulnerable but Invincible: A Longitudinal Study of Resilient Children and Youth*, *op. cit.* Algunos precursores utilizaron la palabra «resiliencia» sin teorizarla: Paul Claudel, *Œuvres en prose*, Gallimard, «Bibliothèque de la Pléiade», París, 1965, pág. 1205; André Maurois, *Leila ou la Vie de Georges Sand*, Hachette, París, 1952.

Kauaï (Hawái). Su publicación resolvió el misterio del 28% de niños que, treinta años más tarde, pudieron desarrollarse en un contexto increíblemente adverso. Una gran mayoría (72%) de ellos quedaron destruidos por la ausencia de la familia, las agresiones físicas o sexuales y las enfermedades, lo que era lógico. Pero, ¿cómo pudieron, el 28% de esos niños, aprender un oficio sin haber ido a la escuela y fundar una familia sin mayores problemas? Fue este fenómeno el que Emmy Werner designó con la palabra «resiliencia».

Con Marcel Rufo y Jean-Claude Fady, organizamos un primer encuentro en la facultad de medicina de Marsella.[93] Yo estuve al lado de Roger Misès, que tuvo un papel importante en el progreso de la psiquiatría y en la ayuda a los niños autistas. Mientras Fady exponía el *pecking order* en las gallinas,[94] le oía refunfuñar: «¿Qué tienen que ver las gallinas con la psiquiatría?» Dicho así es divertido, pero lo que el etólogo quería decir es que el mundo vivo está ordenado mucho antes de la aparición de la palabra. No centrándose en la condición humana, es interesante preguntarse por qué hay orden en los gallineros. ¿Por qué no el caos? Pero para quienes sólo se preocupan por los trastornos psiquiátricos humanos, las gallinas, en efecto, no tienen mucho que decir.

El laboratorio en la naturaleza

Nos reuníamos a menudo, en el puerto de Hyères, en un magnífico barco de vapor, un *steamer* bautizado como *Crooner* en el que poníamos fichas en cada rincón para anotar nuestras ideas y vino tinto para estimularlas. Esa mezcla de universitarios (Rufo y Dufour), investigadores (Fady y Garrigues) y clínicos dio lugar a gran cantidad de hipótesis, de trabajos y de encuentros etopsiquiátricos.

---

93. Cyrulnik, B., «Les sentiers de chèvres et l'autoroute», en V. Duclert, A. Chatriot (ed), *Quel avenir pour la recherche?*, Flammarion, París, 2003, págs. 70-79.

94. Schjelderup-Ebbe, T., «Social behavior in birds», en A. Murchison (ed), *A Handbook of Social Psychology*, 1935, págs. 947-972.

Eran reuniones alegres (Rufo no era ajeno a ello), sorprendentes y desordenadas. En el marco del Seminario de metodología de la investigación psiquiátrica, en Marsella, en el que yo participaba, el profesor Sutter me pidió que organizara un encuentro, para poner un poco de orden. Junté al pequeño grupo de investigadores con Albert Demaret,[95] que trabajaba en Liège, con el profesor Jean-Claude Ruwett[96] y con Claude Leroy, dirigente del laboratorio de etología humana del Instituto Marcel-Rivière en La Verrière.[97] Las publicaciones científicas fueron aceptadas por el conjunto de investigadores, que no se sorprendían por el modelo animal. Jacques Cosnier y Hubert Montagner eran la referencia en este nuevo ámbito, gravitábamos alrededor de sus ideas, que definían el estudio etológico[98] y el método de observación.[99] Después de las presentaciones científicas en el hospital de la Timone, convenía organizar un «post-congreso» para estrechar lazos en ese pequeño grupo. Mis amigos los Garcia dispusieron un espléndido *ketch* de 18 metros de eslora, el *Fortuna*, y Pierre Buffet me propuso alojar a los participantes en el congreso en *le Manoir*, en la isla de Port-Cros. El viaje fue apacible desde el puerto de Hyères hasta la isla de Port-Cros. Una pequeña brisa inclinaba ligeramente el barco y charlábamos sobre etología contemplando el sol poniente. Por la noche hi-

95. Demaret, A., *Éthologie et psychiatrie. Valeur de survie et phylogénèse des maladies mentales*, Mardaga, Bruselas, 1979.

96. Ruwett, J. C., *Biologie du comportement*, Mardaga, Bruselas, 1975.

97. Leroy, C., «Urbanisme et identité», *Santé et architecture*, n° 83, octubre-noviembre 1979; Beigbeder, J.-D., «À la mémoire du docteur Claude Leroy», *La Lettre de la psychiatrie française*, n° 220, diciembre 2013.

98. Cosnier, J., «Spécificité de l'attitude éthologique dans l'étude des comportements humains», en B. Cyrulnik, «Éthologie humaine», *Psychologie médicale*, número especial, 9, 11, 1977, págs. 1025-1029.

99. Montagner, H., *L'Attachement. Les débuts de la tendresse*, Odile Jacob, París, 1988. Las primeras tesis de Estado en etología fueron hechas por: Deveaux M., *Contribution physiologique au concept de proxémie*, Universidad de Grenoble, 1975, y Godard D., *Agression et isolement. Approche éthologique*, Universidad de Franche-Comté, Besançon, 1978.

cimos una fiesta en *le Manoir*. Aquel bello palacio había acogido en los años 1930 a la condesa de Noailles, con su grupo de admiradores, a Jean Paulhan y al equipo de la NRF. Aquella noche, Claude Leroy mostró un inesperado talento para el tango. Todo iba de maravilla para crear lazos intelectuales y de amistad entre investigadores que jamás se habrían podido conocer entre ellos. ¿Cómo hacer hablar a un primatólogo como Jean-Claude Fady con un experto en electroencefalogramas como Claude Leroy? ¿Cómo podía un especialista en los comportamientos de engaño del diamante mandarín, como Albert Demaret,[100] inspirar a un neuropsiquiatra como Pierre Garrigues? Los encuentros discurrían entre charlas y se hacían promesas amistosas de futuros trabajos conjuntos.

Todo iba bien hasta la vuelta. Por la noche, se levantó viento y la marejada se hizo muy fuerte en pocas horas. Teníamos que volver porque los invitados debían retomar sus funciones en sus universidades, laboratorios y consultas. Ya nadie hablaba, hacía frío y el mar nos sacudía violentamente. Albert Demaret había venido al sur vestido con un bello abrigo de *loden* verde, como los que se llevan en Liège. Como su cara se puso más verde que su abrigo, tuvo que bajar a la cabina para calentarse. Mi hija, que entonces tenía diez años, bajó a buscarlo para decirle que cuando el mar se agita se sufre más en el fondo del barco que sobre el puente. Él, que había venido para viajar por el sur exótico, trepó a la superficie esperando no morir de frío o por problemas digestivos.

Jacques Cosnier no vino a las jornadas de metodología de investigación en Marsella, pero organizó en Lyon, con Hubert Montagner, una serie de encuentros entre científicos y clínicos. Los trabajos fueron apasionantes[101] y el ambiente tempestuoso. ¿Fue esto

---

100. Albert Demaret era psiquiatra, pero acompañaba al ornitólogo Jean-Claude Ruwett en sus estudios de los urogallos comunes. El macho de diamante mandarín atrae hacia él al depredador haciendo ver que tiene el ala rota mientras que la hembra huye con las crías.

101. Cosnier, J., «Observation directe des interactions précoces ou les bases de l'épigénèse interactionnelle», *La Psychiatrie de l'enfant*, 1, 1984, pág. 107-126;

debido al espíritu de los científicos, más vivo cuando expresan su desacuerdo, o eran más bien las divergencias políticas entre estas fuertes personalidades? El grupo de Rennes, comprometido con el marxismo-leninismo alrededor de Gaston Richard, tenía publicaciones sólidas, con Jean-Marie Vidal y Jean-Charles Guyomarc'h. Raymond Campan,[102] de Toulouse, era más apacible, pero al más mínimo desacuerdo todos multiplicaba sus argumentos contra Rémy Chauvin y Pierre-Paul Grassé, un médico ornitólogo que deseaba rehabilitar a Lamarck. Es cierto que la simple presencia de estos dos era un acontecimiento. La creatividad de Rémy Chauvin era sorprendente, al menos una idea original por segundo. Escribió un libro sobre los superdotados, cuyas ventas pasaron de 400.000 ejemplares.[103] Aimé Michel, redactor de la bella revista científico-esotérica *Planète*, le dio la idea de interesarse por estos niños de excepcional inteligencia, para oponerse al miserabilismo de quienes preferían ocuparse de los débiles mentales, retrasados y discapacitados. Cada verano iba a verle a Saint-Vincent-les-Forts, a su bello chalet con unas vistas sublimes hacia las montañas de Ubaye y el lago Serre-Ponçon. Recibía a muchos a psiquiatras (entre los cuales estaban Cyrille Kupernik), a muchos científicos y a algunos expertos en ovnis que organizaban, en Sisteron y al sur de la meseta de Valensole, encuentros con marcianos que preferían aterrizar en la Alta-Provenza que en las afueras de París. Para este psicólogo, filósofo e ingeniero de sonido, la ciencia era fantástica, ya que hacía surgir de lo real visiones milagrosas del mundo. Para él, los «platillos volantes» no eran más inverosímiles que la hélice del

Cosnier J., «Les prérequis d'une approche éthologique du langage», *Psychologie médicale*, 2, 1984, págs. 287-295.

102. Vidal, J.-M., *Empreinte filiale et sexuelle. Réflexions sur le processus d'attachement après une étude expérimentale sur le coq domestique*, tesis de ciencias naturales, Universidad de Rennes, 1976; Guyomarc'h J.-C., *Abrégé d'éthologie*, Masson, París, 1995; Campan R., Scapini E., *Éthologie, approche systémique du comportement*, De Boeck Université, Bruselas, 2002.

103. Chauvin, P., *Les Surdoués*, Stock, París, 1975.

ADN. «La naturaleza es sobrenatural, decía, porque es un milagro que yo haya sobrevivido después de la polio que tuve a los cinco años». Fundó con Louis Pauwels y Jacques Bergier una revista muy bonita, *Planète*, que daba forma a su concepción de una ciencia mágica. Admiraba a sus cofundadores, cuya inteligencia producía resultados asombrosos, que él me contaba como si todo fuera un cuento de hadas. Esta revista tuvo un gran éxito entre el público porque era bella, inteligente y dejaba a la gente maravillada. Solicitó numerosos artículos de etología animal y dirigió una enciclopedia, *Planète*, con prefacio de Rémy Chauvin, quien, con su habitual creatividad, demostraba que el descubrimiento de mundos animales planteaba problemas a los humanos. Desde 1964 predijo: «Asistiremos al remplazo total de los animales domésticos por robots [...] En el fondo de mí mismo, algo surgido de innumerables siglos oscuros me hace desear que eso no ocurra».[104]

Aimé Michel había invitado a Konrad Lorenz a este maravilloso marco para rodar una película sobre etología animal,[105] pero quedó abrumado por un incidente durante el rodaje. Todo iba bien, gracias al trabajo de Aimé Michel y a la sencillez de Konrad Lorenz, hombre muy alegre y agradable al trato. De pronto, un técnico abandonó el plató sin mediar palabra. Esperaron su regreso, una hora... dos horas... tres horas, hasta que un colega lo encontró dirigiéndose a la estación: «Me niego a participar en una película que critica a Lacan», dijo indignado. Fue imposible encontrar la frase culpable, pero seguramente algunas palabras lo habían herido. En 1968, Lacan se estaba volviendo famoso y los lacanianos de la época ignoraban que su gran hombre se había inspirado mucho en la etología animal, aunque él la había citado honestamente. Aimé Michel habló de ello con Cyrille Koupernik, quien pensó que aquella reacción era el indicio del riesgo de evolución sectaria del pensamiento

---

104. Graven, J., *L'Homme et l'Animal*, prefacio de Rémy Chauvin, *Encyclopédie Planète*, 1964, pág. 26.

105. *De l'animal à l'homme. Un entretien avec Konrad Lorenz*, película de Jacques Brissot y Aimé Michel, ORTF, col. «Un certain regard», 1968.

lacaniano. Había que someterse al pensamiento del maestro y recitarlo palabra por palabra, sin la más mínima crítica, so pena de incurrir en blasfemia. Pierre Legendre sostenía que Freud y Lacan gustaban de la oposición, que obliga a precisar el pensamiento, cosa discutida por Michel Onfray.[106] Por mi parte, considero que muchos psicoanalistas se sirven del pensamiento de Lacan para liberarse de las cadenas del procedimiento analítico, pero conozco a otros que recitan unas cuantas frases del maestro y menosprecian a los que se equivocan en una coma, como se hace en cualquier secta.

Ciencia, cultura e ideología

A pesar de todo, las dos desafortunadas frases de Lorenz escritas en 1940 sobre la higiene racial y la domesticación, junto a las de Louis Pauwels y Alain Benoist,[107] muy de derechas, bastaron para etiquetar la etología como una teoría de extrema derecha, mientras que la mayoría de investigadores eran de izquierdas, a veces incluso de extrema izquierda. El pensamiento vago adora las etiquetas.

Rémy Chauvin, que no era precisamente un hombre de izquierdas, se interesó por la parapsicología, disciplina que le hubiera gustado que fuera científica. Sobre este punto (y sólo sobre éste), no estaba muy lejos de Freud, quien intentó, con su hija Anna, experimentos de telepatía. Al fin y al cabo, ¿por qué no? Las hipótesis científicas son a menudo poéticas o estrafalarias antes de ser sometidas al tribunal de la experimentación, la reproducibilidad y la refutación. Hoy en día, por ejemplo, se habla mucho en términos biológicos de intersubjetividad y de transmisión intergeneracional de la emoción provocada por un trauma.[108] Se fotografían las atrofias

---

106. Onfray, M., *Le Crépuscule d'une idole, op. cit.*

107. Benoist, A. de, «Konrad Lorenz et l'éthologie moderne», *Nouvelle école*, nº 25-26, 1975; y *Vu de droite*, Copernic, París, 1977.

108. Bustany, P., «Neurobiologie de la résilience», en B. Cyrulnik, G. Jorland, *Résilience. Connaissances de base, op. cit.*, pág. 59-64.

cerebrales y se miden las modificaciones biológicas transmitidas de un cerebro a otro a través de fantasmas transgeneracionales. Si esto no es parapsicología, ¿qué lo es? El método y las formas técnicas de captación (resonancia magnética funcional y dosificación de los neurotransmisores) han convertido una hipótesis estrafalaria, aparentemente mágica, en datos científicos. ¿Podría ser ésta incluso la evolución normal del pensamiento científico? Al fin y al cabo, vivir es inverosímil, mágico, si pensamos en el número increíble de condiciones necesarias para la vida. Es extraordinario. Pues bien, no sólo se vive, sino que de ello se puede hacer un análisis científico, pedacito a pedacito.

Lo que me sorprende es la atracción que ejercen las ciencias esotéricas en el pensamiento de extrema derecha. A Charles Richet, experto en fisiología, le encantaba mover mesas, describir ectoplasmas y comunicarse con los grandes nombres del más allá. Estas prácticas eran, a la hora del té, acontecimientos apasionantes y mundanos donde se relacionaban los gurús y los universitarios, utilizando un batiburrillo científico para seducir a los burgueses.

Alexis Carrel, gran médico que también pronunció algunas frases desafortunadas, acompañaba a los enfermos a Lourdes esperando un milagro.[109] Eso es bonito, generoso, inteligente y sin fundamento racional alguno. Es «metafísico», decimos cuando queremos designar un fenómeno inexplicable, escondido detrás del mundo visible, oculto en el inconsciente y que actúa como la misteriosa telepatía y las fuerzas oscuras que nos gobiernan en nuestra ignorancia.

Numerosos investigadores en etología animal se interesaron por encuentros con clínicos con la esperanza de estimular la etología humana, que entonces aún balbuceaba en los laboratorios.[110]

---

109. Carrel, A., *Voyage à Lourdes*, Plon, París, 1949.

110. Claude Bensh, Jacques Paty, Jean-Claude Rouchouse, Jacques Goldberg, Annick Jouanjean, Pierre Jouventin, René Zayan, Jacques Miermont y otros, intentaron crear una etología humana modelada por Jacques Cosnier y Hubert Montagner.

Léon Chertok e Isabelle Stengers me invitaron a París a la Escuela de estudios superiores donde impartían un seminario. Ahí me encontré con Rémy Chauvin, brillante y fogoso como siempre, animándome a trabajar sobre la prohibición del incesto en los animales, mientras que yo había sido invitado para hablar de interacciones precoces. Creo que esta expresión nació en la etología animal cuando Bertrand Kraft, Jacques Cosnier y Hubert Montagner mostraron el camino. Desde 1974, hicieron observable el funcionamiento del mundo antes de la palabra.[111] Françoise Dolto adoptó un enfoque psicoanalítico sobre el bebé recién nacido.[112] Étienne Herbinet y Marie-Claire Busnel observaron cómo se entablan las primeras interacciones sensoriales.[113] Para juntar a investigadores sobre el terreno con otros de laboratorio, organizamos con Jacques Petit y Pierre Pascal en la isla de Embiez, cerca de Toulon, un encuentro muy estimulante en el que nos propusimos dilucidar cómo se tejen los primeros nudos del apego.[114] Lo que parece evidente hoy en día era sorprendente al principio de los años 1980, cuando se enseñaba que un bebé no veía nada, no sentía nada y no entendía nada. Bastaba con medir su *ingesta* y su *excreta*. Entonces había que tomar partido y menospreciar a quienes escogían otro campo. Gracias al progreso de la reproducción asistida se empezó a hablar de las «madres portadoras», tema en el que era preciso asociar a biólogos de la reproducción con médicos obstetras, psicólogos e incluso lingüistas, ya que se acababa de descubrir que el feto per-

---

111. Montagner, H., «Communication non verbale et discrimination olfactive chez les jeunes enfants: approche éthologique», en E. Morin, M. Piatelli-Palmarini (ed.), *L'Unité de l'homme*, Seuil, París, 1974; Montagner H., *L'Enfant et la Communication*, Stock, París, 1978.

112. Dolto, F., *Lorsque l'enfant paraît*, Seuil, París, 1977-1978, 3 tomos.

113. Herbinet, E., Busnel, M. C. (dir.), *L'Aube des sens*, Stock, París, 1981.

114. Petit, J., Pascal, P., «Éthologie et naissance», *Société de psychoprophylaxie obstétricale (SPPO)*, n° 10, mayo 1988; Cyrulnik, B., «L'attachement, entrave ou liberté?», *Le Groupe familial*, n° 107, «Le tissage des liens autour de la naissance», abril-junio 1985.

cibía las bajas frecuencias de la voz maternal con un principio de organización fonética.[115]

Marcel Rufo y René Soulayrol tampoco fueron ajenos a la alegría amigable de la reunión. Los psicoanalistas no soportaban la biología, que les sonaba como la lengua del Diablo, la de lengua de la materia (fecal, por supuesto). Bernard This me trató como si yo fuera un médico nazi, ya que hacíamos observaciones científicas sobre los bebés. Había, decía él, que considerarlos como personas y no como objetos de ciencia. Ocurrió justo lo contrario, el abordaje científico demostró que «los bebés son personas»[116] y no trozos de materia u objetos de fantasías. No obstante, este psicoanalista también les fue útil a los bebés, quizás porque era un seguidor de Françoise Dolto, quien se había declarado interesada por un estudio científico que confirmara su tesis.

Al día siguiente del coloquio, una periodista propuso a la editora Laurence Pernoud un artículo en el que ella explicaba que había que prohibir el aborto, ya que los fetos eran personas comunicativas. Incluso fui preguntado por una televisión alemana que me preguntaba por qué militábamos contra el aborto, lo que era una contradicción. Incluso se creó una «universidad del feto» en Estados Unidos. ¡Vendían aparatos para estimular a los bebés y hacerlos más inteligentes!

Simultáneamente a este intento de recuperación ideológica y comercial, nació un verdadero movimiento científico que transformó nuestras costumbres, cambiando la representación de la sexualidad, de la pareja y de los hijos.[117] Ya no se traían hijos al mundo para asegurar la supervivencia del grupo sino para la propia realización de la aventura personal.

---

115. Querleu, D., Renard, X., Versyp, F., «Vie sensorielle du foetus», en Tournaire, M., Levy, G., *Environnement de la naissance*, Vigot, París, 1985.

116. Martino, B., *Le bébé est une personne*, película para la televisión, 1984. Este filme, pionero en otra forma de ver al bebé, está estructurado por numerosas observaciones etológicas.

117. Cyrulnik, B., *Sous le signe du lien, op. cit.*

El hecho de renunciar a las causalidades totalmente explicativas y asociar a investigadores de laboratorio con médicos hizo surgir soluciones diferentes. Cuando dos pediatras ingleses, inspirados por la etología, publicaron un trabajo que mostraba que una separación precoz de la madre y su hijo provocaba trastornos de la interacción precoz,[118] casi todo el mundo concluyó que una separación así provocaba trastornos definitivos. Asustados por el éxito de esta generalización abusiva, los dos investigadores intentaron relativizar. ¡Demasiado tarde! ¡Ya formaba parte de los estereotipos culturales! No fue hasta principios de los años 1980 cuando otros médicos, razonando no en términos de causalidad lineal sino sistémicos, matizaron ese descubrimiento. «La teoría del apego desarrollada por Bowlby se inspira a la vez en trabajos de etología y de psicoanálisis. [...] mucha gente deduce de ella que los niños que han sufrido rupturas familiares [...] tendrán una afectividad perturbada. [Ahora bien] muchos niños, a pesar de estas experiencias, salen adelante».[119] Cuando se razona en términos sistémicos se comprende sin dificultad que la intervención de acontecimientos posteriores podrá corregir estos trastornos... o agravarlos.

El pensamiento causal ha muerto, viva el pensamiento sistémico

En la misma época, Serge Lebovici decía: «He llevado a cabo el seguimiento de niños que, lógicamente, deberían haber tenido problemas para desarrollarse. Pero les va estupendamente. Sería importante comprender por qué». La observación de este gran psicoanalista estaba próxima a la de Michaël Rutter en respuesta a

118. Klaus, M. H., Kennel, J. H., «Maternal attachement: Importance of the first post-partum days», J. Med., n° 286, 1972, págs. 460-463.

119. Duyme, M., «Attachements précoces et amours tardives», Le Groupe familial, n° 107, «Le tissage des liens, autour de la naissance», abril-junio 1985, págs. 75-78.

Emmy Werner: «Estos niños [que salen adelante] tienen alguna cosa que enseñarnos». La sorpresa de su buen desarrollo después de acontecimientos crueles o condiciones adversas hacía vislumbrar este extraño proceso del desarrollo que fue nombrado con la palabra «resiliencia».

Por este motivo, Claude Leroy organizó en su laboratorio electroencefalográfico del MGEN en La Verrière encuentros de etopsiquiatría. Invitó a Georges Thinès, filósofo que proponía una reflexión sobre la fenomenología del comportamiento animal.[120] Curiosamente, se comprueba que su pensamiento es muy próximo al de Jacques Lacan,[121] quien retoma los datos de Buytendijk sobre el *Umwelt* de los animales[122] y precisa que este acercamiento del hombre y los animales no debe sorprendernos, ya que hemos captado la importancia para el hombre de su imagen especular. John Richter de Londres y Pierre Garrigues de Montpellier aportaron su experiencia de clínicos convertidos en científicos. Serge Lebovici tuvo reticencias con la teoría del apego porque pensaba, como todos los psicoanalistas, que el bebé ama a su madre porque ésta lo alimenta. Cuando Bowlby, también psicoanalista, sostuvo que la pulsión primera, previa a todo alimento, es la búsqueda de la proximidad tranquilizadora, Lebovici se interesó por la etología. Con Jacques Cosnier, Hubert Montagner y Benoist Schaal[123] organizó

120. Thinès, G., *Phénoménologie et science du comportement*, Mardaga, Bruselas, 1980.

121. Lacan, J., *Le Séminaire, livre I: Les Écrits techniques de Freud 1953-1954*, Seuil, París, 1975, págs. 157-159; *Le Séminaire, tome III: Les psychoses, 1955-1956, op. cit.*, págs. 107-110; textos renunidos por Dominique Godard en B. Cyrulnik, *Si les lions pouvaient parler, op. cit.*, págs. 92-97.

122. Buchanan, B., *Onto-Ethologies: The Animal Environments of Uexküll, Heidegger, Merleau-Ponty and Deleuze, op. cit.*; Thinès, G., Zayan, R., Buytendijk's F. J. J., *Contribution to Animal Behavior: Animal Psychology or Ethology?*, Universidad de Louvain, 1975.

123. Schaal, B., *Ontogenèse des communications olfactives entre la mère et son nouveau-né. Approche par l'éthologie expérimentale*, tesis de neurociencia, Besançon, Universidad de Franche-Comté, 1984.

un curso en el hospital de Bobigny en el que me pidió que interviniera.[124]

Por entonces se hablaba mucho de Gregory Bateson, un antropólogo sorprendentemente multidisciplinar (biólogo, botánico, psicoterapeuta, etnólogo y etólogo), cosa mal vista, ya que al no estar hiperespecializado era considerado como un aficionado. Él mismo se definía como «hombre del terreno», y le aterraba la idea de permanecer inmóvil en una biblioteca en la que se iría desecando debido a la aplicación estricta de los protocolos científicos. Después de una avalancha de tragedias familiares, decidió irse a vivir a los Estados Unidos y encontró un pequeño trabajo en el hospital psiquiátrico de Palo Alto, donde describió lo que sentían los esquizofrénicos: «La agresión vivida, perturbadora, soportada por un ser humano sometido a un conjunto de conminaciones desconcertantes».[125] La esquizofrenia era la enfermedad mental más explicada del mundo, algunos afirmaban que se trataba de una degeneración cerebral con un MBD (*minimal brain damage*), pequeño daño cerebral que provocaba grandes trastornos psiquiátricos,[126] mientras que otros denunciaban la maldad familiar: «Volver loco al otro está en manos de cada uno. [...] mi padre me volvió loca».[127] «El esfuerzo para volver loco al otro puede consistir [...] en el equivalente psicológico del asesinato».[128] Durante varios años, estas afirmaciones antagonistas radicalizaron el pensamiento de los psiquiatras. Había que tomar partido. Después de que un niño autista se ahogara, un gran nombre del psicoanálisis (hombre a quien yo admiraba) escribió: «Se

124. Cyrulnik, B., Garnier, Y., «Approche éthologique des comportements d'espace chez les schizophrènes», *Bull. Soc. Psy*, 1976.

125. Benoit, J.-C., *Gregory Bateson. La crise des écosystèmes humains*, Médecine et Hygiène, Ginebra, 2004, pág. 6

126. Debray-Ritzen, P., Melekian, B., *Les Troubles des comportements de l'enfant*, Fayard, París, 1973.

127. Fedida, P., «Préface», Searles H., *L'Effort pour rendre l'autre fou*, Gallimard, París, 1977, pág. 11.

128. Searles, H., *L'Effort pour rendre l'autre fou*, op. cit., pág. 163.

ha ahogado para realizar el deseo de su madre». Los que no creían en la existencia de un efecto intersubjetivo se burlaron y buscaron la molécula que habría podido alterar el cerebro y explicar el accidente.

En 1952, Bateson llevó a cabo una investigación etológica en el zoo de San Francisco. Durante dos años, filmó a una pareja de nutrias. Los animales, perfectamente adaptados a la pobreza del encierro en su jaula, se conformaban con dormir y comer. Un día, Bateson tuvo la buena idea de hacer revolotear un trozo de papel en la punta de una caña de pescar. ¡Al fin un acontecimiento en la vida de la nutria! Los animales se despertaban, se sumergían y ejercitaban su cuerpo peleándose y persiguiendo a la «presa». Bateson, emocionado por este descubrimiento, escribió: «Que mamíferos no humanos intercambien, como nosotros, mensajes casi abstractos me impone la revisión casi total de mis ideas».[129] Esta observación se parece a la historia demasiado bonita de la «manzana de Newton», que al caer le hizo comprender de golpe la gravitación terrestre. Bateson, viendo a dos mamíferos jugar, comprendió de repente que «se empeñan en una sesión interactiva cuyas unidades de acción o señales son similares pero no idénticas a las del combate».[130] Las nutrias se peleaban y comprendían al mismo tiempo que no se trataba de una pelea real. Para descifrar esta paradoja, era necesario que los animales tuvieran acceso a un cierto grado de meta-comunicación de señales de combate que significan «esto no es una lucha». Se muerde de verdad cuando se juega a morderse y, no obstante, no es un mordisco real. La comprensión etológica de esta paradoja (que no contradicción) supera de lejos el nivel estímulo-respuesta del aprendizaje.

Para un aficionado a lo pluridisciplinar, no había lugar en una carrera clásica que exige optar entre la biología, la psicología o la sociología. Los fondos de investigación concedidos a trabajos mar-

129. Benoit, J.-C., *Gregory Bateson. La crise des écosystèmes humains, op. cit.*, pág. 62.

130. *Ibíd.*, pág. 62.

ginales no son infrecuentes en Estados Unidos. Bateson pudo reclutar a dos estudiantes, Jay Haley, apasionado por la hipnosis, y John Weakland, que trabajaba sobre el imaginario social. La Macy Jr Foundation financió un proyecto sobre las relaciones familiares en la esquizofrenia, cosa que permitió a Don Jackson y a su interno W. F. Fry abrir su servicio de psiquiatría para hacer observaciones. Lo que Bateson comprendió gracias a la etología del juego de las nutrias, se convirtió en hipótesis de observación de los esquizofrénicos y sus familias. Los trastornos descritos de este modo no eran ni biológicos ni verbales, se trataba de una comunicación afectiva alterada que inducía un defecto en la interpretación de la señal. Este nuevo enfoque atrajo numerosos investigadores. En él se implicaron la gran antropóloga Margaret Mead, con la que luego se casó Bateson, pero también Wiener, experto en cibernética, Lewin, sociólogo, von Foerster, matemático, Lilly, especialista en comunicación de los delfines, el psicoterapeuta Carl Rogers, el fenomenólogo inspirado por la etología Abraham Maslow e incluso el antipsiquiatra Roland Laing. Esta mezcla heterogénea fue el punto de partida del movimiento de las terapias familiares que se organizó tanto en Italia, bajo el impulso de la apasionante Maria Selvini, como en Bélgica, alrededor de Mony Elkaïm, Edith Goldbetter y Stephan Hendrik, y en Francia, gracias a Jean-Claude Benoit y a Michel Delage.

He aquí como, partiendo de la observación del juego en las nutrias del zoo de San Francisco, Gregory Bateson descubrió la paradoja lógica que permitió mejorar la suerte de los esquizofrénicos y ayudar a un gran número de familias en dificultades afectivas.

A numerosos científicos formados en etología animal les hubiera gustado ampliar el campo de investigación y desarrollar una etología humana. Hubert Montagner ya sabía hacer ambas cosas: sabía describir los comportamientos de los insectos, las reacciones olfativas de los recién nacidos y el principio de la ternura humana. Nunca extrapoló y confundió una abeja con un bebé, pero aplicó el método de observación etológico a seres vivos de especies diferentes. Del mismo modo, John Bowlby, inspirado en la etología animal, principalmente por el primatólogo Harry F. Harlow,[131] basó en esto su teoría del apego: «Si la teoría de Bowlby es bien recibida por los etólogos, es también porque es coherente con la teoría que se propone dar cuenta de la evolución de las especies».[132] No todos los etólogos «recibieron bien» esta apertura de la disciplina. Algunos consideraron que eran propietarios de este saber y que un psicoanalista no debía inmiscuirse en sus trabajos. La mayoría, por el contrario, estuvieron contentos de esta prolongación humana de la etología animal, como querían sus fundadores. Konrad Lorenz generalizó sus observaciones con demasiada rapidez a los humanos.[133] Tinbergen se animó a aplicar los descubrimientos de etología al autismo, una rama de la psiquiatría para la que no tenía más competencias que una motivación personal.[134] Esta audacia un poco burda, no obstante, contribuyó a mejorar la semiología del comportamiento de los enfermos autistas que no tienen acceso a la palabra.[135]

Macaco en el país de las maravillas

El encuentro más fructífero y más innovador fue el de René Zazzo, quién tuvo la idea de organizar un coloquio imaginario sobre el apego.[136] Escribió un artículo sobre los orígenes de la afectividad que envió a etólogos (Rémy Chauvi), psicoanalistas (Serge Lebovici, Daniel Widlöcher) y a médicos (Cyrille Koupernik).

---

131. Harlow, H. F., Harlow, M. K., «Effects of various mother-infant relationships on rhesus monkey behavior», en B. M. Foss (ed.) *Determinants of Infant Behaviour*, Londres, Methuen, 1969, págs. 15-36.

132. Montagner, H., *L'Attachement. Les débuts de la tendresse, op. cit.*, pág. 31.

133. Lorenz, K., *L'Envers du miroir*, Flammarion, París, 1975.

134. Tinbergen, E. A., Tinbergen, N., *Early Childhood Autism. An Ethological Approach*, Paul PareyVerlag, 1972.

135. Lannoy, J. D. de, Da Silva Neves, V., «Une analyse éthologique des interactions sociales d'enfants autistiques en situation de thérapie», art. cit.

136. Zazzo, R., *L'Attachement*, Neuchâtel, Delachaux y Niestlé, 1974.

Este pequeño libro fue un gran acontecimiento en los medios interesados por el psiquismo. Todo el mundo lo leyó y debatió. Dos editoriales habían rechazado previamente la traducción de libros de Bowlby, probablemente bajo la presión de ciertos psicoanalistas opuestos a la etología. Pero el entusiasmo provocado por este coloquio epistolar sobre el apego hizo de su traducción algo ineludible.

Con Maurice Ohayon, invitamos a René Zazzo a Marsella. Físicamente, Zazzo me recordaba a Lucien Bonnafé, tenía la misma pinta de boxeador de izquierdas. Su práctica etológica con animales era modesta, pero la forma en que la usaba para interrogar el mundo humano parecía responder a un deseo de Freud formulado en su *Compendio de psicoanálisis*.[137] Peter Gay comenta así su aproximación al fenómeno psíquico: «Freud afirma categóricamente que el rol privilegiado que el psicoanálisis otorga al inconsciente ha permitido hacer de la psicología una rama parecida a todas las demás en las ciencias naturales».[138]

René Zazzo repitió el experimento de Henri Wallon, quien en 1931 ya había mostrado el desasosiego de los perros ante su imagen en un espejo. Lacan, muy temprano, en 1936, en el Congreso de la IPA (Asociación psicoanalítica internacional), reflexionó sobre esta situación natural casi experimental para desarrollar una teoría de la unificación de la representación de sí.[139] Donald Winnicott y Françoise Dolto, respectivamente, también hicieron sus ejercicios con el espejo. La etología citada por Lacan era entonces desconocida para el público, y los balbuceos de la teoría del apego eran muy criticados por las feministas.[140] Había que aclararse. Invitado por

137. Freud, S. [1938], Abrégé de psychanalyse, PUF, París, 1950.

138. Gay, P., *Freud. Une vie, op. cit.*, pág. 94.

139. Laplanche, J., Pontalis, J. B., *Vocabulaire de la psychanalyse, op. cit.*, pág. 452.

140. Guedeney, N., Guedeney, A., «Le débat sur les crèches: la polémique entre S. Scarr et J. Belsky», *L'Attachement. Concepts et applications*, Masson, París, 2002, págs. 62-64; Vicedo, M., «The social nature of the mother's tie to her child: John Bowlby's theory of attachment in post-war America», *British Journal for the*

Anne Ancelin Schützenberger, pasé una semana en Niza en compañía de Paul Watzlawick, que se había incorporado a la escuela de Palo Alto,[141] y constaté que no era para nada sexista y que el buen humor expresado en sus libros no lo tenía en la vida cotidiana.

René Zazzo nos mostró una serie de películas para troncharse de risa que nos hicieron pensar. Un perro pastor es conducido hacia un espejo en un túnel alambrado.[142] Cuando se encuentra cara a cara con su imagen, manifiesta algunos signos silenciosos de alerta: inmovilidad, orejas en punta, preparado para huir o luchar. En el espejo, «el otro perro» adopta la misma actitud, entonces el perro de verdad baja la cabeza para mostrar sumisión, pero el perro-imagen, hace lo mismo. Entonces el perro real se levanta ya que no está siendo dominado, y el perro-imagen también. Incapaz de coordinarse con el extraño perro virtual, el perro real evita la imagen y, temeroso, se refugia en una esquina.

Un macaco manifiesta la misma interacción, pero añade una especie de manipulación experimental: cuando ve que el macaco virtual hace lo mismo que él, el macaco de verdad se da la vuelta y se agacha para mirar al otro por entre sus piernas. Como el otro del espejo hace exactamente lo mismo, nuestro macaco tiene una crisis de nervios y se pone a gritar y a zarandear las paredes del túnel.

René Zazzo organizó la misma situación de observación con niños pequeños de edades diferentes. Les hizo preguntas para detectar el momento en que se ven representados, en el espejo, por sus propios nombres. Primero, sonríen al «otro» bebé. Luego dicen: «Ahí está Emmanuel». Más tarde, solo hacia los tres años, dicen: «Soy yo. Estoy ahí».[143] Después, como Gordon Gallup había hecho con

History of Science, 44, septiembre 2011, págs. 401-426; Karen, R., Becoming Attached, Oxford University Press, Nueva York, 1998, págs 319-328.

141. Watzlawick, P., Weakland, J., Fisch, R., Changements, paradoxes et psychothérapie, Seuil, París, 1975.

142. Un autre pas comme les autres, filme de J. D. Lajoux, 1977.

143. Zazzo, R., «Le miroir chez l'enfant et l'animal», en B. Cyrulnik, Le Visage, sens et contresens, Eshel, París, 1988, págs. 21-30.

los chimpancés,[144] Zazzo hizo una mancha con chocolate en la mejilla del niño para ver a qué edad era capaz de invertir la imagen virtual de su cara en el espejo, limpiar el chocolate real de su propia mejilla y lamerse los dedos.

Partiendo de estos trabajos fundacionales, los etólogos animalistas emprendieron la descripción del comportamiento ante el espejo de peces, pájaros, gatos, chimpancés, elefantes y otros animales. Los pediatras se inspiraron en *Reflets dans le miroir* de René Zazzo.[145] Los psicoanalistas intentaban descifrar el estadio del espejo de Lacan y Claude Leroy, con el mismo método que descubrió que los esquizofrénicos, en el momento de brotes disociativos, no reconocían su propia imagen.

Una etología humana era posible. Integraba saberes diferentes, cada uno de los cuales aportaba ideas y métodos de observación al otro.[146] Este momento fecundo reunía a los investigadores con los clínicos en una ida y vuelta constante entre la clínica humana y la etología animal, haciendo avanzar los conocimientos tanto sobre la condición animal como sobre el desarrollo de la conciencia de sí mismo en nuestros hijos.

Objeto puro de laboratorio, sujeto impreciso para los médicos

Fue probablemente por esta razón que Jacques Gervet me pidió que organizara, en 1986, un encuentro entre investigadores del CNRS y

---

144. Gallup, G., «Chimpanzés: Self-recognition», *Science*, vol. 167, enero 1970, págs. 86-87.

145. Zazzo, R., *Reflets dans le miroir et autres doubles*, PUF, París, 1993.

146. Demaret, A., *Éthologie et psychiatrie*, Mardaga, Bruselas, 1980; Lannoy, J. D. de, Feyereisen, P., *L'Éthologie humaine*, *op. cit.*; Peterson, A. F., Garrigues, P., Roquefeuil, de G., «Jeu et activité créatrice: le jeu en tant que résolution de problème chez l'animal et l'enfant», en J. Guillemot, M. Myquel, R. Soulayrol, *Le Jeu, l'Enfant*, ESF, París, 1984; Feyereisen, P., Lannoy, J. D. de, *Psychologie du geste*, *op. cit.*

clínicos de la región de Marsella. El Instituto de biología marina de Tamaris, en La Seyne-sur-Mer, acogió nuestras reuniones, y para las comidas pusimos mesas en los jardines del fuerte de Balaguier. Fue a la vez un éxito y un fracaso. El éxito vino de los científicos que planteaban problemas sorprendentes: cuando se calienta una cápsula de alcohol debajo de una araña, los vapores modificaban su rendimiento cognitivo: al estar «borracha», tejía una tela perfectamente simétrica. La perfección de su tela demostraba que el alcohol había disminuido su capacidad de adaptarse al medio, ya no procesaba las informaciones constantemente variables del viento y la luz. Una tela asimétrica demostraba que la araña podía resolver problemas planteados por su medio, mientras que una tela simétrica revelaba que el animal estaba sometido a su carga genética. Así resolvía la araña el viejo problema filosófico de lo innato y lo adquirido: en términos de transacción entre lo que se encuentra en lo más hondo de sí misma y lo que hay en su entorno. De este modo la araña nos hacía reflexionar.

Nos sorprendía la presencia de animales en las cunas de los bebés, nos preguntábamos cómo el *Teddy Bear* se había convertido en peluche tranquilizador. Se criticaba a Desmond Morris por la espectacularidad de sus publicaciones, y luego se le admiraba por el mismo motivo.[147] Este antiguo responsable del departamento de mamíferos del zoo de Londres realizó un brillante estudio etolingüístico, en el que describía los comportamientos paraverbales según diferentes culturas.[148] Jean-Marie Vidal empezaba a reflexionar sobre el comportamiento de los niños autistas observados a través de un concepto lacaniano. Y Michel Cabanac analizaba los comportamientos no conscientes de los humanos en busca del bienestar cotidiano.

---

147. Morris, D., *Le Zoo humain*, Grasset, París, 1969; y *Le Singe nu*, Le Livre de Poche, París, 1971.

148. Morris, D., *La Clé des gestes*, Grasset, París, 1977.

¡Qué éxito!

El fracaso se debió al número demasiado pequeño de médicos presentes. René Soulayrol hizo una presentación sobre la enfermedad de Hirschsprung, trastorno digestivo en los niños angustiados. Los etólogos, sorprendidos, no encontraban la conexión con la etología animal. Por suerte, Pierre Garrigues había observado que un esquizofrénico no grita porque sí. Observándolos como hacen los etólogos, demostró que los psicóticos siempre se ponían en el mismo sitio para gritar, cosa que para ellos debía de tener una significación funcional.[149]

Y esto es todo. Creo que los médicos evitaron este encuentro, no lo bastante clínico para ellos. También es posible que se sintieran intimidados por el rigor y la austeridad de los científicos. Cuando almorzábamos en los jardines del fuerte de Balaguier con vistas a un paisaje bello hasta decir basta, frente a la magnífica bahía de Toulon, los científicos, inmersos en sus ideas, seguían trabajando como si estuvieran en el comedor del CNRS. Alquilé un barco para tener intercambios más informales con los profesionales navegando a lo largo de la costa. Sólo vino Jean-Marie Vidal. Los otros prefirieron volver a sus laboratorios. No es un detalle, es un síntoma de nuestras diferentes formas de funcionar.

Por suerte, más adelante otros clínicos vinieron a reunirse con nosotros y organizaron reuniones más próximas a nuestra praxis. Veterinarios como Patrick Pageat[150] y Claude Béata[151] consideraban la etología de los animales domésticos como una semiología clínica en la que la conducta de los animales con los que tenemos contacto son producto de transacciones entre lo que son ellos mismos y lo que nosotros somos con ellos.

---

149. Garrigues, P., «Éthologie sociale d'enfants handicapés mentaux vivant en collectivité thérapeutique», *Psychologie médicale*, 9, 1977, pág. 3.

150. Pageat, P., *Pathologie du comportement du chien*, Éditions du Point vétérinaire, París, 1995; y *L'Homme et le Chien*, Odile Jacob, París, 1999.

151. Béata, C., *La Psychologie du chien*, Odile Jacob, París, 2004; y *Au risque d'aimer*, Odile Jacob, París, 2013.

Estos razonamientos interactivos producen nuevas descripciones. Me acuerdo del trabajo en el que Claude Béata aceptó filmar una de sus consultas, analizada según los principios de los sistemas familiares:[152] un perrito salta sobre la mesa de exploración, el veterinario pregunta a la pareja qué lo ha llevado a la consulta. El perro se pone a gemir inquieto, ello obliga a los humanos a hablar más alto. Los dos «padres» empiezan a competir para captar la atención del médico y es la señora quien gana: el veterinario termina por dirigirse sólo a ella. El señor refunfuña y se retira de la pelea. Entonces el perro gime y ladra muy fuerte. El señor pasa. El perro ladra y tapa la voz de los humanos. De pronto el señor, hasta el gorro, toma el periódico y golpea la cabeza del perro y… ¡todo el mundo se calla! Era exactamente esto lo que quería el señor: hacer callar a la señora.

En otro trabajo asociativo entre veterinarios y psiquiatras mostramos que un perro sustituto, comprado con urgencia para ocupar el lugar de otro que acababa de morir, sufría incontinencia y trastornos en su desarrollo.[153] El animal había sido puesto ahí para ser amado en lugar del perro desaparecido, aliviando de este modo el sufrimiento del propietario. Un ambiente sensorial como éste, incoherente, guiaba mal el desarrollo del perro. Lo llamaban para acariciarlo y a menudo lo rechazaban por ser «peor que el otro», el perro desaparecido. Esta observación clínica tuvo un papel importante para dilucidar cómo un mundo mental puede actuar sobre el mundo mental de otro. No es magia. La biología de las interacciones permite el susurro de los fantasmas, la intersubjetividad entre una persona traumatizada y sus allegados.[154]

Estas observaciones de la comunicación entre humanos y animales eran a menudo alegres. Michel Sokolovski aún era jefe de clínica con Marcel Rufo cuando planeamos observar el comporta-

---

152. Filme de Antoine Alaméda.

153. Cyrulnik, B., Alaméda, A., Béata, C., François, C., *Le Chien de remplacement*, Éditions du Point vétérinaire, 1995, págs. 23-26.

154. Cyrulnik, B., *Le Murmure des fantômes*, Odile Jacob, París, 2003.

miento de un ciervo en un jardín zoológico en la región de Hyères. La víspera, estuve sobre el terreno para preparar el estudio, pero los cuidadores de los animales me alertaron de que la observación sería difícil puesto que el ciervo estaba en celo. Llamé enseguida al hospital Sainte-Marguerite de Marsella para avisar a Michel. Pero una secretaria chinchona había cubierto las paredes de pancartas en las que se podía leer: «Señor Sokolovski, vaya con cuidado, el ciervo está en celo». Las enfermeras protegieron entre risas al joven jefe de clínica, pero no sé qué debieron pensar las familias de los enfermos.

Algunas observaciones de biología de las interacciones ya habían sido llevadas a cabo por Irène Lezine y Colwin Trevarthen. Resultaba encantador analizar cómo una madre y su bebé sincronizaban su mímica y sus gestos.[155] Los estudios sobre la sonrisa de los bebés no eran para nada tristes[156] y demostraban que, aunque el punto de partida era biológico, incluso cuando es un cúmulo de neuronas en el tronco cerebral el que desencadena la contracción muscular de los labios que expresan el gesto que llamamos «sonrisa», era la interpretación de la madre lo que convertía este acto motor en relación emocional.[157]

Las observaciones etológicas de animales delante de espejos y las interacciones madre-hijo interesaban a mucha gente. Algunos profesores de filosofía utilizaban estos experimentos para invitar a sus alumnos a reflexionar sobre la aparición de la autoconciencia en el mundo vivo o sobre la posibilidad de un pensamiento sin palabras. Los genetistas empezaron a evaluar las modificaciones del comportamiento bajo el efecto de las presiones del ambiente. Y al-

---

155. Trevarthen, C., Huxley, P., Sheeran L., «Les activités innées du nourrisson», *La Recherche*, n° 6, 1975, págs. 447-458.

156. Challamel, M. J., Lahlou, S., «Sleep and smiling in neonate: A new approach», *Sleep Research*, 7, 1984, pág. IX.

157. Rufo, M., Reynard, F., Soulayrol, R., Coignet, J., «À propos du sourire comme signal d'une interaction précoce parents-bébé dans un service de prématurés», *Psychologie médicale*, 16, 2, 1984, págs. 279-285.

gunos psicólogos describieron una semiología que permitía señalar el modo en que los niños se preparan conductualmente para entrar en el mundo de la palabra hacia el mes 18-20 de vida.[158] Después de sincronizarse con los adultos, los bebés, hacia los 18 meses, se quedan quietos y están muy atentos cuando un adulto habla, como si pensaran: «Hay un enigma detrás de estas vocalizaciones, ¿muestran quizás algo que no está ahí?» Dos meses más tarde, habiendo captado ya el truco del habla, tan sólo tienen que aprender las palabras de su lengua materna; tardarán 10 meses, no más, para aprender una lengua, de tres mil a cuatro mil palabras, con gramática, excepciones y todo: ¡diez meses, sin escuela ni libros!

Hoy en día, toda una serie de filósofos e historiadores construyen una nueva teoría de la condición animal.[159] El balance de estos trabajos, desde el premio Nobel atribuido a la etología en 1973, está hecho de fracasos, éxitos y promesas.

El fracaso es que la palabra «etología» haya sido utilizada por los políticos de extrema derecha, por culpa de dos desafortunadas frases de Konrad Lorenz y de la sociobiología, combatida en Francia pero bien aceptada en Estados Unidos.[160] ¿Se puede explicar la condición humana mediante el estudio de las interacciones químicas en las hormigas? Aunque es concebible que recibamos, como las hormigas, estímulos visuales y que estemos bajo la influencia de feromonas, esos vapores emitidos por un organismo que influencian un

---

158. Jouanjean-L'Antoëne, A., *Genèse de la communication entre deux jumelles (11-24 mois) et leurs parents. Approche éthologique, différentielle et causale*, tesis doctoral de ciencias, Universidad Rennes-I, 1994.

159. Fontenay, E. de, *Le Silence des bêtes*, Fayard, París, 198; Despret, V., *Naissance d'une théorie éthologique*, Les Empêcheurs de penser en rond/Synthélabo, París, 1996; Burgat, F., *Animal, mon prochain*, Odile Jacob, París, 1997; Baratay, E., *Le Point de vue de l'animal*, Seuil, París, 2012; Ricard, M., *Plaidoyer pour l'altruisme*, NiL, París, 2013; Lestel, D., *Les Origines animales de la culture*, Flammarion, París, «Champ Essais», 2009.

160. Wilson, E. O., *Sociobiology: The New Synthesis*, Harvard University Press, Cambridge, 1975; y *On Human Nature*, Harvard University Press, Cambridge, 1978.

organismo vecino, de todas formas no se puede reducir la condición humana a estas determinantes psico-químicas. De este modo, cuando una especialidad es separada de las otras, los científicos tienden a pensar que su descubrimiento es totalmente explicativo.

Me parece más justo decir que los líderes de las primeras investigaciones etológicas no supieron organizar un grupo capaz de hacerse con el poder universitario: «La etología no existe estrictamente hablando en Francia, o los zoólogos franceses no han constituido una disciplina de investigación independiente sobre el comportamiento animal».[161] Por supuesto que hay excelentes investigadores,[162] pero sus publicaciones no entran en la cultura. Mientras que, paradójicamente, las cuestiones reveladas por sus trabajos y tratadas por ensayistas, filósofos o clínicos provocan un verdadero hervidero cultural.

Es a ellos a quienes hay que atribuir el éxito de la etología. Estos clínicos se benefician de las hipótesis y métodos puestos a punto por etólogos[163] para describir las interacciones precoces[164] y los comportamientos pre y paraverbales.[165]

Esta consecuencia de la etología provocó un fenómeno curioso. Bastaba con decir que un trabajo había sido inspirado por la etología animal para provocar críticas como: «El hombre no puede ser un animal puesto que habla»,[166] o: «¿Por qué rebajáis al hombre al nivel

---

161. Lemerle, S., *Le Singe, le Gène et le Neurone. Du retour du biologisme en France*, PUF, París, 2014, pág. 90.

162. Baudoin, C., *Le Comportement. Pour comprendre mieux et davantage*, Le Square, «Parole publique», París, 2014.

163. Desor, D., Kraft, B., «Les Comportements parentaux», *Comportements*, 6, 1986.

164. Cyrulnik, B., Petit, J., «Ontogenèse des cris de bébé», Coloquio CNRS, Marsella, *Bulletin SFECA*, 1987.

165. Cosnier, J., Brossard, A. (dir.), *La Communication non verbale, Neuchâtel, Delachaux et Niestlé*, 1984.

166. Idea maravillosamente tratada en el libro de Vercors, *Les Animaux dénaturés*, Minuit, París, 1952.

del animal?» Pero cuando se exponía el mismo trabajo sin citar las fuentes animales, tan sólo había alabanzas. Tal es el caso de un gran número de trabajos sobre el apego que son cada vez más difundidos en Francia, mientras que la hipótesis y su método se inspiran en la etología, ciencia-encrucijada. Ello explica por qué muchos investigadores, clínicos y filósofos reivindican la etología, mientras que sus grupos de investigación son más y más escasos. La reducción epistemológica, debida al método científico, construye un objeto de ciencia que tiene problemas para vivir fuera de un laboratorio. Los artículos científicos, publicados para hacer carrera, no son leídos por el público general. Así, los actores políticos no son sensibles a ellos y no ven interés alguno en financiar un laboratorio de etología animal. Esto no es lógico, puesto que gracias a ellos los clínicos, educadores, psicólogos o veterinarios adoptan una actitud interrogativa que ayuda a comprender mejor y a sanar tanto a los seres humanos como a los animales.[167]

---

167. Cyrulnik, B., «Modèle animal?», *Bull. Acad. natl. med.*, 96, n° 9, 2012, págs. 1899-1906, Academia de medicina, sesión del 18 de diciembre de 2012.

3
Una historia no es un destino

La nave de los locos

Hacía buen tiempo, izamos las velas y el barco dejó el puerto de Hyères deslizándose suavemente sobre el agua. Yo no sabía que el *Noah-Noah*, un velero de 17 metros, iba a cambiar mi forma de entender la esquizofrenia. Algunas semanas antes, Henri Boutillier, jefe de servicio del hospital psiquiátrico de Pierreferu, en el Var, me contó hasta qué punto él había quedado marcado por el pensamiento de Henri Ey con quien había sido interno. Me dijo que aquel hombre no era un psiquiatra de biblioteca. Tenía un gran talento para establecer contacto con los psicóticos en conflicto con la realidad. Pensando en el problema, decía en voz alta lo que acababa de entender y le pedía a su ayudante que anotara las ideas. Así, Henri Ey escribía sobre el terreno. Luego se retiraba a su despacho y tachaba, verificaba y reformulaba sin cesar para dar a su trabajo una forma que pudiera ser compartida con otros. Decía que el hombre no es más que naturaleza a la que él se opone. Su destino y sus instituciones forman tan escasa parte de la naturaleza, que ésta está destinada a ser dominada por él».[1]

El hombre es por naturaleza un ser cuyas instituciones modifican el destino natural. Un razonamiento así se opone al pensamiento inmovilista según el cual un ser humano se caracteriza por un determinismo inexorable, biológico para algunos, verbal o espiri-

---

1. Ey, H., *Naissance de la médecine*, Masson, París, 1981, pág. 195.

tual para otros. El pensamiento inmovilista tiene ventajas, ya que aporta certidumbre y una claridad cegadora. Es cómodo ver un mundo inmóvil, ¡pero es tan abusivo!

Henri Boutillier me decía que Henry Ey estaba fascinado por la pérdida de libertad de los psicóticos, pero que podía haber enormes sorpresas cuando un simple cambio de situación aportaba un soplo de libertad. Yo le conté que el hospital psiquiátrico de Digne había comprado una granja en la montaña y que algunos esquizofrénicos, en vez de deambular por los pasillos de los pabellones, iban allí a plantar lavanda y a hacer un poco de albañilería. Cuando los pacientes se concentraban en una tarea, la psicosis les oprimía menos. Casi desaparecía cuando hablábamos con ellos del cultivo de plantas o de la fabricación de un objeto artesanal.

Algunas semanas más tarde, Henri me llamó para decirme: «La dirección de la Acción sanitaria está de acuerdo en que alquile un barco para llevar en él a psicóticos. ¿Aceptarías navegar con ellos y hacer una observación clínica?» Se formó un grupo con siete pacientes, siete enfermeros, una pequeña tripulación de marineros, un interno cuya tesis yo dirigía[2] y yo mismo. Al embarcar, el timonel, que por supuesto llevaba una gorra de marino bretón, dijo: «No quiero saber quién está enfermo y quién no. Aquí todos sois pasajeros».

Antes yo había ido a visitar a Pierre Garrigues al Inserm de Montpellier para que me aconsejara. Me explicó que bastaba con trazar el etograma de las miradas (quién mira a quién) y de la apropiación espacial (quién se pone dónde)[3] para hacer observables su maneras de interactuar.

El día de la partida, pudimos constatar que el equipaje y el personal sanitario estaban todos dispuestos sobre el puente cerca del

---

2. Drai, J. J., *La Communication non verbale. Étude théorique: De l'animal à l'homme. Étude pratique: Orientations visuelles sur un groupe d'enfants à l'heure du repas*, tesis doctoral, Facultad de Medicina, Marsella, 1980.

3. Garrigues, P., «Étude de l'interaction sociale et du comportement moteur chez un enfant autiste», *Psychologie médicale*, 11 (3), 1979, págs. 496-502.

timón y junto a los pasamanos, mientras que los pacientes se instalaron en el fondo del barco, ocultos de las miradas.[4] Una apropiación espacial como ésta revelaba el sitio que cada uno se atribuía en el interior de un grupo social.

Estas salidas náuticas me marcaron. Cuando, durante una escala, íbamos al mercado a comprar verdura acompañados de un esquizofrénico, cuando lavábamos los platos juntos agachados sobre el muelle, pensábamos menos que ese compañero de equipo era un enfermo, lo cual no quiere decir que olvidáramos el carácter extraño de nuestras relaciones. Relacionándonos en la vida cotidiana tejíamos mejor la proximidad. Un estatus médico, un estudio científico, al alejar nuestra mirada, habrían facilitado la distancia intelectual, habrían creado una representación más objetiva, pero, al mismo tiempo, habrían diluido la relación con ellos. Es el cambio de actitud del clínico o del científico el que hace que se recojan informaciones diferentes. Comprender y curar no van obligatoriamente asociados.

Maxime era simpático y sonriente. En el hospital, participaba de buen grado en las actividades del pabellón. Los cuidadores preparaban su salida, pero, navegando con él cada día y cada noche, comprendimos que jamás podría vivir solo. Cuando le pedíamos que fuera a comprar el pan, aceptaba entusiasmado, corría hacía la panadería y se perdía por el pueblo. En aquella época, las familias de los enfermos se implicaban poco en los cuidados. Hoy en día, su ayuda y su testimonio son herramientas preciosas.[5]

Antes de su brote disociativo, Maxime era profesor de vela, así que le confiamos el timón. Tuvimos que admitir que ya no sabía gobernar un barco. Cuando algo le distraía a los lados volvía la cabeza

4. Rimé, B., «Les déterminants du regard», *L'Année psychologique*, 77, 2, 1977.

5. La Unafam (Unión nacional de los amigos de familias de enfermos mentales) participa en estos congresos. El paciente esquizofrénico, apoyado por su familia, recae menos y se equilibra con menos medicación: el sistema familiar funciona mejor, a pesar del trastorno.

para mirar y movía el brazo con el que aguantaba el timón, de forma que el barco se desviaba y tomaba mal viento. La organización de la vida hospitalaria, que decidía la hora de las comidas, las visitas y las actividades, había borrado toda expresión de la personalidad de Maxime. En el hospital parecía equilibrado porque estaba perfectamente dirigido por el reglamento hospitalario. A la más mínima libertad demostraba que había perdido la facultad de juzgar.

Vivien, por su parte, cambió por completo desde el primer día en el mar. Rápidamente dejó el fondo del barco para ir al aire libre y sentarse entre los cuidadores. Reía de todo, participaba en las conversaciones, en la cocina y en las faenas de lavado de la vajilla con una alegría contagiosa. Los enfermeros no se lo podían creer, ellos que lo habían visto durante meses abatido en una silla, mirando al suelo. Algunos habían creído ver en este hecho un síntoma de esquizofrenia desorganizada, que define una esquizofrenia vacía, una agonía psicológica desprovista de alucinaciones y de delirio pero con un alma muerta. Nadie pensó que Vivien se había adaptado perfectamente al asilo. Había bastado con cambiar las barreras, remplazarlas por las paredes de una cabina de barco en un paisaje cambiante, con un entorno que hablaba, para invitar a Vivien a adaptarse a otro mundo, en este caso vivo. A su vuelta al hospital Vivien pidió el alta.

Charlote estaba inquieta. Le tenía miedo a todo en este mundo desconocido. Echaba en falta la seguridad del asilo, donde todo está siempre en el mismo lugar, todas las palabras, todos los días se repiten de la misma manera. Por la mañana, hacia las diez, durante la consulta, entraba en el despacho sin llamar a la puerta y preguntaba: «¿Cuándo voy a salir?» El médico respondía: «Más adelante». Entonces Charlote, tranquila, volvía a deambular por el pasillo. Una noche bien negra en la que yo llevaba el timón, subió al puente con su maleta. Llevaba gafas oscuras y gritaba: «¡Aquí todo es negro!» Saltó por encima de la barandilla, pero éramos muchos y la atrapamos. Un psicólogo habló con ella toda la noche para impedir que se tirara al agua. Durante la escala en Lavandou, una ambulancia la esperaba para llevarla al hospital. Para ella, el mundo exterior era una prisión de angustia. Las paredes del asilo le habían dado su calma interior.

La escala en Saint-Tropez fue aún más sorprendente. En el mes de marzo de 1975 el puerto estaba vacío y el velero llegó a puerto a vela. Los hombres descendieron y, sin mediar palabra, encorvados, con los ojos pegados al suelo, se fueron a la playa de Canoubiers. Una bañista con los senos desnudos se dejaba acariciar por el sol de primavera. Los hombres, con semblante grave, la rodearon para mirar sus pechos. Enfadada, la bañista los amenazó: «Voy a llamar a la policía». Vivien respondió: «Nos da igual, no iremos a prisión, somos esquizofrénicos».

Tarzán, niño salvaje

Rosine se quedó por el muelle, estuvo mirando escaparates y charló con la gente que pasaba. Uno de ellos le dijo que tenía una casita en los viñedos y que se ganaba la vida coloreando cuadros. Se cayeron bien. Cuando volvió al hospital, él vino a buscarla. Hoy viven juntos y recientemente la vi sentada ante un caballete pintando dibujos del puerto de Saint-Tropez copiados de postales por asiáticos. Bonito, simple y barato. Felicidad perfecta.

Estos cambios radicales de cuadros clínicos me desorientaban. Los signos clínicos que se nos enseñaban en la universidad no eran pues inherentes al sujeto. Son una transacción entre lo que es el sujeto y lo que está en su entorno. ¿Podríamos existir sin mundo? Cambiad el contexto y cambiaréis la expresión de lo que sois. En este caso, toda visión psiquiátrica es demasiado inmovilista. Creyendo que el sufrimiento es inherente al sujeto, el psiquiatra se arriesga a encarcelarlo en las cadenas conceptuales del observador. Ello no significa que la psiquiatría pueda olvidarse de la ciencia. Más bien al contrario, la clínica, la neurociencia, incluso las clasificaciones[6] hacen progresar nuestra comprensión y nuestros cuida-

---

6. DSM: *Diagnostic and Statistical Manual of Mental Disorder.*

dos. Pero ninguna teoría, técnica o ciencia podrá explicarlo todo. En el siglo XIX la medicina hizo muchos progresos gracias a la idea de higiene. Se salvaban miles de niños simplemente aconsejando lavar los biberones y estableciendo regímenes alimentarios adecuados para los más pequeños. Pero cuando se dijo que estos progresos de la higiene debían aplicarse a la lucha contra la deshonra de la masturbación se torturó a los niños en nombre de la moral.[7]

El marco conceptual que oponía la naturaleza a la cultura inducía a un pensamiento fácil, una sensación de evidencia. Inducía al error. Los animales, se nos decía, forman parte de la naturaleza y no tienen nada que enseñarnos sobre el sufrimiento psicológico de los seres humanos. Éstos, evidentemente, sólo forman parte de la cultura. Los psiquiatras no tienen ninguna razón para tratar con veterinarios, se decía entre risas. El alma inmaterial flota en el éter y no tiene nada que ver con el cuerpo material entendible y mensurable. Este postulado de un hombre sobrenatural les convenía a quienes creían en el alma mecánica de los animales: «Del alma de los animales. Después de haber demostrado la espiritualidad del alma del hombre, podemos explicar como si fueran las de una máquina las acciones más sorprendentes de los animales».[8] Esta alma de los animales resultaba un cableado de instintos que podían funcionar mal, como una máquina rota, pero no como un alma herida.

Cuando Roger Bacon, en el siglo XIII, dijo que había que hacer observaciones para intentar comprender el mundo vivo, fue encarcelado por haber expresado una idea blasfema. Esta actitud intelectual, que no obstante es la regla de la clínica, siempre ha suscitado oposición. La observación es un obstáculo para el pensamiento, dicen los espiritualistas. Aquellos que se contentan con acumular anécdotas sobre las proezas intelectuales de los animales se oponen también a los que pretenden que tan sólo tenga valor científico el

---

7. Foucault, M., *Les Anormaux, op. cit.*, págs. 217-243.

8. Letard, E., Théret, M., Fontaine, M., «Évolution des conceptions de l'homme au sujet de l'activité mentale des animaux depuis l'Antiquité jusqu'au XXe siècle», en A. Brion, H. Ey, *Psychiatrie animale, op. cit.*, pág. 51.

laboratorio. Los que se dedican a los relatos se enfrentan a los experimentadores, cuyos resultados no siempre son congruentes con lo real. Un clínico diría más bien: «Hay que iluminar la una a través de la otra, la observación en la naturaleza y la experimentación».[9]

Así, cierta observación natural la proporcionó la acumulación de anécdotas sobre niños salvajes cuya situación se suponía debía responder a la pregunta: «¿Qué sería un ser humano privado de cultura?» La parte de naturaleza en la condición humana podría de este modo ser observada en los niños criados por animales.[10] Fueron hallados una cantidad impresionante de niños privados de familia por una tragedia, que habían sido adoptados por hembras animales. A comienzos del siglo XX, en la India, encontraron a dos niñas salvajes a las que se acosó y se cazó como si fueran animales. Se supuso que, ya que habían sobrevivido en el bosque, fuera de toda familia humana, habían sido criadas por lobas. El pastor Singh y su mujer recogieron a las niñas para humanizarlas. Fotografiaron a Amala y Kamala corriendo a cuatro patas, comiendo con la cabeza hundida en el plato y durmiendo abrazadas por el suelo.[11] Amala murió, pero Kamala se apegó a la mujer del pastor, cosa que le permitió aprender a caminar de pie. Estas publicaciones desencadenaron una avalancha de testimonios en los que se hablaba de niños que habían sido criados por osas, ciervas e incluso por gatas que, durante la guerra, se habían escurrido entre los escombros de la Varsovia bombardeada, para dar de mamar a bebés humanos sepultados en las ruinas. Estos relatos tenían buena aceptación porque el contexto cultural recurría mucho a la noción de «instinto maternal» para explicar estos prodigios. El maravilloso mundo del instinto describía una mecánica inexorable que obligaba a las mujeres a consagrarse a

---

9. Lanteri-Laura, G., «Traité de psychologie animale de F. J. J. Buytendijk», en J. Brion, H. Ey, *Psychiatrie animale, op. cit.*, pág. 74.

10. Malson, L., *Les Enfants sauvages*, París, 10/18, 1964.

11. Singh, J. A. L., Zingg, R. M., *L'Homme en friche. De l'enfant-loup à Kaspar Hauser*, Complexe, Bruselas, 1980.

los bebés. Los escolásticos[12] razonaban de forma semejante cuando decían que «un cuerpo cae porque posee una virtud cayente», como algunos psicoanalistas sostienen que vivimos porque tenemos una «pulsión de vida» y que si las mujeres se ocupan de los niños es porque tienen un «instinto maternal». Estas ideas bien masticadas son cómodas para quien ha dejado de pensar.

Por este motivo Victor de l'Aveyron fue objeto de cuidados que asociaban la observación natural de un niño salvaje con una tentativa de rehumanización.[13] Victor, el niño salvaje, fue descubierto en el año 1800. Con una edad de entre nueve y diez años, andaba a cuatro patas, gruñía y se alimentaba de plantas. Encontrado por cazadores, fue destinado al orfanato de Rodez, pero como en aquella época el pensamiento clínico empezaba a desarrollarse gracias a Laënnec y Pinel,[14] fue confiado al doctor Jean Itard, encargado de reeducarlo. Fue un fracaso, pero esta nueva forma de pensar la condición humana permitió preguntarse si el niño había sido abandonado porque tenía un retraso mental o si tenía el retraso a causa del abandono.[15]

No hemos cambiado fundamentalmente nuestra reflexión. A finales de los años 1980, el descubrimiento de un niño calificado de «salvaje» en Alemania provocó un contagio emocional en toda Europa, hasta el punto de que un rumor afirmaba que Alain Delon, el actor, quería adoptar el niño para reeducarlo, como habían hecho el buen doctor Itard y su ama de llaves, la señora Guérin. De he-

---

12. Escolástica: enseñanza de la Edad Media en escuelas bajo jurisdicción eclesiástica.

13. Perea, F., Morenon, J., «Le sauvage et le signe», *Nervure*, tomo XVII, n° 9, diciembre 2014-enero 2015.

14. Laënnec (1781-1826): médico que inventó la semiología médica. En la superficie del cuerpo, percutiendo el tórax o auscultando los sonidos de la respiración con un estetoscopio, recoge signos sensoriales que le guían hacia una lesión profunda e invisible; Pinel (1745-1826): considera que los trastornos mentales son una enfermedad que se puede describir clínicamente.

15. Ginestet, T., *Victor de l'Aveyron. Dernier enfant sauvage, premier enfant fou*, Hachette, París, 1993.

cho, se trataba de un niño autista del que se ocuparon bien los psiquiatras alemanes. Este acontecimiento reveló hasta qué punto nuestra cultura desea siempre descubrir, en el desarrollo del niño, aquello que proviene de la naturaleza y aquello que es atribuible a la cultura. El cineasta François Truffaut se interesó por la historia de la locura cuando dio con la historia de Victor, el niño salvaje, de cuyo relato hizo una bella película.[16]

Tarzán encandiló nuestra infancia con este problema epistemológico: ¿cómo podría humanizarse un niño criado por animales? Él, aun viviendo entre los animales, demuestra, convirtiéndose en su jefe, que sigue siendo un hombre. Se apega a los simios, elefantes y otros animales amables, pero mata leones, cocodrilos y a humanos malvados. Una mujer lo humaniza enseñándole a hablar señalándole cosas con el índice: «Yo Jane, tu Tarzán». Esto plantea un problema fundamental. Si Tarzán bebé era un hombre cuando vivía en la jungla adoptado por los animales, ¡entonces podía pensar sin saber hablar!

Pensamiento sin palabra

Hace algunos decenios, filósofos y psiquiatras nos enseñaban que no se podía entender nada si no se hablaba. Ahora bien, «el trato con afásicos, aunque sea superficial, basta para mostrar que el pensamiento sobrevive a las alteraciones del lenguaje. [...] El estudio del pensamiento sin lenguaje de los animales y los niños [...] muestra que los progresos iniciales no van ligados al lenguaje, sino a la madurez cerebral».[17] Hoy en día añadiríamos que este desarrollo neurológico va ligado a las estimulaciones sensoriales que rodean al niño.[18] Se podría reformular la noción de la relación entre pensa-

---

16. *L'Enfant sauvage*, filme de François Truffaut, 1970.

17. Laplane, D., «Langage et pensée», *Rev. Prat.*, 41 (2), 1991, págs. 143-149.

18. Garralda, E., Raynaud, J. P. (ed.), *Brain, Mind, and Developmental Psychopathology in Childhood, op. cit.*

miento y lenguaje diciendo que, en un mundo sin palabra, la percepción de lo real estaría formateada por nuestros órganos neurosensoriales. Pero cuando accedemos al dominio de la palabra, todo discurso constituye una reorganización del mundo que hemos percibido. Escapamos de lo real para someternos a su representación. Para construir el mundo que creemos simplemente percibir, poseemos dos herramientas:

- nuestro nicho sensorial precoz, que ha esculpido nuestro aparato para ver el mundo, que llamamos «cerebro»;
- nuestra forma de hablar de este mundo, que constituye una representación que llamamos «realidad».

La capacidad de hablar es una aptitud biológica que sólo el cerebro humano puede adquirir. Y la palabra es un objeto sensorial que percibimos biológicamente (sea sonoro o escrito) y que posee el sorprendente poder de designar un objeto no percibido. Esto quiere decir que el lenguaje nunca nació, sino que es el producto de una evolución. Probablemente hubo un proto-lenguaje de gritos, sonoridades y posturas en el *Homo habilis* hace dos millones de años. En el breve instante de 200.000 o 300.000 años, su lenguaje se transformó de pronto para adquirir la forma sintáctica que empleamos habitualmente desde hace 500.000 años.[19] Ello significa que durante casi dos millones de años nos comunicamos como los animales y como lo hacen los bebés antes de la explosión de la palabra, durante el tercer año de vida.

Esta forma de pensar la palabra, no como un regalo caído del cielo, encarnación del alma, sino como el resultado del proceso evolutivo e interactivo, nos invita a cambiar la mirada sobre la clínica humana. En los años 1960 hubo muchos accidentes vasculares cerebrales porque la hipertensión estaba menos vigilada que hoy en día. Cuando una persona se quedaba hemipléjica y afásica, se le

---

19. Hombert, J.-M., Lenclud, G., *Comment le langage est venu à l'homme*, Fayard, París, 2014.

daban algunos vasodilatadores y, puesto que ella no hablaba, no se le hablaba más. A la alteración neurológica se le añadía una desesperación relacional, un sinsentido de la existencia y un final de vida psicológicamente miserable. Actualmente se admite que los afásicos piensan[20] en imágenes más que con palabras, cosa que nos permite mantener con ellos una comunicación de gestos y mímica, un teatro gestual, una pantomima que aún entienden y hace posible no abandonarlos.[21]

Alain Mouchès acababa de aprobar el bachillerato científico y de inscribirse en medicina cuando una encefalitis le hizo caer en coma. Cuando despertó, estaba paralizado y ya no sabía ni leer, ni escribir, ni hablar. Después de una larga reeducación, se le permitió inscribirse en psicología, pero él dice: «A veces parecía un extranjero que no conoce la lengua del país, otras veces un retrasado. […] Sin ánimo de ofender a ciertos filósofos, afirmo que se puede pensar sin lenguaje […]. La palabra no es indispensable para un comportamiento inteligente».[22] En un mundo humano sin palabras, Alain llegó a comprender y a resolver multitud de problemas cotidianos, como hacen prácticamente todos los animales. Quizás sea ésta la razón por la que, tras una laboriosa reeducación, pudo hacer un doctorado de etología en Rennes. Gracias a este diploma, luego pudo enseñar en la Universidad de Rennes. Gracias a su experiencia, cambió su concepción sobre la educación y la condición humana. Al haber completado el bachillerato, fue autorizado a ser estudiante universitario en una época en la que aún era incapaz de entender palabras habladas y escritas. Si la encefalitis le hubiera sobrevenido algunos días antes del examen, no habría podido ins-

---

20. Mouchès, A., «De la pensée sans langage à la réforme de la pensée», en *Chemins de formation, au fil du temps*, n° 18: «Chemins de traverse, intelligence de l'improbable», enero 2014, págs. 117-122.

21. Polydor, J. P., «Théâtre de l'Alzheimer», en L. Ploton, B. Cyrulnik, *Résilience et personne âgée*, Odile Jacob, París, 2014.

22. Mouchès, A., «De la pensée sans langage à la réforme de la pensée», en *Chemins de formation, au fil du temps, op. cit.*, pág. 118.

cribirse. Al ser afásico, no se hubiera podido beneficiar de ninguna convalidación, porque su hándicap era demasiado obvio. Cuando lo conocí aún no daba clases magistrales, pero, a pesar de una disartria, cierta rigidez en la articulación, se podía captar su inteligencia y la claridad de sus ideas en etología.[23] Este accidente de juventud y el proceso de resiliencia que luego desarrolló le llevaron a pensar el mundo de forma diferente.[24] Los seres humanos, como los animales, pueden comprender un gran número de fenómenos en un universo sin palabras.[25] El valor excesivo que se da a diplomas y publicaciones conduce a injusticias, decepciones y trastornos relacionales.[26] El hecho de poseer un diploma de estudios superiores o una lista de publicaciones en revistas especializadas refuerza la creencia en la pertinencia de los procesos educativos, mientras que Alain Mouchès, «pasando de la etología a la investigación clínica, [se] volvió un especialista metomentodo»:[27] algo normal para un clínico no lo es obligatoriamente para un científico.

---

23. Actualmente, la profesora Martine Lani-Bayle dirige, en Nantes, en el marco de un doctorado de Estado sobre la resiliencia, a una atleta de alto nivel que sufrió un grave traumatismo cerebral. Su tesis es apasionante, la doctoranda la expone con claridad, mientras que los expertos neurólogos sostienen que ella ya no es capaz de planificar acción alguna. Las cualidades necesarias para aprobar un examen no son las mismas que las que permiten vivir con normalidad.

24. Para hablar de «cura», debería haber vuelto al estado anterior, lo cual no es el caso. Pero podemos hablar de «resiliencia», porque ha retomado un nuevo desarrollo de buena calidad que no es una recuperación íntegra.

25. Cosnier, J., Coulon, J., Berrendonner, A., Orecchioni, C., *Les Voies du langage. Communications verbales, gestuelles et animales*, prefacio de Didier Anzieu, Dunod, París, 1982.

26. Mucchielli, L., «La pédagogie universitaire en question. Le point de vue d'étudiants du premier cycle en psychologie», *Recherche et formation*, n° 29, 1998, págs. 161-176.

27. Mouchès, A., «De la pensée sans langage à la réforme de la pensée», art. cit., pág. 120.

Razones totalitarias

A veces el reduccionismo impuesto por el método científico conduce a contradicciones cuando se aplica a la clínica. En 1970, cuando pasé el examen de especialidad, tuve que aprender que la neurosis obsesiva era atribuible al hecho de que la madre había puesto al niño en el orinal de forma rígida en el estadio sádico-anal de su desarrollo. Y, utilizando la noción de doble vínculo de Gregory Bateson, se me explicó que bastaba con decir una frase a un niño pensando lo contrario para volverlo esquizofrénico. Cuando se explica un fenómeno a través de una sola causa, la razón se vuelve totalitaria. Creo que es mejor ser un metomentodo, cosa que se corresponde mejor con la variabilidad de los fenómenos clínicos.

Por razones que tienen su origen en mi propia historia, me crispaba cada vez que oía un pronóstico fatalista: «Con los mongólicos no hay nada que hacer. Es cromosómico». En los años 1960, los niños con síndrome de Down no iban a la escuela (ya que se creía que no había nada que hacer), su esperanza de vida no pasaba de los 25 años y, a pesar del apego que suscitaban en los demás, su personalidad se desarrollaba muy poco. En 2010, van a la escuela e incluso obtienen a veces resultados bastante buenos. Su esperanza de vida pasa de los 60 años y consiguen desarrollar personalidades más libres ya que están menos sometidos a la mirada devaluadora de los otros.

Oía a menudo expresiones de tristeza, maldiciones pronunciadas al ver a huérfanos o a hijos de padres pobres: «Mirad dónde viven, ¿cómo queréis que salgan adelante?» Los niños maltratados eran los más malditos. Oí a menudo a profesionales de la infancia decir, viendo a un bebé abandonado: «Tuve a su madre cuando ella fue abandonada, tendré a su hija dentro de veinte años cuando, a su vez, ella la abandone». La misma condena era pronunciada para los niños golpeados: «Fue maltratado por su padre, maltratará a sus hijos cuando sea padre». Muchos adultos que pasaron una infancia parecida me dijeron: «Me maltrató más esta frase que los golpes de mi padre». Algunos se suicidaron para no reproducir la maldición.

Este estereotipo de la repetición del maltrato bañó nuestra cultura psicológica durante varios decenios. Era un eslogan que todo el mundo recitaba. La apuesta fantasiosa de esta fórmula maléfica era loable, pues pretendía transmitir el mensaje de que el maltrato es tan grave que se transmite como maldición a través de las generaciones. Hay que combatirlo, por supuesto, pero este eslogan maléfico no es la mejor solución para evitar la repetición.

Me crispaba cuando oía esto y, al mismo tiempo, me decía a mí mismo: «Estos profesionales tienen más experiencia que yo, hay que escucharles». Y entonces recordaba ocasiones en las que me habían afligido con sentencias parecidas: «No tienes familia, me decía una señora condescendiente, no vale la pena que estudies, es demasiado caro». Me acuerdo también de una asistente social que sintió el deseo (¿placer, quizás?) de explicarme extensamente que los niños desatendidos no tenían ninguna oportunidad de salir adelante, fracasaban en la sociedad y transmitían su desgracia a sus hijos. Padecía estas explicaciones como si fueran una masacre, tenía muchas ganas de no creerlas, pero me faltaban argumentos.

Nathalie Loutre du Pasquier, una alumna de René Zazzo, introdujo en mi mente el germen de una evolución posible. Ella distinguía entre la ruptura de un vínculo y la ausencia de la construcción de un vínculo a causa de un aislamiento precoz.[28] Para explicar estas patologías diferentes, proponía un razonamiento diacrónico que asociaba los datos biológicos con las estructuras del ambiente. Entonces ya no era necesario tomar partido, los determinismos biológicos ya no se oponían a las limitaciones del ambiente. Incluso, por el contrario, estas causas heterogéneas se conjugaban. Inspirada por los trabajos de Anna Freud,[29] de René Spitz[30] y de John

---

28. Loutre du Pasquier, N., *Le Devenir d'enfants abandonnés. Le tissage et le lien*, PUF, París, 1981, pág. 227.

29. Burlingham, D., Freud, A., *Infants without Families*, Allen & Unwill, Londres, 1944.

30. Spitz, R., «Hospitalism: an inquiry into the genesis of psychiatric conditions in early childhood», *Psychoanal. Study Child*, 1, 1945, pág. 53.

Bowlby,[31] Loutre du Pasquier hizo el seguimiento de un grupo de niños privados de cuidados maternales y constató diferentes evoluciones. Por supuesto, la mayoría estaban alterados, pero algunos niños sufrían más que otros y no lograban tranquilizarse cuando se les proponía un sustituto. Unos pocos pequeños resistían la privación y arrancaban fácilmente cuando se les proponía un entorno afectivo nuevo. Algunos, incluso, después de haber estado muy afectados, reanudaban un buen desarrollo.[32] Cuando René Zazzo realizó parte de este trabajo con René Spitz, que no obstante era el promotor de esta clase de investigación, éste le dijo que primero debía ocuparse de los niños con carencias, cosa innegable. De modo que no se interesaron por los niños que, a pesar de su desgracia y de haber pasado por condiciones adversas, habían reanudado un buen desarrollo.

Cuando, en una situación parecida, Emmy Werner refirió que en una isla de Hawái, en plena catástrofe social, familiar y educativa, un 72% de los niños se habían convertido en adultos con grandes dificultades, cualquiera podría haber obtenido un resultado parecido. Pero, cuando ella añadió que, en contra de lo esperado, un 28% de ellos habían aprendido a «trabajar bien, jugar bien, amar bien y a desear algo»,[33] Michael Rutter reaccionó de otra forma: «Estos niños tienen algo que enseñarnos», dijo. Fue tan simple como esto. Este cambio de enfoque, esta postura epistemológica opuesta al miserabilismo psicológico de la época, dio la señal para que surgiera una avalancha de investigaciones destinadas a intentar resolver el enigma: «¿Cómo es posible que algunos salgan adelante y sean adultos felices, mientras que lógicamente deberían estar hechos pedazos?» Si llegamos a descubrir las condiciones que han protegido a estos niños y que les han ayudado a retomar un buen desarrollo,

---

31. Bowlby, J., *Soins maternels et santé mentale*, Organización Mundial de la Salud, serie monográfica, Ginebra, 1954, n° 2.

32. Loutre du Pasquier, N., *Le Devenir d'enfants abandonnés, op. cit.*, pág. 225.

33. Werner, E., citado en M. Ungar (ed.), *The Social Ecology and Resilience*, Springer, Nueva York, 2012, pág. 174.

podremos a su vez ayudar a aquellos que no han tenido la posibilidad de beneficiarse de estos factores. Emmy Werner bautizó este proceso con el nombre de «resiliencia». Más que la imagen de una barra de hierro que soporta un golpe, yo prefiero la imagen agrícola que dice que un suelo es resiliente cuando, devastado por un incendio o una inundación, toda vida desaparece de él, pero luego vemos que surge otra flora, otra fauna. De entrada, esta manera de obtener información me convenció, como si la hubiera estado esperando siempre. Había que descubrir las condiciones que podrían ayudar a los niños en dificultades a volver a vivir, para bien o para mal. En lugar de considerarlos como discapacitados para la existencia y proponerles una carrera de víctima, había que encontrar lo que permanecía vivo en ellos para ayudarles a ser felices, a pesar de todo.

Osar pensar el maltrato

Durante la Segunda Guerra Mundial, los prisioneros franceses no fueron maltratados por el ejército alemán. Cuando un soldado expresaba su miedo y su sufrimiento, se le tachaba de cobarde o de «doncella». En cuanto a los que volvieron, los raros supervivientes de los campos de exterminio a veces pudieron obtener una pequeña ayuda médica: la astenia de los deportados se explicaba por la avitaminosis. En este cuadro clínico, los médicos debían detectar los trastornos del ritmo cardíaco, las disfunciones intestinales y los reumatismos. Ni qué decir tiene que ningún niño recibió estas ayudas.[34]

Los fundadores de esta nueva forma de pensar la psique se interesaron por las consecuencias afectivas de la guerra (Freud, Spitz, Bowlby) o por las catástrofes sociales (Werner, Rutter). Ninguno estudió los trastornos provocados por los maltratos pater-

---

34. Targowla, R., «Le syndrome d'hypermnésie émotionnelle paroxystique», *La Presse médicale*, 58-40, junio 1950, págs. 728-730.

nos. La razón es bien simple: ¡nadie creía que existieran! Se mencionaba la vulnerabilidad de los niños por razones hereditarias, por fallos educativos en los ambientes desfavorecidos o por el contacto con padres psicóticos.[35] La idea de que ciertos padres podían torturar a sus hijos no cabía en la cabeza de ningún médico. En 1962, cuando Kempé y Silverman presentaron su informe *L'Enfant battu*,[36] fueron ellos quienes acabaron siendo criticados. El mundo médico manifestó su escepticismo ante tal injuria contra los padres. Para convencer, fue preciso medicalizar el mensaje, puesto que en aquella época todo lo que venía de la medicina era tomado por la verdad absoluta. Recuerdo haber aprendido a investigar, en las radiografías de vértebras de algunos niños retrasados, las «estrías de Silverman», unas líneas calcificadas que eran la prueba de los golpes, pues hay que tener pruebas para pensar lo impensable.

Como el contexto cultural jamás hablaba de maltrato de los padres, los clínicos no pensaban en buscar sus signos. La violencia familiar existía en la vida real, pero no en las publicaciones científicas.

Una noche de guardia, en el hospital de la Pitié, recibí a un niño de pecho en coma profundo. No había trauma craneal, ni infección, ni foco neurológico, eso me desorientó. La enfermera que me acompañaba quedó estupefacta cuando pedí al laboratorio que buscara barbitúricos: «Pero, señor, ¡tiene seis meses!» Mi intuición fue estúpida, pero tuve suerte, ya que el laboratorio confirmó el coma tóxico por barbitúricos. Devolvimos el bebé a los padres, que nos explicaron el misterio diciendo que la hermana mayor debía de haber jugado a cocinitas haciéndole tragar algunas pastillas.

Tres o cuatro meses más tarde, el bebé volvió a urgencias, esta vez con un hematoma subdural, una bolsa de sangre entre el cráneo

35. Anthony, E. J., Chiland, C., Koupernik, C., *L'Enfant vulnérable*, PUF, París, 1982.

36. Kempé, C. H., Silverman, F. N., Steele, B. F., Droegmuller, W., Silver, H. K., «The battered child syndrome», *J. Am. Med. Assoc.*, 181, 1962, págs. 17-24.

y el cerebro. Lo operamos por la noche y, a la mañana siguiente, durante la visita, me sorprendió ver costras sobre las nalgas y el bajo vientre. Una enfermera me dijo que le recordaba a las quemaduras de cigarrillo que se hacen los adolescentes para autolesionarse. Entonces los padres reconocieron que el bebé lloraba demasiado y que había que castigarlo un poco. Ninguna revista médica aceptó nuestro inverosímil testimonio.

Un concepto no puede nacer fuera de su cultura, por eso hace falta un agitador para hacer aflorar un problema que sacude la rutina intelectual. Pierre Straus y Michel Manciaux desempeñaron este papel. Partiendo de la publicación de Kempé, formaron un equipo multidisciplinario en torno al tema «El niño maltratado».[37] Clínicos, médicos, psicólogos, asistentes sociales y juristas aportaron testimonios sobre este fenómeno en sus vidas profesionales,[38] pero los responsables tardaron en reconocer la existencia de la tragedia. Esta catástrofe familiar, no enseñada en la facultad, era poco estimulante para los científicos que preferían temas hiperespecializados. No obstante, Solnit, precursor americano del uso de la palabra «resiliencia», criticó esta visión exclusivamente científica «que ve el mundo a través de un túnel» como con una lupa, a la vez verdadera y deformadora. Para evitar este sesgo, Solnit propuso integrar el saber puntilloso de los científicos con el otro, más amplio, de los clínicos.[39] Los investigadores, en sus laboratorios, estaban siempre aislados, se comunicaban poco con el resto de profesionales sobre el terreno y menospreciaban a los divulgadores. Un amigo periodista, Émile Noël, me explicaba que en los años 1980 los medios de comunicación renunciaron a invitar a científicos porque «hablan como si estuvieran vigilados por un colega con un fusil».

---

37. Straus, P., Manciaux, M., *L'Enfant maltraité*, prefacio de H. Kempé, Fleurus, París, 1982.

38. Verdier, P., *L'Enfant en miettes. L'Aide sociale à l'enfance: bilan et perspectives d'avenir*, Privat, Toulouse, 1978.

39. Solnit, A. J., «L'enfant vulnérable. Rétrospective», en E. J. Anthony, C. Chiland, C. Koupernik, *L'Enfant vulnérable, op. cit.*, pág. 486.

Por suerte, esto ya no pasa hoy en día y grandes científicos poseen un verdadero talento literario que les permite compartir su saber.[40] Pero aún los hay que viven y publican sólo dentro del túnel de sus conocidos, ignorando que hay otros saberes, en otros lugares. Y queriendo explicar todo con las pequeñas lentes de sus anteojos, demuestran un espíritu totalitario.[41]

Cuando Michel Manciaux, profesor de sanidad pública en Nancy, hizo, en la sociedad francesa de pediatría en París, una de sus primeras presentaciones sobre la infancia maltratada, un brillante médico replicó: «Es la primera vez que vemos algo así. Es verdad que vosotros, la gente del Este, sois brutales». Este médico, probablemente competente, vivía y practicaba su oficio en un entorno favorecido donde el maltrato es igual de frecuente pero se esconde mejor. Como no había visto jamás a padres maltratar a sus hijos, dedujo que eso no existía, salvo en el Este de Francia.

La pequeña banda de agitadores[42] sabía bien que el fenómeno de los niños maltratados siempre ha existido. Deberíamos haber escuchado a escritores como Charles Dickens, a médicos como Ambroise Tardieu o a discretos trabajadores de campo como Louise Deltaglia,[43] que ya nos habían avisado. Pero después de la Segunda Guerra Mundial, la cultura necesitaba convertir a los padres en héroes. La humillación militar de 1940 y la vergüenza de la colaboración fueron ocultadas por la felicidad de los años de la posguerra. Nuestra cultura tenía una gran necesidad de reparación narcisista. Los padres eran valientes cuando bajaban a las minas y reconstruían Francia. Las madres eran divinidades cuando aportaban la alegría de vivir en familia. Toda crítica contra los padres habría empañado la imagen que tanto se necesitaba.

---

40. Jordan, B., *Autisme. Le gène introuvable. De la science au business*, Seuil, París, 2012.

41. Moatti, A., *L'Avenir de l'anti-science*, Institut Diderot, 2014.

42. Dolto, F., Rapoport, D., This, B., *Enfants en souffrance*, Stock, París, 1981.

43. Deltaglia, L., *Les Enfants maltraités. Dépistage des interventions sociales*, ESF, París, 1979.

Lo que veíamos sobre el terreno no correspondía a lo que se enseñaba en las universidades. En una cultura en la que la biología tenía buenas razones para triunfar, su victoria técnica inducía una ideología del niño «mala hierba». Si se vuelve mal alumno o delincuente, es porque es una hierba que ha crecido mal. Es impensable que la familia y la cultura tengan un efecto sobre la psique de los niños.

Fueron los clínicos, ayudados por fundaciones privadas, quienes destruyeron este dogma y propusieron otra forma de afrontar el problema.[44] Los niños «mártires», como decían los primeros investigadores, existían más a menudo de lo que se creía. No obstante, los psicoanalistas ya habían descrito, después de la Segunda Guerra Mundial, el anaclitismo, en el que el bebé, privado de apoyo sensorial, no podía contar con una figura a la que apegarse para su desarrollo.[45] Los desastres provocados por las carencias afectivas ya habían sido observados desde siglo XIX por educadores, luego por psicoanalistas.[46] Y no obstante, aún hoy, ciertos investigadores cuyo terreno está constituido tan sólo de archivos piensan que la separación no tiene efecto alguno sobre el desarrollo de los niños.[47] Es un hecho que cuando la separación es rápidamente compensada por un sustituto afectivo, los trastornos son fácilmente superados gracias a la resiliencia. Pero cuando la privación afectiva perdura y

---

44. Kempé, R. S., Kempé, H., *L'Enfance torturée*, Mardaga, Bruselas, 1978; Fundación Robert Wood Johnson, Fundación William Grant, Centro de estudios Rockefeller.

45. Spitz, R., «Anaclitic depression. An inquiry into the genesis of psychiatricconditions in early childhood», *The Psychoanalytic Study of the Child*, 2, 1946, págs. 313-342.

46. Golse, B., «Carence affective», en D. Houzel, M. Emmanuelli, F. Moggio, *Dictionnaire de psychopathologie de l'enfant et de l'adolescent, op. cit.*, págs. 106-108.

47. Sierra, Blas V., «L'Espagne que nous avons perdue, ne nous perd pas», en R. Duroux, C. Milkovitch-Rioux, *Enfance en guerre. Témoignages d'enfants sur la guerre*, Ginebra, Georg Éditions, «L'Équinoxe», 2013. Y Celia Keren, *L'Évacuation et l'Accueil des enfants espagnols en France*, tesis de l'EHESS dirigida por Laura Lee Downs.

permanece sin suplencia, la separación deja una huella biológica en la psique en desarrollo y se vuelve un rasgo del carácter del niño carente de amor.

He aquí a donde lleva un saber compartimentado: apasionantes estudios históricos muestran que, en efecto, los niños republicanos españoles separados de sus familias y expulsados de su país por la Guerra civil (1936-1939) reanudaron un buen desarrollo cuando fueron acogidos en México o en la URSS, donde fueron recibidos como héroes. Pero, en otras circunstancias, quedaron gravemente alterados por la separación. En los casos en que, antes de la guerra, habían adquirido una vulnerabilidad emocional, cuando en el curso del período sensible de los primeros años de vida su nicho sensorial había quedado empobrecido por un accidente familiar o social, la separación provocó daños cerebrales fotografiables mediante una neuroimagen.[48] La separación tiene consecuencias absolutamente opuestas si factores de protección han sido adquiridos antes del trauma y si el niño ha obtenido un sostén afectivo antes del acontecimiento. Por eso ahora ciertos historiadores invitan a neurólogos a participar en sus trabajos.[49]

A los clínicos la pluridisciplinariedad se les impone inevitablemente. Un enfermo se sienta frente a él, con su cerebro, su psique, su historia, su familia, su religión y su cultura. El médico debe tener un conocimiento transversal si quiere ayudar a su paciente, lo cual no excluye los experimentos de un investigador en el laboratorio.

Algunos libros son verdaderos hallazgos. Cuando leemos un libro al azar pero no deja en nosotros traza alguna, solamente pasamos un buen rato. Pero cuando terminamos un libro con la sensación de haber vivido un acontecimiento, esto quiere decir que lo estábamos esperando, esperábamos encontrarnos con él. Esto es

---

48. Galinowski, A., «Facteurs de résilience et connectivité cérébrale», *Congrès français de psychiatrie*, Niza, 27-30 noviembre 2013.

49. Cyrulnik, B., Peschanski, D., *Mémoire et traumatisme. L'individu et la fabrique des grands récits*, INA Éditions, París, 2012.

precisamente lo que me ocurrió con *J'ai mal à ma mère*.[50] No sólo
tenía un estilo fresco, sino que además me hacía comprender los
enigmas de mi práctica, la sorpresa que sentía delante de fenómenos ilógicos: ¿cómo es posible?, ¿cómo hará esta mujer para salir
adelante? Lo que este señor me explicó no se correspondía con la
teoría que yo había aprendido. En este libro algunos primatólogos
nos explicaban que en los mamíferos, la presencia de otro es necesaria para su desarrollo biológico y emocional. Algunos genetistas
nos decían que una carga genética no es una fatalidad. Los psicólogos organizaban situaciones estandarizadas para comparar la evolución, psicoanalistas y psiquiatras describían los mundos interiores y sociólogos estudiaban la evolución de toda una población.[51]

Violencia educativa

Durante mucho tiempo hubo violencia educativa. Se golpeaba a
los niños para corregirles, se violaba a las niñas para poseerlas, se
las daba en matrimonio. Había razones morales para esta violencia
llamada educativa.[52] «La vida no es más que violencia. La existencia se basaba en el uso de la fuerza, la violencia era una necesidad
vital, energía salvadora. Sin ella, lo que había era la sumisión o la
muerte».[53]

En una vida cotidiana en que la violencia permitía la supervivencia, el concepto de maltrato no podía ser pensado. Cuando la
violencia permite la adaptación, el que no posee esta cualidad tan

50. Lemay, M., *J'ai mal à ma mère*, Fleurus, París, 1979.

51. Primatólogos: H. F. Harlow, S. S. Suomi, R. A. Hinde; genetistas: M. Rutter; psicólogos: G. Appel, D. Rapoport; psicoanalistas: J. Aubry, J. Bowlby, S. Lebovici, M. Soulé, A. Freud; psiquiatras: P. Mazet, J. M. Sutter, A. J. Solnit; sociólogos: OMS (Organización Mundial de la Salud).

52. Roumajon, Y., *Enfants perdus, enfants punis*, Robert Laffont, París, 1989.

53. Chesnais, J.-C., *Histoire de la violence*, Robert Laffont, París, 1981,
pág. 130.

sólo puede someterse para evitar morir. No obstante, algunos médicos se preguntaron si realmente era necesaria la violencia para vivir juntos y criar a nuestros hijos. «La historia está jalonada de toda suerte de maltratos ejercidos contra los niños, cosa que permite relativizar la afirmación de que el maltrato sería un problema nuevo ligado a la evolución de la sociedad o de la familia contemporánea».[54] Lo nuevo es que la brutalidad se llama hoy «maltrato». En una cultura en la que se ve necesario golpear a los niños, el maltrato no es concebible. Cuando un niño se desarrolla mal, se explican sus dificultades por «su carácter anormal o sus taras hereditarias».[55] Se era incapaz de pensar que la familia o la cultura podrían estar en el origen de estos trastornos, ya que, precisamente, se postula lo contrario: es gracias a la represión social que se impide la expresión de la bestialidad que existe en el corazón de la naturaleza. Los animales no dejan de pelearse y de devorarse entre ellos, pero cuando un ser humano accede a la civilización, la cultura consigue controlar las pulsiones. Es entonces necesario y moral corregir a los niños para combatir su salvajismo y reprimir a las niñas para evitar su prostitución. Por eso cuando un menor se convierte en delincuente o se prostituye, es lógico aumentar la represión y construir correccionales para devolverlo al camino recto de la civilización.

Gracias a estas ideas prefabricadas, la violencia institucional se legitima. Para empezar, se coloca a «los niños difíciles y sin vivienda» en patronatos en los que el rol del padre es asumido por jueces, policías y sacerdotes, acompañados de damas benefactoras, bien vestidas y con sombrero.

En una cultura agrícola, los ganaderos saben bien que las cualidades físicas y conductuales de los animales se transmiten a través de generaciones. Gracias a la sexualidad controlada han sido creados caballos fuertes y bueyes dóciles. Una deducción lógica lleva a

---

54. Gabel, M., «Émergence du concept d'enfant victime», en M. Gabel, S. Lebovici, P. Mazet, *Maltraitance psychologique*, Fleurus, París, 1996.

55. Roumajon, Y., *Enfants perdus, enfants punis, op. cit.*, pág. 317.

pensar que una sexualidad desenfrenada explica la transmisión de problemas hereditarios. Cuando las relaciones eran demasiado violentas, se ponía a los niños en correccionales donde se les corregía, y cuando la tara hereditaria no se podía controlar se les encerraba en «cárceles para niños degenerados».

Estos eslóganes que estructuraban la cultura occidental impedían pensar en la educación como la solución a estos problemas. El modelo se inspiraba en exceso en la selección de los animales. Bastaba con constatar que aquellos que habían sido seleccionados por la tecnología sexual eran más bellos, fuertes y dóciles a cada generación. Era lógico deducir que los feos y los rebeldes habían sido mal seleccionados. La cultura represiva exigía la violencia, ¡por el bien de todos! El futuro catastrófico de los niños abandonados y maltratados confirmaba la teoría de la degenerescencia. Bastaba con ver su cara de pequeños salvajes, que no sacaban buenas notas en la escuela, hablaban mal, robaban en las tiendas y se peleaban sin cesar. ¡Estaba claro que se trataba de degenerados! Era triste, pero para tener una sociedad moral y distinguida, aquellos pobres niños debían ser encerrados separados del resto. La institucionalización empeoraba los trastornos del desarrollo ya que la brutalidad de los degenerados se combatía con la violencia moral de los civilizados.

A principios del siglo XX, algunos pedagogos osaron preguntarse si, realmente, el hecho de encerrar a estos niños en correccionales o en cárceles era una buena solución. Janusz Korczak fue uno de los primeros. Su atípica personalidad le permitió eludir la doxa de los educadores represivos y plantear el problema de una forma innovadora. Nacido en Varsovia en el año 1878, fue al mismo tiempo médico, escritor y hombre mediático consagrado por completo a la infancia, particularmente a los niños pobres sin familia. En lugar de suspirar diciendo que aquello era muy triste, en 1912 fundó la Casa del huérfano en Varsovia, donde desarrolló una pedagogía llamada «república de los niños». Se trataba de una utopía, por supuesto, pero tuvo cierto carácter fundacional: «No hay niños, hay seres humanos, pero tienen reglas de vida diferentes, debido a una experiencia diferente [...] ten presente que no los conocemos».[56] Sus publicaciones —*Les Enfants de la rue* (1901), *Comment aimer un enfant?* (1929)— cambiaron la manera de pensar la infancia. Ya no se trataba de corregir a los niños y reprimir a las niñas, más bien al contrario, había que comprender su mundo y darles la palabra, como en una república.

En octubre de 1940, el orfanato fue transferido al gueto de Varsovia. La academia polaca de literatura homenajeó a Korczak en 1937. Y cuando, en agosto de 1942, vinieron los nazis a detener a los doscientos niños del orfanato para encerrarlos en el campo de exterminio de Treblinka, Korczak y su equipo de educadores se negaron a aceptar la vergonzosa libertad que se les ofrecía y acompañaron a los niños a la muerte. Janusz los llamaba «mis pequeños viejos mórbidos. La edad media era de cinco años. [...] Se puso delante de la comitiva [...], un niño se agarraba del faldón de su chaqueta, mientras que él llevaba a los dos más pequeños en brazos y subió con ellos a los vagones».[57]

La república de los niños

La filosofía de este hombre constituyó la cura milagrosa de mi propia infancia. Después de la sacudida de los años de guerra, que destruyó mi familia, el retorno de la paz no supuso una reconstrucción. Durante casi tres años (de 1944 a 1947), fui destinado, bajo el dictado de decisiones administrativas, a diez, quizá quince instituciones diferentes. En algunas de ellas se podía vivir, pero no permanecía mucho tiempo allí y el vínculo, a duras penas construido, era desgarrado por otra mudanza. Algunas casas eran un témpano afectivo, ya que en aquella época no se hablaba a los niños, se les vigilaba, eso era todo. Ciertas instituciones eran muy duras. Se pe-

---

56. Korczak, J., *Herschele et autres contes*, textos editados por George Ferenczi, Éditions Est-Ouest internationales, París, 2003, pág. 10.

57. *Ibíd.*, pág. 8-9.

gaba a algunos niños «cuando era necesario». Y cuando todo iba bien, las órdenes eran secas, la disciplina «de hierro», como se decía en los días de la posguerra, en los que el ejército era la referencia en educación. El método educativo era marchar al paso, ser empujado sin razón, dormir en inmensos dormitorios helados, comer poco y no quejarse jamás. Además, no había nadie para escuchar o ayudar. Se sufría en soledad, sin oír una palabra de consuelo y de comprensión de lo que nos ocurría. Se vivía en la reacción inmediata: pasar desapercibido, huir y a veces enfrentarse, eso era todo.

En 1951, tuve la suerte de ir a una colonia de la Comisión central de la infancia en Stella-Plage. Algunas tiendas de tela acogían a los huérfanos judíos durante tres meses de vacaciones en compañía de otros niños que después de la liberación se habían encontrado con uno solo de sus padres vivo, pocas veces con los dos. Louba y Anna Vilner, que habían sido formadas por Korczak, dieron vida a sus ideas en esta institución. Pronto sentí que el calor volvía a mí. El simple hecho de compartir tareas y proyectos creaba lugares de palabra en los que había que explicarse. Ahora bien, charlando es como se teje el vínculo y las explicaciones son lo que produce el sentido. El sentimiento de tener derecho a una vida íntima, llena de recuerdos y sueños, se reavivó en esa pequeña república en la que teníamos la palabra. Aquellos a quienes llamábamos «monitores» me aportaron seguridad y me estimularon, y así encontré a camaradas con quienes soñábamos juntos en voz alta. Muchos querían ser escritores, médicos o actores. Otros optaron por ser obreros o artesanos para independizarse antes. El hecho de vivir en una república nos ayudó a dar forma verbal a nuestros deseos, a hacerlos visibles. Ya había dado el primer paso decisivo, tenía la conciencia más clara, ahora sólo faltaba… ¡necesité veinte años! Pero en mi interior, la esperanza volvió, porque la república de los niños había decretado que era posible.

Cada vez que oía un testimonio de un niño descarriado que se convertía, a pesar de todo, en un adulto feliz, yo me decía: «Entonces, es posible». Y cuando leí las primeras publicaciones que demostraban que una desgracia deja su huella en la historia de una vida, pero que no es una fatalidad, pensé: «Hay que descubrir qué ha permitido a estos niños afrontar la adversidad y superarla». La frase de Michaël Rutter: «Estos niños tienen algo que enseñarnos» fue reveladora para mí. Estas palabras daban forma a algo que yo presentía.

Las primeras publicaciones científicas asociadas a biografías divulgadas[58] de niños quebrados por la existencia que, no obstante, habían vuelto a vivir, provocaron una división entre los profesionales. Los que se resignaban a la maldición se oponían a los que deseaban entender el enigma de los niños que contra todo pronóstico habían limitado los destrozos.

Se cita mucho a Emmy Werner, y es justo que se haga, puesto que su trabajo fundacional introdujo en la cultura la palabra «resiliencia», que metaforiza el proceso de reanudar un buen desarrollo a pesar de tener condiciones adversas. Pero, injustamente, no se cita lo suficiente a Myriam David, ya que sus trabajos modificaron radicalmente la forma de pensar la infancia traumatizada y de tratarla.

Myriam era médico y, siendo todavía muy joven, se alistó en la Resistencia combatiente en 1942. En diciembre de 1943 fue detenida y deportada a Auschwitz. Sobrevivió, y en 1946 recibió una beca que le permitió ir a Estados Unidos para aprender pediatría y formarse en psicoanálisis. Se inscribió en la filiación de René Spitz y de Anna Freud, quienes desde 1946 asociaban la etología animal con la pediatría y el psicoanálisis.[59] Jenny Aubry-Roudinesco la contrató para su equipo en la Fundación Parent de Rozan y la ayudó en sus investigaciones sobre las separaciones y las carencias afectivas. En

---

58. Werner, E. E., Smith, R. S., *Vulnerable but Invincible: A longitudinal study of resilient children and youth, op. cit.*; Cyrulnik, B., *Mémoire de singe et paroles d'homme, op. cit.*, págs. 122-126; Lahaye J.-L., *Cent familles*, Carrère, París, 1985; varios autores, *Les Enfants de la rue. L'autre visage de la ville*, informe a la Comisión independiente sobre cuestiones humanitarias, Ginebra Berger-Levrault, «Mondes en devenir», 1986; Cyrulnik, B., *Sous le signe du lien, op. cit.*, págs. 261-281.

59. Spitz, R. A., «Anaclitic depression. An inquiry into the genesis of psychiatric conditions in early childhood», art. cit.; Spitz, R. A., *La Première Année de la vie de l'enfant, op. cit.*

los años 1950, con Geneviève Appel, viajó regularmente a Londres, gracias a Unicef y a la OMS, para trabajar con John Bowlby y asistir a cursos de etología animal que pretendían integrar los datos naturales y experimentales. Siguió su formación en la Sociedad psicoanalítica de París, pero no terminó los cursos: «Hay demasiadas peleas en este ámbito», decía, «Freud se peleaba con todo el mundo». Los psiquiatras franceses, en los años de la posguerra, clasificaban los trastornos mentales en un catálogo de «degenerescencias». Esta visión de la psique, surgida de la antropología francesa de finales del siglo XIX, fue trágicamente bien acogida por la Alemania nazi.[60] En aquella época, los psicoanalistas fueron nobles, preferían no etiquetar y pensaban que era mejor comprender para ayudar. Myriam David no pudo formar parte de la asociación que habría oficializado su formación psicoanalítica. Siguió su camino. Los grandes nombres del psicoanálisis de la época, Serge Lebovici y Jenny Aubry, la ayudaron, con Marceline Gabel, a instalar la «acogida familiar especializada» en una casita en Soisy-sur-Seine. Myriam David se convirtió rápidamente en una referencia para quienes estudiaban los efectos de la ruptura del vínculo entre la madre y el hijo. Curtidos especialistas y estudiantes venidos de varios países vinieron a formarse con ella. «Aquí abordamos el problema de la resiliencia».[61] Myriam David no contaba con esta palabra metafórica, que apenas existía en la literatura especializada. Pero, ya entonces, ella ponía en práctica y teorizaba los daños provocados por el desgarro del vínculo y su posible reparación: «Me habéis ayudado mucho no considerándome como alguien echado a perder o como un tipo inquietante y sin futuro», le dijo un joven que venía a verla para contarle cómo le iban las cosas.[62]

---

60. Georges Vacher de Lapouge: socialista, teórico de la enseñanza aria; Arthur de Gobineau: de tan racista, era hostil al mestizaje de la seda blanca con el algodón negro; Édouard Drumont: jefe del partido antisemita.

61. Levine, J., «Au coeur du problème de la prévention», *Enfance majuscule*, número especial «Hommage à Myriam David», n° 86, enero-febrero 2006, pág. 36.

62. *Ibíd.*, pág. 36.

En 1978 dio una conferencia en Noruega, donde sus ideas transformaron la forma de tratar a los pequeños. El ambiente era amistoso, los debates apasionantes. Myriam hablaba buen inglés con los norteamericanos invitados, y de repente uno de ellos se dio cuenta de que en el antebrazo llevaba tatuado su número de matrícula de Auschwitz. Como era norteamericano osó preguntar lo que un europeo nunca habría preguntado. Myriam se sentía bien y explicó emocionada lo que había tenido que soportar en el campo de exterminio.[63]

Aún hoy en día sus libros, reimpresos con regularidad, enriquecen a los médicos, que los consideran claros y útiles.[64] Pero este tipo de publicación médica puso trabas a la carrera de Myriam David. Ella escribía en revistas profesionales para compartir su experiencia, algo que no tiene ninguna utilidad para los que quieren escalar en la jerarquía universitaria. Querida por todos, nunca recibió reconocimiento universitario alguno, mientras que había inspirado numerosos trabajos científicos. ¿Quiere esto decir que la práctica es demasiado cambiante para ajustarse al marco formalista de las publicaciones de carrera? El trabajo sobre el terreno exige una concepción global del hombre, diferente de la actitud rigurosa y reduccionista de los trabajos científicos. «La investigación supone encontrar métodos adaptados a las particularidades y a la complejidad del objeto».[65] De modo que conviene llevar a cabo el seguimiento, a lo largo de su historia vital, de los niños maltratados o heridos por la existencia, y llevar a cabo una evaluación. Los resultados obtenidos de este modo son muy diferentes de los que nos cuentan los estereotipos culturales.

---

63. Testimonio de Marceline Gabel, *Enfance majuscule*, número especial «Hommage à Myriam David», n° 86, enero-febrero 2006 pág. 15.

64. David, M., *Loczy ou le Maternage insolite (avec Geneviève Appel)*, Scarabée/ Cemea, París, 1973; *L'Enfant de 0 à 2 ans. Vie affective et problèmes familiaux*, Dunod, 1998; y *Le Placement familial. De la pratique à la théorie*, Dunod, 2004.

65. Botbol, M., «Science et conscience en psychiatrie de la personne», *La Lettre de psychiatrie française*, n° 222, marzo 2014.

El vals de los niños heridos

Los acontecimientos de Mayo del 68 no fueron ajenos a este cambio epistemológico. Los educadores, psiquiatras y psicólogos participaron mucho de este hervidero de ideas. Algunas de ellas fueron pintorescas, pero muchas pusieron patas arriba estereotipos tradicionales y se opusieron a una jerarquía no siempre justificable. «El lugar que ocupó el psicoanálisis iba de la mano de la preocupación por favorecer la felicidad de los niños, en lugar de pedirles someterse a las exigencias educativas».[66]

En los años de la posguerra, Jenny Aubry denunció el «vals de los niños» cuyas decisiones administrativas cambiaban bruscamente el nombre o la familia de acogida, sin tener en cuenta el vínculo que a veces se había tejido. Esta actitud no desapareció por completo, ya que el merecido éxito de la biología y de la organización administrativa estructuró un discurso en el que el apego no tenía lugar. Los estudios longitudinales observaron el desarrollo de niños adoptados y siguieron su historia hasta la edad de 20 o 30 años. Ciertos estudios duraron incluso algunos decenios.[67] Este método construye un nuevo objeto para la ciencia. Una población de niños adoptados proporciona una población de adultos bastante comparables a otros que han tenido una familia.[68] Si detenemos el razonamiento en esta frase, nos arriesgamos a concluir que la familia no sirve para nada y que el maltrato no tiene ninguna mala consecuencia. Así razonan los que se oponen a la teoría de la resiliencia: «¡Entonces usted dice que pegar o violar a un niño no le hace daño!» Fue

---

66. Coppel, M., Dumaret, A.-C., *Que sont-ils devenus? Les enfants placés à l'œuvre Grancher. Analyse d'un placement familial spécialisé*, Ramonville-Saint-Agne, Érès, 1995, pág. 17.

67. Vaillant, G. E., *The Wisdom of the Ego*, Harvard University Press, Cambridge, 1993.

68. Céline Jung, comentando el trabajo de Josefsberg R., «Que sont devenus les enfants placés dans les structures de l'OSE?», *Bulletin de la Protection de l'enfance*, noviembre-diciembre 2013.

necesario formar subgrupos para responder mejor y precisar este inesperado resultado.

Un subgrupo, el de los niños precozmente aislados, reveló que estos niños corrían un gran peligro. A esta edad, una privación sensorial provoca graves alteraciones cerebrales, una especie de encefalopatía adquirida que provoca trastornos relacionales y grandes dificultades de socialización.[69] La neurociencia confirma lo que René Spitz, John Bowlby y los psicoanalistas constataron en los niños abandonados durante la guerra. Para ellos, la única posibilidad de resiliencia consistía en encontrar lo antes posible un sustituto afectivo, una familia de acogida, una adopción rápida o una institución acogedora. Las precauciones administrativas que retardan el establecimiento de un nuevo nicho sensorial hacen que el proceso de resiliencia sea todavía más difícil de desarrollar. Lo que para un adulto consiste en un año de procedimientos reglamentarios, para un niño equivale a diez años de alteración cerebral y trastornos relacionales. En este estadio del desarrollo de la persona es o todo o nada: cuando encuentra un sustituto, el niño reanuda la construcción de su psique y la resiliencia parece fácil. Pero cuando la privación ha sido larga o cuando se produce durante un período sensible, lo que no es largo para un adulto altera de forma duradera el desarrollo de un niño. La atrofia de ciertas zonas del cerebro será difícil de resiliar, las secreciones neurohormonales como la oxitocina o la dopamina se agotan y los trastornos inscritos en la memoria del niño darán lugar a hábitos relacionales. El niño se representa a sí mismo como alguien a quien nadie ama, es malo y merece ser castigado.

Generalmente, la adopción precoz es la que más se aproxima a las condiciones naturales. Las familias de acogida salvan a muchos niños. Las grandes instituciones son nefastas cuando imponen relaciones anómalas, sin leyes ni estructura, pero cuando se organizan como una familia (no más de ocho a la mesa) en una casita en las

---

69. Garralda, M. E., Raynaud, J. P. (ed), *Brain, Mind, and Developmental Psychopathology in Childhood*, op. cit.

afueras, como preconizan las Aldeas SOS,[70] se obtienen resultados a veces mejores que los de la población general.

La cultura participa desde muy temprano en la organización de estos sustitutos. En un país asiático, es impensable dejar a un bebé solo, no lo estará más de unos minutos. De manera que, en la familia, cuando la madre está enferma o desvalida, siempre hay un adulto para apoyarla o sustituirla. En un nicho afectivo como éste, el niño encuentra fácilmente varias figuras a las que apegarse. En numerosas culturas, el niño no pertenece a la pareja, ni tan siquiera a la madre, «es hijo del linaje, de la familia extensa». Cuando los tutores inmediatos (padre y madre) no consiguen cubrir sus necesidades, «el sistema tradicional de circulación de niños permite asegurar un *confiage*. Estas prácticas buscan crear relaciones de ayuda mutua y estrechar los lazos de parentesco».[71] Concebido de esta forma, el pueblo se transforma en un lugar de reconstrucción en el que la resiliencia parece fácil, puesto que la cultura ha previsto sustitutos para los tutores.

Pero cuando una sociedad cambia, porque la guerra, la sequía o la desforestación impiden la agricultura, o porque el padre alcohólico o la madre deprimida ya no tienen fuerzas para cuidar al pequeño, el niño es a menudo enviado a la ciudad, donde encuentra pequeños trabajos, aunque se descuida su protección y educación. Cuando el pueblo protector es destruido a causa de una nueva economía, el niño sobrevive en las calles, donde su desarrollo es gobernado por la violencia cotidiana y no por el afecto y la cultura.

Cuando la estructura cultural y afectiva se recupera gracias a la adopción, familias de acogida o instituciones casi familiares, el desarrollo de los niños se reanuda, aunque con particularidades. El joven arranca otra vez bastante bien, pero no como antes, pues

---

70. SOS-Village d'enfants, Digne-les-Bains. Fundación Ardouvin, Vercheny.

71. Delaunay, V., «Protection de l'enfance: un besoin de données incontestable», *Les Cahiers de SOS-Villages d'enfants*, n° 4, «Vontovorona, un village d'enfants SOS au coeur de la société malgache», mayo 2009, pág. 17.

hubo un trauma en su cuerpo, en su cerebro y en su memoria: reanudar el desarrollo de esta forma es lo que define a la resiliencia.

No todos los niños reanudan la vida con la misma celeridad, puesto que la resiliencia es un proceso en constante transformación. Podemos describir tres ejes del desarrollo:

- Cuando el vínculo jamás pudo ser creado, cuando el aislamiento ha sido precoz, y cuando la cultura no propone sustituto afectivo alguno, la resiliencia será muy difícil.
- Cuando las huellas iniciales han tejido los primeros anudamientos de un vínculo seguro, una desgracia ha desgarrado este vínculo precoz y la cultura ha propuesto un sostén para rehacerlo, la resiliencia será fácil.
- Cuando un niño se ha desarrollado en un ambiente parental que sufre, se forma un vínculo mal tejido. En este ambiente adverso, el niño ha adquirido una vulnerabilidad neuroemocional que vuelve difícil su estilo relacional. La resiliencia sigue siendo posible, pero harán falta educadores y psicólogos con talento que hagan de tutores de la resiliencia.

En estos tres grandes ejes de la resiliencia intervienen otras variables. Existe una determinante genética puesto que, en toda población, resulta más fácil conmover a determinadas personas y, por lo tanto, es más fácil herirlas, mientras que otras soportan mejor los golpes.[72] Pero la genética no es una fatalidad, ya que es más fácil ayudar a las personas sensibles. En caso de desgracia, éstas se apegan intensamente y aprovechan la menor ocasión para tejer otra vez el vínculo. Mientras que otras personas menos emotivas y más resistentes se aíslan para sufrir en silencio, frenando así la posibilidad del retorno a la vida.

En cada etapa del proceso de desarrollo, diferentes presiones del medio pueden reparar el desgarro o abrirlo más, ya que la herida

---

72. Caspi, A., Sugden, K., Moffit, T. E., Taylor, A., Craig, I., Harrington, H. y otros., «Influence of life stress on depression: Moderation by a polymorphism in the 5-HTT gene», *Science*, 301, 2003, págs. 386-389.

permanece sensible. La muerte de un padre durante los primeros años de vida tiene efectos destructores, algunos años más tarde, mucho más graves que la misma muerte. Cuando se ha tejido un principio de vínculo, el niño ha aprendido un cierto estilo afectivo que expresará más fácilmente con el sustituto propuesto. Si ha aprendido a amar hará muchos amigos en la escuela, cosa que reforzará la confianza en sí mismo. Pero si ha aprendido a amar mal, tendrá una segunda oportunidad durante la adolescencia cuando se enamore.[73]

El estilo afectivo de una familia participa en la estructuración del vínculo y, puesto que las familias no dejan de cambiar debido a la gente que se va, a los duelos y a los acontecimientos de la vida, el vínculo no es lineal, sino flexible en función de las presiones del ambiente.[74]

Los acontecimientos suponen efectos diferentes según el nivel de desarrollo, la estructura del ambiente y la forma de hablar propia del entorno. Contraintuitivamente, cuando un niño pierde a su madre, si su estilo afectivo ya está constituido, sufre menos que si pierde al padre. Esto es sorprendente y se explica por el hecho de que, cuando pierde a su madre, el ambiente le proporciona un sustituto femenino rápidamente, más tranquilizador que un sustituto masculino, al menos en nuestra cultura de roles separados. Mientras que la pérdida del padre, a la misma edad, altera a la madre, cuyo sufrimiento es tal que se vuelve una base de inseguridad para el niño, quien ya no se siente apoyado.[75]

---

73. Cyrulnik, B., Delage, M., Blein, M. N., Bourcet, S., Dupays, A., «Modification des styles d'attachement après le premier amour», *Annales médico-psychologiques*, 165, 2007, págs. 154-161.

74. Delage, M., Cyrulnik, B., Benghozi, P., Clervoy, P., Petitjean, M., Perrin, F., Lussiana, S., «La famille et les liens d'attachement en thérapie», *Thérapie familiale*, vol. 27, n° 3, 2006, págs. 243-262.

75. Bifulco, A. T., «Childhood loss of parent, lack of adequate parental care and adult depression: A replication», *Journal of Affective Disorders*, 1987, 12 (2), págs. 115-128.

Reparar un nicho afectivo

La sexualidad puede estar disociada del apego y a veces incluso es opuesta a él: podemos apegarnos a alguien a quien no deseamos o, al contrario, desear a alguien a quien no estamos apegados, como vemos a menudo en las parejas duraderas.[76]

La flexibilidad de los apegos adopta significados y efectos relacionales diferentes según nuestro nivel de desarrollo y nuestra historia. Es pues imposible explicar un fenómeno psicológico a través de una sola causa. Es una convergencia de determinantes lo que provoca un efecto psicológico. Una constelación de causas que, confluyendo sobre el sujeto, gobiernan su desarrollo y la significación que él atribuye a los hechos. Para entender la resiliencia y descubrir algunos factores que pueden reforzarla, hay que sostener un razonamiento probabilista.[77]

Esta forma nueva de arropar a los niños traumatizados permite constatar que los heridos leves salen adelante fácilmente, siempre que se disponga a su alrededor un nicho afectivo que los tutorice. Estamos lejos de los estereotipos culturales: «Los huérfanos son futuros delincuentes», «un niño agredido sexualmente no se recupera jamás»... Todo esto es verdad cuando no se hace nada, cuando se abandona al niño a su sufrimiento mudo, como en la época en la que se les metía en instituciones que se conformaban con alimentarlos y encerrarlos. Se atribuía el daño a la orfandad o a las agresiones sexuales, sin darse cuenta de que una institución sin alma agravaba su herida.[78] Otras instituciones no se limitaron a proporcionar un

---

76. Brenot, P., *Un jour, mon Prince...*, Les Arènes, París, 2014, págs. 106-138; Cyrulnik, B. (dir.), «Éthologie de la sexualité», *Psychiatries*, n° 64, 1985.

77. Cohen, D., «The developmental being. Modeling a probabilistic approach to child development and psychopathology», en M. E. Garralda, J. P. Raynaud (ed), *Brain, Mind, and Developmental Psychopathology in Childhood, op. cit.*, págs. 3-29.

78. Rutter, M., Magden, N., *Cycles of Disadvantage: A Review of Research*, Heinemann, Londres, 1976.

material de supervivencia entre muros helados. Estas *homes* añadieron relaciones afectivas y espacios donde tomar la palabra para entender lo sucedido y dar sentido a la tragedia. Tales «casas para niños» obtuvieron resultados diametralmente opuestos.[79] En las instituciones desprovistas de relaciones afectivas, la vida intelectual cotidiana de los pequeños se degradaba y los trastornos relacionales empeoraban, mientras que en las casas en las que se organizaban acontecimientos artísticos de canto, pintura y sobre todo teatro,[80] proporcionando así una suerte de materia de reflexión, un gran número de niños volvían a vivir y conseguían recuperarse de su retraso.

Por supuesto, no todo estaba solucionado. Reanudar el desarrollo no garantizaba un retorno al estado anterior. La recuperación evolutiva era más fácil cuando los primeros nudos del vínculo habían sido fuertemente tejidos y cuando, después del desgarro, se proponía rápidamente un nuevo nicho de acogida: «Si un ambiente de carencia puede causar retraso en el desarrollo, un ambiente reparador [...] puede ser generador de progreso».[81] Globalmente, una población de niños heridos pero apoyados por un nuevo apuntalamiento evoluciona casi tan bien como una población de niños bien rodeados por sus familias, barrios, escuelas y culturas.

La reparación no se lleva a cabo bien cuando el aislamiento precoz ha durado demasiado o cuando el sostén ha tenido, también él, dificultades, como en las familias de acogida en las que reina la violencia y a veces incluso las agresiones sexuales. Cuando se vuelve a empezar la vida, incluso si se hace bien, ello no ocurre sin secuelas.

---

79. Dumaret, A., Duyme, M., «Devenir scolaire et professionnel de sujets placés en villages d'enfants», *Revue Internat. Annale de psychologie appliquée*, 1982, 31, págs. 455-474.

80. Rejas, M. C., Fossion, P., *Siegi Hirsch, au coeur des thérapies*, Érès, Ramonville-Sainte-Agne, 2002.

81. Coppel, M., Dumaret, A. C., *Que sont-ils devenus? Les enfants placés à l'OEuvre Grancher. Analyse d'un placement spécialisé*, *op. cit.*, págs. 31.

Sólo los niños que tras haber sido maltratados por sus padres han sido abandonados por la sociedad confirman la persistencia del abandono o el maltrato a través de generaciones.[82] Aquellos que han sido acogidos en casas organizadas en torno a la afectividad y las actividades culturales no repiten su desgracia: «La intervención de las familias de acogida [...] ha permitido romper la cadena aparentemente inevitable de la inadaptación».[83]

Desconfiemos de pensamientos preconcebidos que impiden pensar: «quien haya sido maltratado maltratará», «los niños de barrios conflictivos no pueden estudiar», «a las mujeres no les gustan las matemáticas». Aún hoy encontramos estudios científicos hechos para confirmar estas afirmaciones. De hecho, estos anatemas provienen de frases banales enunciadas, sin pensar, en la vida cotidiana.

Incluso los objetos tienen algo que decir

Incluso los objetos a los que la cultura técnica concede el protagonismo tienen algo que decir. Cada vez que inventamos una máquina producimos un modelo para explicar la psique humana. En el siglo XVIII, el comercio de relojes de bolsillo tuvo tanto éxito que los médicos comparaban el cerebro con una maravillosa construcción de relojería. En el siglo XIX, el descubrimiento del hada de la electricidad dio al alma la imagen de una corriente, un flujo eléctrico, lo que fue utilizado a menudo por Freud. Mesmer se inspiró en este modelo para poner a punto una refinada cubeta de madera que permitía la circulación del fluido magnético. Charcot se sirvió de

---

82. Corbillon, M., Assailly, J. P., Duyme, M., *L'Enfant placé. De l'Assistance publique à l'Aide sociale à l'enfance*, informe al Ministerio de la Solidaridad, Salud y de la Protección social, La Documentation française, París, 1990; Frechon I., Dumaret, A. C., «Bilan critique de cinquante ans d'études sur le souvenir adulte des enfants placés», *Neuropsychiatrie de l'enfance et de l'adolescent*, n° 56, 2008, págs. 135-147.

83. Coppel, M., Dumaret, A., *Que sont-ils devenus? Les enfants placés à l'œuvre Grancher. Analyse d'un placement spécialisé, op. cit.*, pág. 120.

esta idea de moda para escenificar el arte de influir en «la conciencia de los enfermos». El descubrimiento del telégrafo inspiró la teoría de la selección de informaciones del sistema nervioso. Y la revolución de las comunicaciones que hoy en día nos ofrece internet sugiere que el mundo interior de las personas funciona como un superordenador.

A partir de las máquinas del contexto de la época y de los relatos que estructuran nuestra cultura, organizamos nuestro pensamiento para comprender eso que llamamos «realidad».

De esta manera, investigaciones sobre los SDF[84] llegan a la conclusión de que el 80% de ellos fueron niños huérfanos. Enseguida se suele deducir que los niños ayudados por la asistencia social evolucionan muy mal, ya que la mayoría de ellos acaba en la calle. Alcohólicos, tuberculosos, sus graves problemas psicológicos les impiden, en su mayoría, socializarse. Estos desdichados son a menudo psicóticos y manifiestan una sorprendente resistencia al dolor.[85]

Cuando se lleva a cabo una investigación organizada de acuerdo con un método catamnésico, se obtienen resultados exactamente opuestos: habiendo conservado los expedientes de los afectados por alguna tragedia, los investigadores volvieron a encontrarse con una mayoría de ellos unos 30 años más tarde. A lo largo de una decena de entrevistas, les preguntaron sobre su situación social, conyugal y de salud, y por los recuerdos de la época en la que fueron destinados a una institución.

Este tipo de entrevistas se había vuelto necesario debido a la divergencia de opiniones entre los profesionales. Sus testimonios, todos ellos de buena fe, se contradecían. Richard Josefsberg, director

---

84. N. del T.: Forma administrativa de llamar a los «sin techo» en Francia. En francés, *sans domicile fixe*, literalmente, sin domicilio fijo.

85. Xavier Emmanuelli, presidente de la Samu social internacional, nos mostró, durante un seminario ARDIX, fotos espantosas de úlceras enormes infectadas que aparentemente no ocasionaban sufrimiento a estas personas, desocializadas y desmoralizadas.

del hogar para niños «Elie Wiesel» de Taverny, constituyó un grupo de investigación para responder a las afirmaciones contrapuestas de los profesionales.[86] Este trabajo permitió el desempate entre aquellos que consideraban normal que los niños terminaran en prisión o en la calle, y aquellos que sostenían que los niños adoptados o correctamente acogidos en instituciones salían adelante tan bien como los de la población normal no traumatizada.

Se organizó una encuesta muy laboriosa «para encontrar a los adultos que habían sido acogidos al menos dos años en OSE, en familia de acogida o un hogar para niños entre 1970 y 2000: el estudio incluía a 898 individuos, aunque sólo fueron encontrados 485».[87] Los resultados son claros: los adultos están bien, a pesar del grave trauma sufrido durante su infancia. La mayoría están satisfechos con su existencia (81%), se consideran más bien sanos (80%), han mantenido vínculos con su madre (78%), no tanto con su padre (49%), y son personas independientes. Del hogar para niños conservan un buen recuerdo (80%) y han mantenido lazos de amistad con los educadores y amigos de infancia (80%). No obstante, este desarrollo no es análogo al de los niños no afectados por un trauma. Los antiguos traumatizados obtienen menos diplomas y fundan familias con menor frecuencia (61%), aunque el compromiso afectivo es para ellos vital. Para fundar un hogar, hay que ganarse la vida; estos niños no se embarcan en largas carreras universitarias, pero mantienen una actividad intelectual autodidacta o retoman los estudios más tarde. Conservan en su memoria la huella del trauma y el amor despierta a veces en ellos la angustia que soportaron de

---

86. Josefsberg, R., *Souvenirs et devenirs d'enfants accueillis à l'OEuvre de secours aux enfants (OSE)*, pendiente de publicación. Esta institución, en un principio médica, fundada en 1912 en San Petersburgo para ocuparse de los niños judíos víctima de acontecimientos trágicos, se convirtió durante la Segunda Guerra Mundial en una obra de resistencia humanitaria: se trataba de salvar de la muerte a los niños perseguidos por el nazismo.

87. Jung, C., «Que sont devenus les enfants placés dans les structures de l'OSE?», *Bulletin de la Protection de l'enfance*, noviembre-diciembre 2013, págs. 14-15.

niños. El hiperapego ansioso quizás pueda explicar por qué esta población afectivamente frágil encuentra pareja más tarde, pero se divorcia menos que la población en general. Sueñan con tener un compromiso afectivo cuya importancia, por otra parte, les inquieta. La representación de la tragedia pasada atribuye una significación grave a los acontecimientos presentes: «Nunca fui amado porque fui abandonado, no soy digno de ser amado. ¿Cómo quiere usted que ella (él) me ame? Estoy deseoso de amar y angustiado por la idea de un futuro fracaso». Así es como los niños mal queridos sienten en un mismo impulso el amor y la angustia.

Cuando cambia la representación de la tragedia debido a los acontecimientos sucesivos, este mismo recuerdo puede convertirse en motivo de orgullo y de confianza en sí mismo. Durante el gueto de Varsovia, de 1942 a 1945, huérfanos muy jóvenes, de 6 a 16 años, consiguieron escapar a través de las piedras desprendidas del muro. Tropezaron con la zona aria de una ciudad en ruinas ocupada por los nazis. Sobrevivieron en ese entorno hostil cantando por las calles y vendiendo cigarrillos a los alemanes.[88] Enseguida aprendieron a presentir el peligro y a dormir en sótanos, ruinas o cementerios. Algunos murieron o volvieron a ser detenidos, pero los que salieron adelante hablan riéndose de su travesía por aquel infierno helado, como si les hubieran tomado el pelo a sus perseguidores. Están orgullosos de haber sobrevivido harapientos, durmiendo por el suelo y vendiendo cigarrillos a quienes querían matarles. Muchos de ellos son hoy en día austeros burgueses bienpensantes.

Este orgullo permaneció mucho tiempo secreto, porque habían aprendido a callar. Cuando les vendían sus cigarrillos a los alemanes, éstos les preguntaban a menudo dónde estaban sus padres. Si los niños respondían «Ya no tengo padres», los soldados o la gente del barrio entendían que se trataba de un niño judío y lo devolvían al gueto. Después de la guerra, ¿quién les habría creído? Entonces

---

88. Boukhobza, C., *Les Petits Héros du ghetto de Varsovie*, filme, París-Barcelona, 2013.

callaron, pero en su fuero interno se contaban sin cesar aquella época inverosímil de su existencia.[89]

Prototeorías

Estas impresiones clínicas y testimonios eran muy dispersos. Para darles una coherencia, hizo falta poner orden entre datos divergentes. Entonces organizamos el primer coloquio internacional sobre la resiliencia en Francia. El Centro cultural de Châteauvallon acogió la iniciativa entre sus bellos muros en la ladera de la montaña, en Ollioules, cerca de Toulon. Es muy interesante releer los informes de nuestros primeros encuentros.[90] La dirección la marcaron los trabajos norteamericanos e ingleses, pues casi todos empleaban la palabra «resiliencia», cuya definición aún no había sido consensuada. Antoine Guedeney resumía los trabajos fundamentales y planteaba preguntas que orientarían las futuras investigaciones. Nos decía que la resiliencia estaba falta de una teoría, su definición era inexacta, que un elevado número de determinantes heterogéneas, a la vez genéticas y ambientales, iban a oscurecer nuestros trabajos. Michel Lemay, de Montreal, subrayó el impacto de la afectividad en el proceso de reconstrucción de sí mismo. El suizo André Haynal hizo un inventario de la evolución social de los huérfanos, mucho más favorable de lo que se creía. Michel Tousignant, sociólogo quebequés, formado en Lyon en los métodos etológicos de observación, estudió el modo en que ciertos jóvenes afrontaban la adversidad, y Michel Manciaux, como siempre, intentaba extraer la sustancia, la médula de nuestros discursos desordenados.

Hubo algunos malentendidos. Bernard Michel nos explicó que el hecho de ser centenario no puede ser un criterio de resiliencia, puesto que entre quienes lo son encontramos tanto a ancianos que

---

89. Ziemian, J., *Le Vendeur de cigarettes*, Éditions Ovadia, 2002.

90. Cyrulnik, B. (dir.), *Ces enfants qui tiennent le coup*, Révigny-sur-Ornain, Éditions Hommes et Perspectives, 1998.

han estado protegidos durante toda su vida, como a grandes heridos del alma que, no obstante, han superado la adversidad.[91]

Rápidamente se solucionó un desacuerdo fundamental: algunos autores norteamericanos sostenían que la resiliencia era el resultado de la acumulación de ciertas cualidades. Nosotros nos oponíamos a ello, ya que según esta definición, habría bastado con ser joven, guapo, tener buena salud y ser rico para ser resiliente. Pensábamos que tan sólo podía tratarse de un proceso de transacción, de interacciones entre lo que éramos a lo largo de nuestra evolución y aquello que el ambiente disponía a nuestro alrededor. Henri Parens,[92] profesor de psiquiatría en Filadelfia, me invitó a su servicio, donde pude admirar la mentalidad flexible de los investigadores norteamericanos, quienes muy rápidamente renunciaron a creer que la resiliencia era un catálogo de cualidades y aceptaron la idea de un proceso constante. Estaban libres de todo dogma, ¿quizás porque aquellos profesionales habían sido formados por sus pacientes para entender la increíble diversidad de historias de vida de las gentes de aquel país?

Desde el principio de la aventura de la resiliencia, algunas veces sentí cierto desasosiego. Estaba en el despacho de Michel Soulé un día que él estaba hablando con Bernard Golse a propósito de un problema que no me concernía. Me aparté un poco por discreción. Era la época en que todavía nos comunicábamos por fax. Me encontraba cerca de la máquina cuando el papel empezó a salir y pude leer (sin querer, evidentemente), una sola frase: «La resiliencia llega a Francia. Desconfiemos». Estaba firmado por Léon Kreisler, un nombre importante dentro del psicoanálisis, que acababa de publicar: «¿Tendrá la resiliencia la ambición de una investigación internacional? [...] démosle el mérito de sacar al niño de un modelo de

---

91. Allard, M., Robine, J. M., *Les Centenaires français*. Étude de la Fondation Ipsen, 1990-2000, Serdi Édition, 2000.

92. Parens, H., *Renewal of life. Healing from the Holocaust*, Rockville, Schreiberg Publishing, 2004.

asistencia pura otorgándole capacidades defensivas».[93] Era entonces posible adoptar una posición precipitada sobre trabajos apenas realizados.

Michel Soulé, uno de los fundadores de la psiquiatría pediátrica, que me había invitado a menudo a trabajar con él,[94] se mostraba reticente con la resiliencia. Le dijo a Michel Manxiaux: «La resiliencia está presente en el *Traité de pédopsychiatrie*, pero bajo otro nombre: los recursos»,[95] queriendo decir con esto que la noción de resiliencia era superflua, pues ya era abordada por el psicoanálisis. Ahora bien, no se trata de la misma idea: el recurso es una fuerza que ayuda a afrontar una situación enojosa extrayendo de la fuente fuerzas iniciales. La resiliencia, por su parte, es un proceso interactivo y dinámico que permite reanudar el desarrollo. Había que encontrarse para esclarecer este desacuerdo, cosa que hicimos con afecto y alegría en casa de Michel Soulé, en París, cerca del Panteón, así como en la que tiene en Mouans-Sartoux, cerca de Niza.

En cuanto la palabra «resiliencia» fue pronunciada, provocó tanto entusiasmo como hostilidad. Desde la primera reunión en Châteauvallon, cuando Charles Baddoura expuso su estudio sobre los traumas de la guerra civil libanesa de 1975 a 1991[96] y citó el trabajo de Myrna Gannagé,[97] las reacciones en el auditorio fueron tan violentas y sorprendentes que creí que se trataba de una broma. Cuando Baddoura dijo: «Estos resultados indican que tan sólo una

---

93. Kreisler, L., «Résilience», en D. Houzel, M. Emmanuelli, F. Moggio, *Dictionnaire de psychopathologie de l'enfant et de l'adolescent, op. cit.*, págs. 644-645.

94. Soulé, M., Cyrulnik, B., *L'Intelligence avant la parole*, París, ESF, 1998. En este libro, propiciamos una serie de intercambios entre etólogos animalistas, pediatras y psicoanalistas.

95. Manciaux, M., «La résilience: mythe ou réalité?», en B. Cyrulnik (dir.), *Les Enfants qui tiennent le coup, op. cit.*, pág. 112.

96. Baddoura, C. F., «Traverser la guerre», en B. Cyrulnik (dir.), *Les Enfants qui tiennent le coup, op. cit.*, págs. 73-89.

97. Gannagé, M., *L'Enfant, les Parents et la Guerre. Une étude clinique au Liban*, ESF, París, 1999.

pequeña proporción de jóvenes padece secuelas de la guerra [...] cuando se reúnen condiciones positivas (equilibrio paterno, ambiente favorable, resistencia psicológica)».[98] Estas frases provocaron una explosión de odio. Alguien dijo: «No entiendo que un científico pueda decir que la guerra es buena». Muchos indignados en la sala secundaron esta impresión gritando: «Es insoportable... ¿Cómo osáis decir que la guerra no tiene ningún efecto nefasto?» No obstante, la tesis de Myrna Gannagé, dirigida por Colette Chiland, concluyó que «en los momentos de peligro el niño se repliega en el espacio familiar, que le proporciona un sentimiento de seguridad. Cuando este espacio es vulnerable debido a la separación de sus padres, o porque las condiciones de vida le provocan ansiedad, el niño difícilmente puede enfrentarse al estrés».[99] Freud llamó a este concepto «protección contra las excitaciones» (*Reizschutz*).[100] Se trata de una función paterna que protege al niño de los peligros del mundo exterior. Cuando la madre se encuentra en dificultades debido a una historia familiar difícil, un marido violento o una guerra, ya no tiene fuerzas para proteger a su hijo. Pero cuando la familia se mantiene solidaria y los miembros de la pareja se ayudan entre ellos, la madre constituye un escudo eficaz contra la excitación, que protege al niño incluso en plena guerra. Esta idea, común para un terapeuta, escandalizó a aquellos que, debido a un pensamiento reflejo, creyeron que la resiliencia afirmaba que la guerra hacía a los niños más fuertes, ya que seguían siendo felices mientras todo se hundía a su alrededor. Oí a menudo esta observación: «Entonces usted piensa que, para que salgan adelante, les iría bien una buena guerra».

---

98. Baddoura, C. F., en B. Cyrulnik (dir.), *Ces Enfants qui tiennent le coup, op. cit.*, págs. 87-88.

99. Gannagé, M., *L'Enfant, les parents et la guerre. Une étude clinique au Liban, op. cit.*, pág. 95.

100. Freud, S. [1920], «Au-delà du principe de plaisir», en *Essais de psychanalyse*, Payot, París, 1951.

Incesto y resiliencia

Oí la misma reacción respecto a las víctimas del incesto. «Con vuestra resiliencia relativizáis el crimen del agresor diciéndoles a las mujeres que reanuden su vida». Para quienes piensan así, el deterioro de la víctima acentúa la sensación de crimen y legitima un castigo aún mayor. Pero resulta que los trabajos sobre el incesto, cada vez más fiables, demuestran que este crimen es increíblemente frecuente.[101] Invade los tribunales y llena las consultas, aunque sabemos que muchas víctimas jamás lo denuncian.

La palabra «incesto» no designa el mismo fenómeno para antropólogos y médicos. Un intelectual reflexiona sobre el carácter necesario de la prohibición del incesto para estructurar la sociedad, mientras que un clínico busca comprender el acto incestuoso en su horror cotidiano. No es lo mismo. La prohibición suscita el sorprendente problema de un acto sexual biológicamente posible, pero insoportable a la representación cultural. La prohibición sólo existe en el lenguaje. El enunciado dice que el acto entre dos personas cuyo parentesco es claro es un crimen que sofoca toda construcción social. La inmensa mayoría de la población se somete a este enunciado, que no es una ley pero que, sin embargo, será castigado por los tribunales en caso de transgresión.

Los clínicos, por su parte, se preguntan cómo ciertos hombres (y mujeres) consiguen no tener en cuenta esta prohibición y pasar al acto. Describen los daños de un acto sexual contracultural cuya consideración es sorprendentemente diferente según las épocas. Cuando André Gide formó parte del jurado en la *cour d'Assises*, publicó sus notas (cosa que sería ilegal hoy en día).[102] Escribió que muchos abogados y personas del público se reían cuando una niña de 12 años les contaba cómo su padre la violaba. «A algunos les indignaba que el tribunal se ocupara de minucias como éstas, que

---

101. Dussy, D., *L'inceste. Bilan des savoirs*, La Discussion, Marsella, 2013.

102. Gide, A., *Souvenirs de la cour d'assises*, Gallimard, París, 1913; reedición en «Folio», 2009.

ocurrían cada día en todas partes [...] no ha lugar condenar [al padre] por tan poca cosa.»[103] Fue preciso esperar hasta los años 1970 para que algunos trabajos clínicos testimoniaran sobre la existencia real de esta transgresión e intentaran explicarla.

Lo más sorprendente es que fueron los etólogos, desde su óptica evolucionista, quienes sacaron el conejo de la chistera (si puede decirse así). Constataron que los animales no se aparean de forma aleatoria.[104] Una huella en la memoria biológica gobierna la atracción sexual hacia un animal de otro sexo. Cuando el otro es demasiado familiar para resultar estimulante, como la madre, los hijos, hermanas o hermanos, o simplemente cuando los animales han crecido juntos, la atracción sexual se embota. El apego es un tranquilizante natural que ralentiza la excitación sexual. En los animales, la prohibición no puede ser verbal, entonces sólo puede tratarse de una inhibición emocional.[105] Los pequeños adquieren durante su desarrollo una huella que frena el pasaje al acto con un congénere demasiado familiar, ello les obliga a buscar en otra parte.[106]

Los seres humanos también reproducen este impedimento neurobiológico en su memoria durante su infancia, pero además le añaden la prohibición verbal, un enunciado que define que un acto sexual entre parientes será denominado «incesto» y juzgado como un crimen. Lo cual nos lleva a decir que nosotros los humanos poseemos dos cerrojos que impiden el acto incestuoso. Uno es emocional, se inscribe en la memoria biológica durante la educación, el otro es consciente y enuncia el acto prohibido diciendo que es un

---

103. Gruel, L., *Pardons et châtiments*, Nathan, 1991, París, pág. 66.

104. Bischof, N., «Comparative ethology of incest avoidance», en R. Fox, *Biological Anthropology*, Malaby Press, Londres, 1975.

105. Vidal, J. M., «Explications biologiques et anthropologiques de l'interdit de l'inceste», *Nouvelle revue d'ethnopsychiatrie*, n° 3, «Inceste», La Pensée sauvage, Grenoble, 1985.

106. Bateson, P. P. G., «Sexual imprinting and optimal outbreeding», *Nature*, 273, 1978, págs. 659-660.

crimen. Estos datos explican que quienes han sido separados entre sí de forma precoz por un accidente de la vida puedan percibirse mutuamente como una pareja posible, puesto que al no existir la huella en cuestión no se sienten inhibidos. Pero también puede ocurrir que el cerrojo no funcione:

- porque ignoran que el otro es un pariente, como pasa en catástrofes sociales o les sucede a familiares durante la guerra;
- porque estos hombres y mujeres entienden el enunciado que designa el incesto como un crimen, pero no lo tienen en cuenta: «No se lo digas a mamá... Te quiero, hija, como mi amante...» Se comportan como delincuentes que conocen la ley, pero que no la tienen en cuenta y se someten a sus propias pulsiones.

Esta teoría etológica del incesto fue tan criticada que no entró en los debates culturales. Durante los años 1980, los profesionales siguieron dudando de la realidad del acto. Grandes nombres del psicoanálisis sostenían que «a esa edad toda niña fantasea con casarse con su padre».[107] La realidad psicológica sirvió para negar la realidad física del acto. Cuando la realidad es insoportable, la negación nos protege. Además, es difícil pensar una teoría que contradiga lo que hemos aprendido para obtener nuestros diplomas y formar parte de un grupo.

Hace falta valentía para contar el incesto sufrido, como hizo Eva Thomas, una de las primeras que osaron combatir el negacionismo.[108] Por suerte, tuvo el apoyo de otras mujeres que no habían podido hablar de lo que habían padecido. Jueces y psicoanalistas arroparon a Eva y aceptaron cambiar sus ideas. Gracias a este pequeño grupo innovador, hoy en día los profesionales hablan cada vez menos de fantasías de las niñas y «los títulos de las conferencias

---

107. Denunciado colectivamente, *Les Cahiers de Peau d'Âne (revue de SOS Inceste)*, n° 5, mayo 1992.

108. Thomas, E., *Le Viol du silence*, Aubier, París, 1986.

muestran la evolución que se produjo entre 1986 y 1989: partiendo de "El incesto, ¿realidad o fantasía?", se llegó a "Derecho del niño a la integridad de su cuerpo"».[109]

Después de haber sido agredida por su padre, Eva fue agredida por quienes se esperaba que la protegieran. Tuvo que enfrentarse a personalidades convencidas de que se trataba de una fantasía. Cuando lo consiguió, gracias a la ayuda de SOS Incesto, todavía hizo falta pelear para demostrar que estas mujeres podían retomar sus vidas después de años de desprecio paterno y negación social. La mirada hacia las víctimas cambió. En la actualidad, reclaman justicia y desean vivir mejor. Buscan modelos de personas que, habiendo sido expulsadas de la sociedad, torturadas cada día durante años, pudieron recobrar la alegría de vivir: «¿Cómo explicar que las palabras de Primo Levi, Philippe Muller o Élie Wiesel me hayan ayudado tanto?», decía Eva Thomas.[110] De hecho, estos hombres increíblemente maltratados por la *Shoah* transmitieron el siguiente mensaje: «Después del sufrimiento y de la lucha, la alegría de vivir puede volver», definiendo de este modo una posibilidad de resiliencia. Ellos pasaron por una prueba terrible: la agresión cotidiana, repetida durante años, y la imposibilidad de hablar de un crimen impensable. «Si hablas, nadie te creerá [...] jamás volverás a ser querido [...] serás el hazmerreír de la ciudad».[111]

Abotargamiento semántico

Desde las primeras publicaciones sobre la resiliencia, todo el mundo hizo suya la palabra. Era ensalzada para hacer de ella una receta mágica contra todo sufrimiento o, viceversa, despertaba indigna-

---

109. Thomas, E., *Le Sang des mots*, Desclée de Brouwer, París, 2004, pág. 55.

110. *Ibíd.*, pág. 58.

111. Sessions, S., *L'Amour inavouable*, Presses de la Cité, París, 1991, pág. 97; Braun S., *Personne ne m'aurait cru, alors je me suis tu*, Albin Michel, París, 2008.

ción, se decía que, como la prosa del señor Jourdain,[112] eso lo hacía todo el mundo. Se llegó a leer que, puesto que las carencias afectivas provocaban daños cerebrales y psicológicos, bastaba con dar amor, cada vez más amor, como solución para todo. Estos razonamientos que generalizan demasiado son la norma. Cuando surge una idea nueva, basta con que sea bien aceptada para que se difunda hasta el abuso y provoque contradicciones. Al contrario de lo que afirman muchos psicoanalistas, las ideas de Freud fueron bien acogidas en Austria y en Estados Unidos. «Estados Unidos es el primer país en aceptar la psiquiatría dinámica [psicoanálisis] como su principal fuerza organizadora».[113] He visto personalmente, en Viena en la calle Berggasse número 19, en la sombría consulta de Freud, montones de periódicos, con la fecha que la apertura de su consulta, proponiendo cursos por correspondencia para aprender psicoanálisis en ocho sesiones y por el módico precio de doce *thalers*.

El entusiasmo provocado por la palabra y la ignorancia de su definición hacían decir que gracias a la resiliencia todo se podía superar, hasta los peores traumas. Esta ingenua afirmación daba a la resiliencia una imagen de felicidad fácil, de pensamiento barato. Un gran número de aprovechados se subieron al tren en marcha para poner en la portada de su libro la palabra «resiliencia» y así vender más, aunque trataran sobre otro tema. Recuerdo unas jornadas de metodología de investigación en el hospital de Sainte-Anne, organizadas por el profesor Vannier, en las que expuse los límites de la resiliencia. Fui atacado por una psiquiatra que me reprochó que criticara la resiliencia: «¿Por qué ataca usted a su propio concepto?», preguntaba indignada. «No se trata de mi concepto», respondí, «sino de una nueva actitud ante el sufrimiento psicológico, que no es ni redentor ni irremediable». He colaborado en esta tarea con

---

112. N. del T.: Expresión tomada de la comedia de Molière *Le Bourgeois gentilhomme*, donde se comenta en tono burlesco que M. Jourdain «hablaba en prosa» sin saberlo.

113. Shorter, E., citando a Henri Ellenberger, *A History of Psychiatry*, Nueva York, John Wiley, 1997, pág. 172.

miles de otros investigadores y terapeutas. Mi formación en medicina me acostumbró a detectar los efectos secundarios de un progreso real. Con la resiliencia fue necesario hacer lo mismo que se hay que hacer con toda innovación médica, psicológica o técnica.[114]

No obstante, no es así como fue entendida la resiliencia: «La resiliencia es esto: es mejor ser joven, guapo y rico que negro y borracho», decía uno. Durante una reunión en Caen también oí: «No vale la pena hablar de resiliencia respecto al incesto. Eso no existe, los niños se negarían a hacerlo». Es muy sorprendente que ciertos autores se comprometan tan vivamente sin antes verificar sus propios prejuicios: «De lo que se trata es de calcular la resiliencia en términos de éxito profesional».[115] Jamás he leído esta idea en publicaciones sobre la resiliencia. Es verdad que va bien aprender un oficio cuando se ha sido un niño abandonado o maltratado, puede ayudar. Pero a menudo he escrito que la obsesión por el éxito social es más un beneficio secundario de la neurosis que un signo de felicidad.

Entre las críticas increíbles se encuentran las que hizo Serge Tisseron.[116] Este autor, por lo demás interesante, tuvo una reacción visceral cuando oyó la palabra «resiliencia»: «No es más que otra instancia que favorece el éxito de los más "aptos" […] concepto que evoca más la "lucha por la vida" tan cara a Darwin […] mito de la redención […] adaptación social que es, en Estados Unidos, equivalente a una virtud. Los kamikazes […] ejemplares hasta el acto suicida y asesino de una sólida resiliencia».

Leyendo estos artículos, pensaba en los niños abandonados que, sin haber podido aprender a hablar, se balanceaban constantemen-

114. Cyrulnik, B., «Limites de la résilience», en B. Cyrulnik, G. Jorland, Résilience. *Connaissances de base, op. cit.*, págs. 191-201.

115. Chevalier, P., «Cosmique Cyrulnik», *L'Express*. Crítica de mi libro *Autobiographie d'un épouvantail*, premio Renaudot de ensayo, 2008. Habría bastado con echar una ojeada al índice para leer el subtítulo: «La resiliencia no es un relato de éxito, es más bien la historia de una pelea», pág. 277.

116. Tisseron, S., «"Résilience", ou la lutte pour la vie», *Le Monde diplomatique*, agosto 2003, pág. 21.

te y se autolesionaban a la más mínima emoción: ¡Éxito social! ¡Selección de los más aptos! ¡Redención! Ante aquellos niños, tales críticas eran insignificantes. ¿Cómo se puede estar tan lejos de la realidad?

Entre los opositores a la resiliencia, únicamente Alice Miller[117] acudió a nuestras reuniones y me invitó a su casa, en Saint-Rémy-de-Provence. Se dejaba convencer y luego de golpe volvía a oponerse, pero al menos con ella se podía hablar.

¿De qué estamos hablando? ¿De ciertos niños abandonados en un rincón para que se mueran porque se les considera carentes de valor, que luego consiguen recuperar un desarrollo correcto en cuando se les propone un nuevo nicho afectivo? ¿De algunos niños maltratados que repiten el maltrato cuando se les abandona, pero que interrumpen la transmisión de la desgracia en cuanto se sienten seguros y aprenden a amar de otra forma? ¿De niñas víctimas del incesto a quienes se acusa de fantasear y que recuperan la alegría de vivir cuando la justicia castiga al agresor y su entorno les ayuda a salir adelante?

Ciertas críticas no hablan desde el terreno sino que se indignan por habladurías: «Toda palabra empleada en diferentes contextos adquiere un número importante de significados distintos». Alain Bentolila nos explica que esta habitual deriva lingüística provoca una «inflamación semántica» que es necesario deshinchar precisando el concepto para impedir la divagación.[118]

En cada época, algunas palabras nuevas quedan colocadas en el punto de mira. En un contexto social donde la violencia era necesaria para bajar a la mina e ir a la guerra, la palabra «héroe» designaba a hombres admirados y sacrificados. Hoy en día, en tiempos de paz, la violencia no es más que destrucción, se dice que un futbolista es un héroe porque ha marcado un gol histórico que todo el mundo olvidará a la semana siguiente.

117. Miller, A., *Le Drame de l'enfant doué*, PUF, París, 1979.

118. Bentolila, A., carta personal, 2003; y *Le Verbe contre la barbarie*, Odile Jacob, París, 2007.

Lo que provoca la inflamación de una palabra es el coro de loritos que hacen ver que piensan recitando juntos el mismo eslogan. En una época en que el psicoanálisis también había sufrido una inflamación, era difícil no oír la repetición de algunos eslóganes: «La forclusión del nombre del padre», o «ello sufre en algún lugar». Hoy en día ya no se oyen estas fórmulas verbales tan sonoras, porque otros psicoanalistas han deshinchado el globo precisando sus conceptos.

Cuando la palabra «gen» hizo acto de aparición sirvió para explicarlo todo, de modo que acabó por no explicar nada. Se mencionaba el gen de la felicidad cuando se quería decir que nos sentíamos bien. Antes, si alguien pensaba en el suicidio bastaba con hablar de su «pulsión de muerte» para quedar bien con dos o tres palabras. Hoy en día, cuando una aptitud parece estar fuertemente inscrita en el corazón de una persona o de una institución decimos: «Está en su ADN». Esta expresión se ha vuelto la estrella desde que la policía usa el ADN para encontrar a criminales… ¡y a padres!

Ciencia y resiliencia

Los loritos callan cuando los clínicos toman la palabra. En el primer congreso internacional sobre la resiliencia,[119] en París, en junio de 2012, se alcanzó un consenso en torno a su definición. Al fin conocemos el objeto de nuestras reflexiones: se trata de la vuelta a la vida después de un trauma psicológico. La definición es simple, incluso «tontorrona». Lo que es difícil de descubrir son las condiciones que permiten recuperar el desarrollo, un nuevo estilo de existencia después de una agonía mental. Ninguna especialidad puede, por sí sola, explicar este retorno a la vida. De modo que es preciso asociar a investigadores de diferentes disciplinas y recoger sus resultados para hacerse una imagen del proceso. Hace cuarenta años, esta actitud era vivamente criticada; hoy en día las instan-

---

119. Anaut, M., Cyrulnik, B., *Résilience. De la recherche à la pratique, op. cit.*

cias de investigación la recomiendan vivamente. Antes se decía que un equipo multidisciplinar produce teorías que son un cajón de sastre, ahora se habla de integración de resultados. Para un clínico no resulta complicado, es incluso agradable tratar de comprender cómo una persona traumatizada puede retomar su vida, teniendo en cuenta su desarrollo biológico y afectivo, asociado a su historia personal y familiar, dentro de su contexto cultural. Para un investigador de laboratorio es más difícil, puesto que necesita que su objeto de ciencia sea reducido para ser coherente y fácil de manipular.

Ahora la aventura ya está en marcha: «La investigación sobre la resiliencia experimenta un notable desarrollo. Prueba de ello son los 4.641 documentos cuyo tema es la resiliencia, de los cuales 1.023 son tesis doctorales, que figuraban en agosto de 2010 en la principal base de datos de psicología»[120] (PsycINFO). Diluvio de artículos, tesis, congresos y debates. Curiosamente, desde que se trata mejor el tema entre los profesionales, se habla menos de él entre el público en general. Cuando la inflamación se deshinche quedarán los trabajos clínicos.

En el extranjero se da una evolución comparable. Estados Unidos e Inglaterra permanecen en cabeza en número de trabajos, seguidos por las publicaciones en francés. En Latinoamérica se enseña la resiliencia en gran número de universidades. Italia y España se unen al pelotón, e incluso los países asiáticos empiezan a comprometerse, a veces con divergencias estimulantes. Los dos países más reticentes eran Francia y Argentina, se consideraba que la teoría del apego, de la cual la resiliencia es un capítulo, constituía un ataque contra el psicoanálisis. Por suerte, numerosos universitarios y psicoanalistas ya no opinan así y participan activamente de esta nueva actitud.[121] Brasil se está convirtiendo en líder en resiliencia

---

120. Ionescu, S., «Avant-propos», en S. Ionescu (dir.), *Traité de résilience assistée*, PUF, París, 2011, pág. XIX.

121. Cyrulnik, B., Duval, P., *Psychanalyse et résilience*, Odile Jacob, París, 2006.

neuronal[122] y en lo referente a la función de los relatos en la resiliencia individual.[123] Argentina estudia los efectos inmunológicos de la resiliencia.[124]

Todo ello empieza a permitir explicar la sorprendente variedad de traumas. Sabemos que un aislamiento precoz, que deja sin estímulo a las conexiones neuronales prefrontales, hace que se pierda la función inhibitoria de la amígdala rinencefálica, base neuronal de las emociones. La amígdala «desencadenada» trata la más mínima información como una alerta o una agresión.[125] Y viceversa: aquél que ha estado en un entorno de seguridad durante los primeros meses de su vida establece conexiones que le permiten dominar las reacciones emocionales. Esta persona experimenta la misma información como un divertido estrés. Es por tanto imposible establecer un baremo de los traumas, una escala que permita un trabajo científico. Por otra parte, en los estudios de resiliencia cada una de las etapas es analizable científicamente y evaluable clínicamente:

- la genética ya no es un destino inexorable desde que los genetistas demostraron que el ambiente no cesa de modular la expresión de este código hereditario.[126] Sufriendo las presiones del

122. Mendes de Oliveira, J. R., *Brain Resilience*, Casa de Psicólogo, São Paulo, 2014; Cabral, S., Cyrulnik, B. (dir.), *Resiliência: sobre como tirar leite de pedra*, Casa de Psicólogo, São Paulo, 2014.

123. Souza, de E. (dir.), *(Auto)biographie. Écrits de soi et formation au Brésil*, L'Harmattan, París, 2008.

124. Bonet, D., *Vulnérabilité et résilience*, Sociedad argentina de psiconeuro-inmunología-endocrinología (Sapine), Buenos Aires, 19 septiembre 2014; Martinot J.-L., Galinowski A., «Facteurs de résilience et connectivité cérébrale», Congreso francés de psiquiatría, Niza, 27-30 noviembre 2013.

125. Jollant, F., Olié, E., Guillaume, S., Ionita, A., Courtet, P., «Le cerveau vulnérable: revue des études de neuropsychologie, neurophysiologie et neuro-imagerie», en P. Courtet (dir.), *Suicides et tentatives de suicide, op. cit.*, págs. 62-63.

126. Bustany, P., «Neurobiologie de la résilience», en B. Cyrulnik, G. Jorland, *Résilience. Connaissances de base, op. cit.*, págs. 45-64.

ambiente, la epigénesis modifica constantemente la expresión de los genes;

- la neuroimagen fotografía el modo en que se organizan los circuitos neuronales, y también cómo el cerebro que se quedó pasmado ante el trauma vuelve a funcionar cuando se consigue tranquilizar al herido en el alma.[127] Análisis cuantitativos neurobiológicos bastante simples revelan que un niño alterado por el empobrecimiento de su nicho sensorial restablece su metabolismo en cuando se siente seguro;[128]

- los psicoanalistas fueron los primeros en describir la carencia afectiva y los daños que produce en el desarrollo.[129] Así provocaron la hostilidad de los antropólogos, sobre todo de Margaret Mead, quienes les reprochaban la hipócrita intención de impedir trabajar a las mujeres.[130] No obstante, la solución era simple: basta con organizar en torno al bebé «un sistema familiar de apegos múltiples»:[131] la madre es, por supuesto, una figura prioritaria de apego, pero el padre, la abuela, cuidadores, diríamos que todo un pueblo entero, aportan apegos secundarios;

- los test psicológicos, validados estadísticamente, indican de manera fiable una mejora del mundo interior después de la herida. El reinicio de la evolución, gracias a los efectos del apoyo

127. Toussaint, J., Gauce, De Noose, L., «Impact de l'alcoolisme maternel sur le développement socio-émotionnel de l'adolescent», *Alcoologie et addictologie*, 35 (2), 2013, págs. 225-232.

128. Cyrulnik, B., «Limites de la résilience», en B. Cyrilnik, G. Jorland, *Résilience. Connaissances de base, op. cit.*, págs. 191-204.

129. Spitz, R., *La Première Année de la vie de l'enfant, op. cit.*

130. Vicedo, M., «The social nature of the mother's tie to her child: John Bowlby's theory of attachment in post-war America», *British Journal for the History of Science*, 44, septiembre 2011, pág. 420.

131. Bowlby, J., *Soins maternels et santé mentale, op. cit.* Bowlby habla, en efecto, de «carencia de cuidados maternos», pero luego lo matiza en el mismo texto mencionando la posibilidad de sustitutos afectivos y del efecto protector del «grupo familiar».

y del trabajo de la mentalización, es evaluable de forma bastante precisa;[132]

- el funcionamiento familiar (más que su estructura) permite observar las modificaciones afectivas y relacionales bajo el efecto de intervenciones movilizadoras[133] exteriores a la familia (amigos, sacerdotes, psicoterapeutas);
- el estudio de poblaciones nos ayuda a comprender estadísticamente por qué los grupos sociales golpeados por la guerra, la precariedad social, la emigración o una catástrofe natural salen adelante y sufren menos trastornos psicológicos cuando el contexto político facilita la solidaridad y la tradición;[134]
- en todos estos casos, el arte modifica la representación de la memoria herida. El sujeto ya no es prisionero de su pasado traumático. Cesa de rumiar cuando puede remodelar la imagen de su desdicha y producir un relato, una pintura o una película que compartirá con sus allegados. Ya no es una cosa arrastrada por el torrente de la infelicidad; en cuanto elabora una obra de arte o desarrolla una reflexión, vuelve a ser sujeto, autor de su nuevo desarrollo. «Sanar, comprender y conocer»[135] se vuelven sus armas de libertad.

Ningún investigador puede trabajar y conocer él solo estas disciplinas. Si quiere comprender y ayudar, está obligado a encontrarse con los otros profesionales, lo cual es una gran suerte. Los profesionales, sean médicos, psicólogos o educadores, no pueden evitar compartir el saber. Tal estrategia de conocimiento provoca a veces

132. Ionescu, S., Jourdan-Ionescu, C., «Évaluation de la résilience», en S. Ionescu, *Traité de résilience assistée, op. cit.*, págs. 61-127.

133. Delage, M., *La Résilience familiale*, Odile Jacob, París, 2008.

134. Ehrensaft, E., Tousignant, M., «Immigration and resilience», en D. L. Sam, J. W. Berry (dir.), *The Cambridge Handbook of Acculturation Psychology, op. cit.*, págs. 469-482.

135. Schauder, S., *Camille Claudel. De la vie à l'oeuvre*, Coloquio Cerisy-La Salle, L'Harmattan, París, 2006, pág. 165.

conflictos con quienes pretenden tener la hegemonía de su disciplina: «La biología lo explicará todo», afirman algunos, mientras que otros quieren demostrarlo todo con la sociología, el psicoanálisis o la astrología.

Después de cuarenta años de práctica y reflexión, creo que en el fondo ninguna teoría puede ser totalmente explicativa, salvo aquellas que tienen una ambición totalitaria.

Epílogo

La moraleja de esta historia, pues así es como se debe concluir, me invita a extraer de cincuenta años de experiencia una lección de mis encuentros con ese extraño objeto que llamamos «psiquiatría».

Llegado a la edad de la sensatez, me vuelvo hacia el camino recorrido y construyo mi relato de lo que ha permanecido en mi memoria. Pocas cosas han quedado a flote en este océano de información. La mayor parte de los acontecimientos han sido olvidados, incluso los que en su día creí que me marcarían. Los objetos identificados que han alimentado esta historia han sido elucidados principalmente a la luz de la confrontación con los otros y con sus ideas. El mundo interior de los pacientes, sus extraños guiones, fueron entendidos en función de los libros que yo había leído, en referencia a colegas mayores en los que confié, la presión de los pares, la mirada de las familias, los prejuicios de la parroquia y, sobre todo, el eco del sufrimiento que resonaba a mi alrededor. Los pacientes, dando una forma verbal a sus tormentos, me hicieron descubrir mi propia extrañeza.

Esta claridad abusiva constituye mi identidad narrativa. Ella es la que estructura el relato que hago de mi experiencia y me explica cómo he gobernado mi vida. Este procedimiento de memoria que nos es necesario, a mí me lleva a pensar que toda elección teórica es una confesión autobiográfica.[1]

Yo no soy sino un testimonio que, creyendo explicar lo real, dibuja únicamente los objetos a los que es sensible. La historia de es-

---

1. Idea trabajada en el seminario de Vincent de Gauléjac, «Choix théorique et histoire de vie», Universidad Paris-Diderot, París, febrero 2014.

tos cincuenta años explica cómo he atravesado el nacimiento de la psiquiatría moderna, empezando por la lobotomía criminal, pasando por la paja humillante que hacía de cama en los hospitales, por Lacan el precioso, por el noble psicoanálisis a pesar de sus derivas dogmáticas, por la útil farmacología, abusiva cuando pretende explicar toda la psique, hasta llegar a la tranquilidad que me ha aportado la confección artesana de la teoría del apego, de la cual la resiliencia es mi capítulo preferido, mi portavoz.

Toda elección teórica revela el modo en que pensamos nuestro mundo interior. Aquél que hace de la palabra un avatar del alma espera la fórmula verbal que conduce a la curación. Se opone a aquél que no cree y que representa la mente como los engranajes de un reloj. Quien está convencido de la inmaterialidad del mundo mental se indigna cuando se le propone una sustancia química para resolver un problema psicológico. Tiene razón, por supuesto, ya que una sustancia sólo puede cambiar el humor, tranquilizar, estimular o aturdir, lo que ya es mucho, pero no tiene en sí misma efecto psicológico. He militado para que se dé morfina o antidepresivos a los cancerosos, sabiendo perfectamente que estas sustancias no los curarán pero mitigarán su sufrimiento.[2] He tenido vivos debates con ciertos médicos que se negaban a ser distribuidores de droga. Pero me acuerdo de uno de mis amigos, atormentado por un grave desgarro familiar, que ya no podía dormir ni trabajar de tan sometido como estaba a su sufrimiento. Desdichado, agotado, me pidió medicamentos para atenuar su tortura y me dijo que él mismo se ocuparía de su problema psicológico: «No veo por qué un desconocido puede saber mejor que yo mismo la solución de mis problemas interiores». Una representación como ésta de su alma lo situaba en las antípodas del psicoanálisis y lo enfrentaba a los que se sienten aliviados ante la simple idea de ir a ver a alguien a quien le «suponen saber», como decía Lacan.

«Intentando dar sentido a su existencia, esta confrontación [entre el corazón y la razón] sirve para encontrar la parte que corres-

---

2. Annequin, D., *T'as pas de raison d'avoir mal*, *op. cit.*

ponde al "teatro interior y a la influencia de factores externos"».[3] Una teoría debe tener sentido para aquellos que la reciben. El que considera que puede cortar un trozo de cerebro para aliviar a su paciente responde a una idea mecánica del alma. Destruyendo la función de anticipación del lóbulo prefrontal se suprime, en efecto, el miedo a lo venidero: la angustia de vivir y de morir. Un mecánico del alma como éste ni tan siquiera concibe el efecto tranquilizador del sostén afectivo y de la creatividad verbal. El que piensa que el cerebro está bañado en una sopa de neurotransmisores encuentra lógico dar medicamentos. Y los que atribuyen a los psicoterapeutas el poder de poseer el alma de sus pacientes, asustados por toda relación verbal, se protegen callando.

Los que temen a la química se oponen a los que temen a la palabra, y cada uno viste una teoría que da una forma coherente a la impresión que tiene del mundo. La realidad está compuesta de mil fuerzas diferentes, a veces incluso opuestas. Tan sólo la representación de lo real puede ser coherente, puesto que es reducida, simplificada como un esquema fácil de entender. Es esto lo que hacen los científicos cuando estudian el metabolismo de la serotonina en el líquido cefalorraquídeo de los suicidas. Dicen la verdad cuando miden la caída en picado de este neurotransmisor, pero, al dirigir los focos a una sustancia, dejan en la oscuridad a los sociólogos, quienes constatan que sólo se pasa al acto en momentos de soledad o de fractura social,[4] cosa también cierta. El que se ocupa de la práctica podrá reunir estos datos opuestos: aislamiento social que empuja al acto suicida y que, al no estimular ya el organismo, provoca un hundimiento de los niveles de serotonina que se puede medir en el líquido cefalorraquídeo.

La fragmentación del saber explica estos conflictos teóricos. El saber compartimentado es más fácil de concebir para quienes quie-

---

3. Gauléjac, de V., *L'Histoire en héritage. Roman familial et trajectoire sociale*, Desclée de Brouwer, París, 1999, pág. 56.

4. Baudelot, C., Establet R., «Lecture sociologique du suicide», en P. Courtet, *Suicides et tentatives de suicide, op. cit.*, pág. 17.

ren hacer carrera en especialidades que acumulan información sobre un tema reducido. Pero la integración de datos dispersos es preferible para quienes quieren comprender y sanar.

Todo relato, sea científico o literario, es una falsificación de la realidad. ¿Se puede hacer de otra manera? Los que han vivido la guerra se sorprenden ante los que construyen una representación de ella. No se reconocen en novelas, películas o ensayos que convierten en divertimento teatral o en abstracción filosófica el sufrimiento vivido. Los testigos de la realidad de la guerra reprochan a los que construyen un relato que «acentúan las características espantosas, [para] presentarla como una tragedia fuera de lo común, exagerando las atrocidades bajo el pretexto de hacerla odiosa».[5] Cuando un escritor elige ciertos hechos para pintarlos, cuando un científico dirige el foco a un segmento de la realidad, eliminan todo aquello que podría matizar su representación. Hacen un concentrado sobre los horrores de la guerra o sobre un objeto de ciencia. El escritor depura su tema para evitar hablar de momentos de amistad entre soldados de bandos enfrentados, algo que podría provocar confusión en el lector. Cuando el autor de un ensayo describe los procedimientos de un verdugo, no investiga su vida familiar, que le llevaría a contar que en su casa es tierno y atento. El método clarifica los datos, pero no tiene en cuenta otras fuentes del saber que podrían añadir complejidad.

La palabra «psiquiatría» describe un objeto que no puede nacer fuera de su contexto cultural. En este ámbito, la palabra «enfermedad» es difícil de separar de la queja o de la noción de un ser humano con buena salud. Las «ideas que conciernen al funcionamiento del cuerpo están a menudo ligadas a concepciones culturales [...] asociadas a la religión o a visiones étnicas del mundo. La concepción occidental de la enfermedad concibe frecuentemente el cuerpo como una máquina que funciona mal y que hay que reparar. Una representación tal tiene su raíz en la imagen cartesiana del ser

---

5. Dulong, R., *Le Témoin oculaire*, Éditions de l'EHESS, París, 1998, pág. 76.

humano, [...] sobre todo desde que la medicina busca ser más científica».[6]

Mecánico del cuerpo, ¡de estos se requieren muchos! Mecánico del alma, ¿es aún pertinente? Freud fue el campeón de las referencias mecánicas con su modelo hidráulico del alma, su aparato psíquico, sus mecanismos de defensa, su sublimación tomada de la química, su escisión proveniente de la cristalografía, sus *quantums* de energía y otras metáforas económicas e industriales. ¿Acaso extrajo del triunfo del capitalismo en su contexto social las ideas con las que estructuró su teoría? Oriente concibió otras teorías para dar forma pensable a la enfermedad física y al sufrimiento mental.

Sea cual sea la cultura, todo aquello que se sale del marco de la sociedad provoca un sentimiento de extrañeza e inquietud que fácilmente llamamos «locura». En la época en que era el clan únicamente el que construía la sociedad, cuando los guerreros (las gentes de armas) nos protegían de las incursiones de tribus vecinas que venían para robarnos nuestra agua y nuestros víveres porque su cosecha había sido mala, había que estar loco para salirse del grupo. Un hombre solo, errante, daba la impresión de un ser extraño que había abandonado la formación. Se arriesgaba a morir si no se sometía a la ley protectora del grupo. Entonces se puede entender que una mujer errante pudiera ser considerada todavía más loca, porque además de morir se arriesgaba a ser violada. Una hija o una madre demostraba estar loca si tenía relaciones sexuales fuera del marco social.[7] Un niño mal formado también se salía del marco, su alteración física era la prueba visible de su trastorno mental. Los padres, desdichados, sentían vergüenza de haber traído al mundo a un niño que no sería capaz de ocupar su lugar en el grupo. En una época en que la tecnología era tan rudimentaria y sólo los músculos de los hombres creaban la sociedad dominando a los animales,

---

6. Fantini, B., Lambrions, L. (dir.), *Histoire de la pensée médicale contemporaine*, Seuil, París, 2014, pág. 13.

7. Vigarello, G., *Histoire du viol*, Seuil, París, 1998.

ahuyentando a los bandidos errantes, trabajando quince horas diarias en los campos, en las minas y fábricas, los niños con malformaciones eran despreciados por los normales. Los otros niños agredían de tal forma a los discapacitados, tan poco útiles socialmente, que éstos acababan teniendo problemas mentales. Entonces se explicaba su trastorno diciendo que era consecuencia de su malformación.

En este contexto técnico, la violencia tenía un valor adaptativo. La existencia se basaba en el uso de la fuerza. La violencia era una necesidad vital; sin ella, únicamente se podía optar entre la sumisión o la muerte.[8] Un hombre no violento no aportaba tranquilidad, puesto que en caso de agresión no sabría pelear o no tenía la fuerza suficiente para trabajar quince horas diarias o para afrontar la violencia de una sociedad rudimentaria. Se menospreciaba a los hombres no violentos, las mujeres los llamaban «mujercitas» o «mariquitas» porque no tenían ni la fuerza ni las agallas para enfrentarse a la violencia del momento.

Hoy en día, gracias a la fabulosa explosión de la tecnología y a la mejora en los derechos humanos, la violencia ya no es adaptativa. Tan sólo es destrucción, y los hombres violentos son considerados como peligrosos enfermos mentales. Se busca descubrir las causas neurológicas, educativas o psiquiátricas que permitirían comprender y dominar a estos hombres que destruyen su hogar y a veces también la sociedad.

A principios del siglo XX, el progreso de la medicina legitimó su uso para explicar la locura. Siguiendo la inspiración del modelo médico, se habló de patología mental. Los estudios trataban acerca de «nociones principales relativas a los trastornos, afecciones, enfermedades que hace mucho tiempo llamábamos del Espíritu [...] la patología mental está estrechamente subordinada a la patología del córtex».[9]

---

8. Chesnais, J., *Histoire de la violence*, Robert Laffont, París, 1981, pág. 130.

9. Ballet, G. (dir.), *Traité de pathologie mentale*, Doin, París, 1903, pág. 7.

Hoy en día esta frase es un sinsentido. ¿Quién puede creer que la angustia de la separación, la homosexualidad o el estrés psico-traumático son patologías del córtex? El sufrimiento existencial tiene una resonancia en el cerebro, pero el tormento psicológico ya no puede ser atribuido a una enfermedad del córtex. Algo absurdo en la actualidad era lógico en el año 1900, cuando la mayor parte de trastornos eran debidos a infecciones. La meningitis sifilítica, la encefalitis tuberculosa, los trastornos motrices de la corea,[10] las intoxicaciones cerebrales por plomo, alcohol, óxido de carbono, las enfermedades metabólicas por exceso de urea que definían la «locura urémica», la insuficiencia hepática, los trastornos mentales ligados a fallos del tiroides, las alteraciones del córtex provocadas por traumatismos craneales y epilepsias, todas estas auténticas enfermedades del cerebro constituían lo esencial de la clínica psiquiátrica.

El progreso de la medicina ha desmedicalizado la psiquiatría. Tuve la ocasión de ver a uno de los últimos enfermos de sífilis meníngea. El diagnóstico era fácil gracias a los síntomas neurológicos, las anomalías en los reflejos y las contracciones de las pupilas, la dificultad al hablar y los temblores cuya etiología se confirmaba gracias a la serología que demostraba la presencia en sangre del treponema de la sífilis. Esta meningitis crónica provocaba trastornos psicológicos de tipo frontal, con variaciones del humor en los que alternaban la euforia y de forma súbita la cólera, con déficit de la memoria y de la anticipación, juicio incoherente y un orgullo sexual delirante («Tengo los testículos de oro», «Esta noche hice el amor tres mil setecientas cuarenta y tres veces»). Las meninges, inflamadas debido a la infección crónica, alteraban ciertas partes del cerebro, explicando de esta forma la patología en la que se mezcla-

---

10. Corea: contracciones musculares desordenadas que provocan movimientos parecidos a la «danza javanesa». Muy frecuente a principios del siglo XX, a causa de los traumatismos craneales de la guerra, accidentes de trabajo, peleas e infecciones. A principios del siglo XXI las coreas son a veces de origen traumático pero mayoritariamente genéticas.

ban signos neurológicos, trastornos conductuales y convicciones delirantes. La penicilina hizo desaparecer esta enfermedad y sus manifestaciones psiquiátricas. La meningitis tuberculosa, que provocaba otros síntomas neurológicos y psiquiátricos, también desapareció prácticamente gracias a los medicamentos contra la tuberculosis.[11]

Hasta los años 1970, no era raro que un epiléptico tuviera convulsiones en la escuela o el trabajo, ofreciendo una imagen inquietante ante los demás. El enfermo, rechazado, despreciado y a veces agredido, sufría psicológicamente. Se explicaba entonces su vergüenza, abatimiento o depresión por la enfermedad orgánica y no por el rechazo social. Los progresos en la medicación protegen hoy en día a estas personas, que raramente convulsionan en público y se deprimen mucho menos.

Muchos médicos consideraban que la enfermedad de Parkinson era una forma de histeria, ya que los temblores variaban en función de las horas del día, las relaciones y las emociones. La neurociencia demostró claramente que se trata de una disminución en la concentración de un neurotransmisor, la dopamina, en el núcleo de las neuronas de la base del cerebro, que controlan los músculos. La estimulación de estas neuronas, cuando es posible, produce hoy mejoras inesperadas.

El legítimo triunfo del modelo médico propició, como siempre sucede, razonamientos abusivos: puesto que la medicina explica la locura de los meningíticos y los traumas craneales, y puesto que los antibióticos hacen desaparecer estos delirios, es lógico pensar que todo trastorno psicológico debe tener su explicación médica y su medicamento. Dentro de esta lógica abusiva se llegó a describir el delirio colibacilar[12] y a afirmar que «la combinación de métodos clínicos, bacteriológicos, experimentales, psicológicos y terapéuti-

---

11. Derouesné, C., *Pratique neurologique*, Flammarion, París, 1983, págs. 560-567.

12. Guiraud, P., «Psychoses colibacillaires aigües», *Ann. med psy.*, XV, I, 1939, págs. 774-784.

cos en psiquiatría [...] dio por primera vez una descripción completa de las psicosis colibacilares».[13]

La medicina mejoró de tal forma las condiciones de nuestra existencia, que creímos que el progreso sería lineal y que algún día la biología lo podría explicar todo. En efecto, en pocos decenios los antibióticos curaron epidemias mortales, las vacunas hicieron desaparecer la viruela y la polio, y las hormonas curaron cada vez más las enfermedades de las glándulas. El bloqueo de la ovulación mediante una hormona femenina tuvo un papel muy importante en la liberación de las mujeres. El control de la fecundidad les ha dado la posibilidad de realizarse y exigir ser libres para aspirar a un papel más importante en la sociedad.

Todas estas teorías contienen una parte de verdad: los traumatismos craneales y las meningitis modifican la percepción del mundo y provocan delirios. Las hormonas tienen un efecto en la psique: aquellos a quienes amablemente llamábamos los «cretinos de los Alpes» eran unos palurdos, bobos y retrasados porque la falta de yodo en el agua de su bello país disminuía las secreciones de su glándula tiroidea, cosa que ralentizaba la síntesis de ciertos neurotransmisores y alteraba su rendimiento intelectual. En un contexto de conocimiento como éste, ¿cómo evitar la tentación de explicar la psique a través de la acción hormonal?[14]

La generalización es abusiva. Ninguno de estos hechos parcialmente verdaderos puede dar una representación coherente de un mundo mental. Y no obstante, cada descubrimiento alimenta un relato cultural que estructura nuestras representaciones y gobierna nuestras decisiones. El simple hecho de constatar un fenómeno se integra en la representación colectiva. Es la armonización de los relatos individuales y colectivos lo que atribuye significación al acontecimiento observado.

---

13. Baruk, H., *Psychoses et névroses*, PUF, «Que sais-je ?», París, 1946, págs. 92-93.

14. Baruk, H., Lebonnélie, M., Levret, F., «Les psychoses hyperfolliculiniques en clinique humaine et dans l'expérimentation animale», *Ann. med psy.*, XV, I, 1939, págs. 446-459.

Cuando el emperador Constantino desarrolló el cristianismo tras de su victoria contra los bárbaros en el año 313, la noción de locura individual se volvió imposible. Toda sinrazón, todo sufrimiento psíquico era la prueba de un castigo divino.[15] No fue hasta el siglo XX cuando la psiquiatría encontró su dimensión social. La palabra «enfermo» ya no puede aplicarse a aquél que sufre porque su entorno lo acosa, porque ha tenido que huir de su país en guerra o porque su precariedad social lo traumatiza diez veces al día. La meningitis ya no puede ser el único origen del sufrimiento psicológico, pero esto no significa que el cerebro no participe en él. No es casualidad que la Liga de higiene mental fuera fundada después de la guerra, en 1947, por el doctor Édouard Toulouse. El sufrimiento de origen social era tan importante que el hospital cambió de significado. Ya no era sólo un edificio donde se encerraba a los locos; por el contrario, se convirtió en un lugar de readaptación social tras un momento de descarrilamiento psíquico. Todavía hubo que esperar a que la administración y los actores políticos se dieran cuenta y aceptaran esta evolución, cosa que no sucedió hasta 1972, y ello fue gracias a la política del sector, que se preocupaba de curar a los pacientes en la ciudad o en el seno de la familia.

Este cambio de significado de la psiquiatría tenía un significado especial para mí, de alguna forma me hablaba a mí, me decía algo: «Psiquiatras que habían sufrido los campos de concentración tomaron conciencia de que la vida de sus pacientes era cercana a la que ellos mismos habían experimentado».[16] Una parte importante de mi mundo interior se construyó, en la posguerra, en torno a la representación de los campos de extermino donde se encerraba a la gente para matarlos. No era necesario haber cometido un crimen para ser condenado a muerte, bastaba con no tener la misma lengua o no pensar como la mayoría, al igual, de algún modo, que un errante de los tiempos modernos. Cuando una persona expresaba una creen-

15. Porter, R., *Madness. A brief history*, Oxford University Press, 2002, págs. 16-17.

16. Zarifian, E., *Des paradis plein la tête*, Odile Jacob, París, 1994.

cia un poco diferente de las que pregonaban los recitadores de la doxa, se veía como algo lógico encerrarlo hasta la muerte. Una gran parte de mi familia desapareció en estos lugares, donde se mataba para uniformizar el pensamiento de quienes tenían el poder. De modo que pronto me identifiqué con aquéllos a quienes se excluía, con aquéllos a quienes se les ponían trabas o eran encerrados para que el orden reinara. Me imaginaba a mí mismo abriendo los campos, derribando los muros y devolviendo la libertad a los prisioneros. Creía que ése era el papel de los psiquiatras, que yo confundía con Psico-Zorros. Fue así como nació mi precoz vocación. Para mí, los verdaderos alienados eran los nazis, que yo veía semejantes a todos los que tenían el poder de encerrar a otros. Este pensamiento, simple como un mecanismo de defensa, explica quizás por qué, desde mi época de instituto, he sido siempre reticente a las teorías que conducen al poder, ya sean políticas, culturales o científicas. Me provocan angustia los que se ponen a su servicio, los creo capaces de todo, de lo peor, como los campos de exterminio, las lobotomías o la exclusión social. Los que recitan me inquietan, pero me gustan los que dudan y ponen preguntas en el lugar de las conclusiones. La evolución de las ideas es una prueba de vitalidad, el inmovilismo demuestra su petrificación. Por este motivo, las historias de vida no son ajenas a las elecciones teóricas: «La especificidad de las ciencias humanas en relación a las ciencias materiales reside en el hecho de que el investigador está incluido en su objeto [...]. Entonces, se vuelve un "autobiógrafo muy a su pesar"».[17] Su camino vital está balizado, entonces se mantiene cerca del jefe que asigna los lugares, conoce los nombres de los miembros del comité científico de una revista y así sabe qué palabras debe decir para que su artículo sea aceptado, sabe de dónde sopla el viento, eso le ayuda a navegar. Este camino, que lleva al éxito social, ¿facilita comprender y curar?

Mi objeto de ciencia es la psiquiatría de campo, está más cerca del saber de los campesinos que del de los eruditos. Es también más

---

17. Gauléjac, V. de, Hanique, F., Roche, P., *La Sociologie clinique*, Érès, Toulouse, 2012, págs. 29-30.

borroso, pero acepto la inexactitud, que me invita a evolucionar. Me gustan los desacuerdos que estimulan la argumentación, provocan lecturas y llevan a conocer a otros autores y otras ideas en los grupos de reflexión e investigación en los que participo. Cada uno se implica en estos amistosos debates con su personalidad y las significaciones que ha adquirido a lo largo de su historia personal. A estos grupos acuden numerosos universitarios, investigadores y clínicos que se encuentran unos con otros por el placer de entender y de tejer lazos de amistad. Este tipo de investigación artesanal constituye un modo de aprendizaje de gran valor. Muchas nuevas ideas nacen en hervideros intelectuales fuera de las autopistas de las publicaciones de carrera. Freud es un ejemplo típico de este hecho, con sus reuniones de los miércoles por la noche en su despacho de Viena. Aquellos innovadores estructuraron el psicoanálisis, que marcó la cultura occidental y que ha ayudado a tanta gente. Del mismo modo se lanzaron escuelas literarias, como la de los surrealistas, dinamizados por Paul Breton, o los húsares de Roger Nimier. Los pintores experimentaron esta obligación de innovar, como el grupo de los impresionistas o los amigos de Bateau-Lavoir en Montmartre, donde inventaron un nuevo estilo. Considero que los científicos tampoco escapan a estas historias de vida que crean nuevas teorías basadas en relaciones de amistad, organizando lugares de pensamiento y creando de este modo aventuras intelectuales.

Cincuenta años de aventura psiquiátrica me han proporcionado momentos de felicidad, algunas duras pruebas, el sentimiento de haber sido útil y algunas equivocaciones en el balance. Mi afición por esta especialidad es una confesión autobiográfica. A causa de la guerra, conocí de muy joven la pasión por comprender. Mi encuentro con la psiquiatría fue espantoso: el manojo de llaves para el encierro, la paja en las camas de los hospitales, la lobotomía, las camisas de fuerza mentales y físicas, no dejaban de hacerme pensar en el encierro de los campos. Tuve un momento de retroceso que me orientó hacía la neurología, que en aquella época también vivía en la Edad Media. Conocí las salas de sesenta camas en cuatro hileras de a quince, las noches que se llenaban de los estertores de los moribundos, los abscesos de pus cerebral que goteaban a lo largo de tubos que se hundían en los cerebros hasta platillos dispuestos por el suelo. El ruido de las máquinas de reanimación impedía dormir, pero cuando cesaba de pronto, comprendíamos lo que significaba un «silencio de muerte». No obstante, de aquella pesadilla conservo el agradable recuerdo del candor de los jóvenes neurocirujanos. Su entusiasmo por curar era contagioso y se me contagió. Un gran número de ellos tuvieron una bella carrera, porque estaban motivados, porque eran competentes y también porque la nueva política de la sanidad, después de Mayo del 68, hizo que hubieran muchos más puestos disponibles. Sin esta decisión administrativa, ¿sería hoy la neurocirugía una de las más bellas especialidades médicas?

El sorprendente desarrollo de la neurociencia plantea problemas clínicos y filosóficos insospechables. Se puede fotografiar el modo en que el ambiente esculpe el cerebro y cómo ciertas modificaciones neuronales cambian la forma de hablar y de pensar el mundo.

Mayo del 68 dio origen a la psiquiatría, que también tuvo sus tres décadas de gloria: la apertura de hospitales, la aparición de medicamentos, el auge del psicoanálisis y el descubrimiento de la importancia de las causas sociales para explicar, aliviar y a veces curar el sufrimiento psicológico. Treinta años de progreso, descubrimientos, encuentros, lecturas, viajes, amistades e inevitables conflictos: ¡qué bella aventura!

¿Cómo se explica que hoy hayamos llegado a la época de las equivocaciones?[18] Nunca la psiquiatría había curado tanto. La esquizofrenia es tratada cada día mejor. La mitad de los pacientes acaba viviendo fuera de toda dependencia psiquiátrica. Una cuarta parte permanece en las «puertas giratorias», entrando y saliendo de los hospitales sin cesar. Pero otra cuarta parte todavía sufre un trágico destino. Sigue siendo una grave enfermedad que aliena al pa-

---

18. Ksensee, A., «Cinquante ans de clinique psychiatrique. II: Trois méprises et leur avenir», *Quelle psychiatrie pour demain?*, *Psychiatrie française*, París, vol. XXXX, 2/06, diciembre 2009, págs. 111-122.

ciente y tortura a la familia, aunque la convergencia de los saberes ha mejorado su pronóstico. El que sufre de esquizofrenia tiene sobre sí mismo un conocimiento que los científicos no tienen.[19] Hay que darle la palabra para que nos explique que los neurolépticos reducen la agitación y la expresión de los delirios, sin suprimir el trastorno subyacente. Es por lo tanto abusivo llamar a estos medicamentos «psicotropos», aunque esto alivie al enfermo y tranquilice a las familias.

El objeto «psiquiatría» designa al mismo tiempo el sufrimiento de los pacientes y los relatos de los que detentan el poder: médicos y científicos. Pero también de los industriales, los religiosos, los escritores y los charlatanes. Hay mil formas de describir el mundo interior. La clínica psiquiátrica nos hace creer que se puede describir un mundo como éste de forma objetiva, como si se tratara de una neumonía, un síntoma que, manifestándose exteriormente, indica una lesión invisible escondida en el fondo del pecho. Las matemáticas participan en este discurso estableciendo categorías estadísticas. El DSM,[20] llamado la «biblia de los psiquiatras», da forma verbal a los signos constatados a los que luego se intenta dar forma estadística.[21] Este discurso resulta curioso, ya que los psiquiatras nunca leen esta «biblia». En cambio, tal clasificación les es muy útil a las compañías aseguradoras y a los epidemiólogos, y sirve para la evaluación de medicamentos. Lo que esta biblia llama «signos clínicos» no describe los signos de una neumonía o de una fractura de pierna. A menudo los enunciados de síntomas agrupan afirmaciones que explican «el conjunto de las creencias de una sociedad».[22] Ello no significa que no haya trastornos ni sufrimiento,

---

19. Tonka, P., *Dialogue avec moi-même*, presentado y comentado por P. Jeammet, Odile Jacob, París, 2013.

20. DSM: *Diagnostic and Statistical Manual of Mental Disorder*.

21. Corcos, M., *L'Homme selon le DSM. Le nouvel ordre psychiatrique*, Albin Michel, París, 2011.

22. Demazeux, S., *Qu'est-ce que le DSM? Genèse et transformation de la bible américaine de la psychiatrie*, Ithaque, París, 2013, pág. 103.

sino que la tal «biblia» enuncia lo que la gente cree cuando habla de las «enfermedades psiquiátricas».

Los momentos de felicidad en mi aventura intelectual siempre han sido momentos pioneros. ¡Qué época tan bella la de la apertura de los hospitales, en la que se mezclaron la ciencia, la clínica, los conflictos sociales y la poesía! ¡Qué equivocación creer que eso podía arreglarlo todo! El descubrimiento de los «psicotropos» fomentó una esperanza loca que alivió a algunos pacientes, cambió la mirada sobre la locura y alimentó la ideología de las enfermedades mentales curables mediante la química.

Cuando, desde los ambientes etológicos, me invitaron a reflexionar con ellos, sus trabajos facilitaron la comprensión de un pensamiento sin palabras en bebés, afásicos y animales. Ya no se puede considerar a estos seres vivos como simples máquinas. El psicoanálisis, que marcó nuestra cultura y alivió a tanta gente, fue dominante en la formación de jóvenes psiquiatras y tomó el poder en los hospitales, universidades y revistas. Ya no puede constituir la única vía real hacia el inconsciente.

Estas equivocaciones, en su conjunto, no resultan decepcionantes. Quizás sea éste el camino normal de las ideas. El objeto científico es él mismo un producto imaginario. Una idea nace en la mente cuando ésta ya no se encuentra sumida en la rutina. Y dicha idea toma forma enfrentándose a otras ideas nacidas en otras mentes. Se refuerza creando grupos en los que se encuentran quienes comparten una misma visión del mundo, hasta el momento en que estas teorías son a su vez eliminadas, porque ya no se adaptan a la realidad, que no cesa de cambiar.

Felizmente, los jóvenes psiquiatras saben cómo hacer bullir las ideas. Me parecen menos dogmáticos que sus predecesores. Se les ve en publicaciones de bioquímica, psicoanálisis y sociología, tratan de entender y de describir un nuevo objeto que también llaman «psiquiatría», como los que estuvieron antes que ellos, aunque este objeto sea ahora más variado que nunca.

El debate no está cerrado. Los relatos de estos jóvenes son distintos, más sólidos, más simples, menos ambiciosos y pretenciosos que los de sus predecesores. Se advierte en ellos, más que nunca, el placer de comprender y la felicidad de poder curar a las almas heridas.

¡Que la aventura continúe y que volvamos a hablar, todos juntos, dentro de cincuenta años!

g